EDITORA DO CONHECIMENTO

Auxiliando a humanidade a encontrar a Verdade

Série
Memórias do Espiritismo

Volume 11

Fotos e ilustrações da página anterior (de cima para baixo, a partir da esquerda):
Gabriel Delanne, Bezerra de Menezes, Allan Kardec, Leon Denis;
William Crookes, Alfred Russel Wallace, Alexander Aksakof, Oliver Lodge;
Yvonne do Amaral Pereira, Alfred Binet, Ernesto Bozzano, Arthur Conan Doyle;
Hercílio Maes, Caibar Schutel, Gustavo Geley, Eurípedes Barsanulfo;
Victor Hugo, Charles Robert Richet, Cesare Lombroso, Pierre Gaetan Leymarie;
Andrew Jackson Davies, Camille Flammarion, Francisco Cândido Xavier, Emanuel Swedenborg.

Reconhecemos a ausência de inúmeros expoentes do espiritismo nesta galeria de imagens. Em razão do limitado espaço, escolhemos apenas algumas personalidades ilustres para representar todos aqueles que gostaríamos de homenagear.

Tratado de Metapsíquica
Volume 2

Tratado de Metapsíquica

(*Traité de Métapsychique*)

Charles Richet (1850-1935)

CONHECIMENTO EDITORIAL LTDA.
Rua Prof. Paulo Chaves, 276 - Vila Teixeira Marques
CEP 13480-970 – Limeira – SP
Fone/Fax: 19 3451-5440
www.edconhecimento.com.br
vendas@edconhecimento.com.br

Tradução: Maria Alice Farah Antonio
Revisão: Mariléa de Castro
Projeto gráfico: Sérgio Carvalho
Ilustração da capa: Banco de imagens

ISBN 978-85-7618-301-3 – 1ª Edição - 2013
• Impresso no Brasil • Presita en Brazilo

Produzido no departamento gráfico da
Conhecimento Editorial Ltda
Fone: 19 3451-5440
conhecimento@edconhecimento.com.br

Dados Internacionais de Catalogação na Publicação (CIP)
(Câmara Brasileira do Livro, SP, Brasil)

Richet, Charles, 1850-1935.
Tratado de Metapsíquica / Charles Richet ; [tradução Maria Alice Farah Antonio] – 1ª ed. – Limeira, SP : Editora do Conhecimento, 2013. (Série memórias do espiritismo)

Título original: *Traité de Métapsychique*.
ISBN 978-85-7618-288-7 (v. 1)
ISBN 978-85-7618-301-3 (v. 2)

1. Espiritismo 2. Fenômenos paranormais 3. Parapsicologia I. Título II. Série.

13-01241 CDD – 130

Índices para catálogo sistemático:
1. Metapsíquica : Parapsicologia 130

Série Memórias do Espiritismo

Volume 1 (2008)
Evolução Anímica
Gabriel Delanne

Volume 2 (2008)
A Alma Imortal
Gabriel Delanne

Volume 3 (2008)
O Espiritismo, a Magia e as Sete Linhas de Umbanda
Antonio Eliezer Leal de Souza

Volume 4 (2009)
O Espiritismo Perante a Ciência
Gabriel Delanne

Volume 5 (2010)
Pesquisas sobre a Mediunidade
Gabriel Delanne

Volume 6 (2010)
As Forças Naturais Desconhecidas
Camille Flamarion

Volume 7 (2010)
A Crise da Morte
Ernesto Bozzano

Volume 8 (2012)
No Mundo dos Espíritos
Antonio Eliezer Leal de Souza

Volume 9 (2012)
Urânia
Camille Flamarion

Volume 10 (2013)
Tratado de Metapsíquica
Charles Richet

Volume 11 (2013)
Tratado de Metapsíquica
Charles Richet

Charles Richet

Tratado de Metapsíquica

Volume 2

1ª edição
2013

EDITORA DO
CONHECIMENTO

Sumário

Livro Quarto – conclusão[1]

1 Os fatos novos, importantes, os dados novos, imprevistos e essenciais, sucedem-se com tal rapidez que, durante a impressão deste livro, muitos trabalhos foram publicados, os quais não foram por mim suficientemente citados, como os escritos póstumos de Crawford, as experiências de Grünewald, as comunicações ao Congresso de Copenhague, as novas pesquisas de Schrenck-Notzing etc. A evolução das ideias é tão precipitada que em seis meses já há grandes progressos, de modo que nenhum tratado dogmático pode ser adequado à ciência contemporânea.

Livro Terceiro

DA METAPSÍQUICA OBJETIVA

Capítulo 1

Metapsíquica objetiva em geral

O estudo das alucinações coletivas fez a transição entre o que é objetivo e o que é subjetivo.

Com efeito, quando duas pessoas veem um fantasma e o descrevem de maneira idêntica, é difícil supor que elas ficaram alucinadas ao mesmo tempo e do mesmo modo.

Da mesma forma, eis-nos já levados, pelo fato de que as monições completa e simultaneamente coletivas existem, a presumir que existem materializações; pois não compreendemos, se não existe imagem exterior, que haja alucinação simultânea e idêntica de diversas pessoas. Mas os exemplos não são nem suficientemente numerosos nem metodicamente registrados para que a demonstração seja rigorosa. Ora, o método experimental vai suprir essa insuficiência de método pela observação. Múltiplas experimentações, extremamente precisas, que exporemos mais adiante, trarão a prova decisiva da materialização.

A metapsíquica objetiva pode ser dividida da seguinte forma:

A. *Telecinesias*, ou seja, movimentos de objetos à distância, sem contato. Ruídos e pancadas, sem que existam formas vivas, materializadas.

B. *Ectoplasmias*, ou seja, materializações de formas vivas, de objetos, de figuras, de personagens.

C. *Casas assombradas*.

Os fenômenos materiais objetivos são muito mais raros do que os fenômenos subjetivos. Há apenas um pequeno número de médiuns capazes de produzi-los. Ainda, mesmo entre esses médiuns de efeitos físicos, no mais das vezes os fenômenos se limitam a pancadas e ***raps***, sem que possamos observar movimentos de objetos sem contato e, menos ainda, materializações.

Os médiuns de efeitos físicos, sendo seres extraordinários, em geral tornam-se profissionais, como as irmãs Fox, os Davenport, Home, Eglinton, a senhora d'Esperance, Eusapia, Marthe Béraud. Alguns, excepcionalmente, como Stainton Moses, Linda Gazzera, Stanislawa Tomczyk, a senhorita Goligher, puderam desenvolver suas faculdades em círculos limitados sem que sua mediunidade fosse remunerada.

Mas, quer se trate de uns ou de outros, em todos os casos as mesmas precauções devem ser tomadas contra a fraude. Se eu tivesse, por mim mesmo, algum poder mediúnico, exigiria que todas as precauções fossem tomadas contra uma possível fraude, cometida ou a ser cometida por mim. Pois é quase certo que os médiuns, em estado de transe, sobretudo se o transe é profundo, perdem todo o controle sobre os seus movimentos, e tornam-se então, apesar de toda a sua boa-fé normal, capazes dos piores conluios.

Toda experiência exige o mais constante e o mais severo controle, ***qualquer que seja o médium***. É apenas a esse preço que uma experimentação é válida.

Essa extrema severidade tem uma contrapartida. O fato de um médium ter feito uma experiência que tem aparência fraudulenta, não constitui uma razão absoluta para desacreditá-lo irremediavelmente. Colocai-vos em condições tais que toda fraude seja impossível, mesmo se o médium for suspeito. Quando a senhora Roberts entra em uma gaiola, cuja chave só eu possuo, estou seguro, materialmente seguro, da solidez de minha gaiola, e se dispus a experiência de tal modo para que ninguém possua a chave da gaiola, uma vez que aí tenha perfeitamente verificado que a senhora Roberts esteja na gaiola e que ninguém possa entrar no cômodo onde me encontro com ela, todas as maquinações possíveis serão sem efeito. Mas se não tomei essas precauções, se quarenta pessoas estão na sala, se a gaiola (que não mandei fabricar pelo meu mecânico) superficialmente verificada por mim, está situada longe de mim, sobre um estrado, ser-me-á impossível chegar a uma conclusão; e minha desconfiança será terrivelmente aumentada pelo fato de que se trata de uma representação pública paga. Eis o suficiente para me dar a certeza de que a senhora Roberts opera por um truque mais ou menos habilmente maquinado, mesmo que eu não tenha sido bastante hábil para descobrir esse truque.

Os inúmeros fatos que vamos citar são aqueles nos quais qualquer maquinação é impossível.

Capítulo 2

Movimentos de objetos (telecinesias)

Os movimentos de objetos sem contato constituem o capítulo, senão o mais importante e o mais extraordinário, pelo menos o mais comumente observado de toda a metapsíquica objetiva. Com efeito, é pelos movimentos de uma mesa ou os de uma alavanca deslocando-se sobre um alfabeto, que na maioria das vezes se manifestam as ações exteriores de origem supostamente metapsíquica.

Movimentos de mesas

Já na época de Tertuliano fora observado que uma mesa, sobre a qual se colocavam (ou não se colocavam) as mãos, parecia dar respostas inteligentes.

O essencial é saber até que ponto esses movimentos da mesa são devidos às contrações musculares, inconscientes ou não, da pessoa que pôs as mãos sobre a mesa.

O problema parece muito simples. Na realidade, ele é de uma extrema dificuldade.

Seguramente, na maioria dos casos, não existe nenhuma dúvida de que se trata de movimentos musculares inconscientes.

Da mesma forma que um indivíduo hipnotizado ou não, em estado de transe ou em estado de vigília, preenche com um lápis ou uma caneta, longas páginas de escrita (escrita automática) cujo sentido ele não conhece, e que, entretanto, tem um sentido, assim também, ele também pode, quando está com as mãos colocadas sobre uma mesa, dar a esta mesa, por movimentos que correspondem a esta ou àquela letra do alfabeto, conversas contínuas, metódicas, que parecem provir de uma personalidade estranha, pois quase sempre a escrita automática ou as respostas da mesa pretendem expressar o pensamento de uma personalidade diferente da do indivíduo.

Todavia, está fora de dúvida que na maioria dos casos, senão em todos, esses movimentos explicam-se simplesmente pelas ações musculares inconscientes do indivíduo. Vemos seus músculos se contraírem e, como sobre uma mesa em equilíbrio estável, a mínima pressão determina um movimento, não podemos, racionalmente, supor outra coisa que não seja um movimento inconsciente, tanto para as oscilações da mesa como para a escrita automática.

O que nos perturba e às vezes nos faz hesitar nessa conclusão necessária é que as respostas da mesa são verdadeiramente *vivas*; as emoções do inconsciente traduzem-se fielmente pela forma dos movimentos do objeto inerte. Essa mesa inanimada parece ter uma alma. Tanto ela pode hesitar, irritar-se, afirmar com energia, ou balançar-se com solenidade. Não podemos imaginar, quando não assistimos às sessões, até que ponto, pela frequência ou a força, pela lentidão ou a hesitação, pelo vigor ou a delicadeza dos movimentos, sentimentos diversos podem ser expressos. É uma verdadeira linguagem, por vezes eloquente, sempre interessante que, por menos que sejamos ingênuos, nos faz concluir que uma inteligência estranha move essa mesa.

Mas isso seria uma conclusão insana. As emoções que nós somos levados a atribuir à mesa são as emoções que agitam o inconsciente do médium. Os movimentos da mesa são os movimentos que os músculos do médium impõem à mesa. Não existe nisso nada de metapsíquico. É um fenômeno de psicofisiologia normal que podemos assim resumir, tanto para a escrita automática como para os movimentos da mesa ou da prancheta:

Existem movimentos inconscientes, por vezes enérgicos, que podem organizar-se metodicamente e serem atribuídos a

uma personalidade especial, a qual parece diferente da personalidade do médium.

De fato, o problema está longe de ser tão elementar. E cometeremos um grande erro se acreditássemos ter tudo explicado pelas contrações musculares inconscientes. Com efeito, os grandes movimentos da mesa quando, por exemplo, esta é muito pesada, e quando as contrações musculares são quase imperceptíveis, podem dificilmente ser explicados por movimentos inconscientes, de modo que, em alguns casos, é quase impossível afirmarmos que os deslocamentos da mesa são unicamente devidos às contrações musculares. Muitas e muitas vezes, eu vi pesadas mesas deslocarem-se intensiva e rapidamente, quando o médium apenas as tocava. Viravam, volteavam, iam de um lado a outro do cômodo com tal agilidade que eu tinha dificuldade em segui-las e, todavia, o médium apenas encostava o dedo no centro da mesa.

Entre outras experiências desse gênero, citarei esta que foi característica. Mandei construir, para as experiências que desejava realizar na ilha Ribaud com Eusapia Paladino, uma mesa quadrada de 1 metro de altura por 1 metro de largura. Além disso, as pernas da mesa eram pontiagudas, para que se tornasse difícil levantá-la com os pés. Aconteceu que, quando Ochorowicz e eu vimos essa mesa, que o marceneiro tinha vindo trazer, nós a achamos muito pesada (20 kg). Entretanto, na mesma noite tentamos a experiência. Ora, mal Eusapia encostou as pontas dos dedos naquela mesa pesada, houve levitações enormes, balanços consideráveis, e mesmo sem que as pernas dessa mesa fossem tocadas, ela levantou completamente as quatro pernas.[1]

Entretanto, não levarei em consideração essas perturbadoras experiências nas quais houve contato, embora muito leve, pois é muito difícil separar o que é devido à mecânica normal muscular e o que é devido à força metapsíquica. Fiel ao grande princípio que deve nos guiar neste estudo, desde que seja possível explicar normalmente um fenômeno, eu adotarei a explicação

1 Para explicar pela mecânica natural esse fenômeno, todas as hipóteses são absurdas. Não havia nem ganchos, nem cordas. A experiência foi realizada na semiobscuridade e segurávamos as mãos e a cabeça de Eusapia.

normal, por pouco que *não seja radicalmente impossível*. Portanto, com risco de exagerar meu ceticismo, direi que todas as vezes que as mãos dos assistentes e do médium tocarem a mesa, mesmo que seja levemente, devemos supor que os movimentos sejam exclusivamente movimentos musculares inconscientes.

E, contudo, é provável que em inúmeros casos os movimentos sejam devidos em boa parte a forças metapsíquicas. Todavia, é muito difícil fazer a distinção para que possamos daí tirar alguma conclusão definitiva. Desde que haja contato das mãos com a mesa, devemos decididamente rejeitar a hipótese de uma força que não seja a força muscular do médium.

Mas quando as mãos não tocam em absoluto a mesa, podemos estabelecer que *movimentos sem contato*, telecinesias existem.

Em primeiro lugar, não são somente as mesas que se deslocam, mas os mais diversos objetos, que podem ser transportados de um ponto a outro. Mais adiante citarei inúmeros exemplos disso, mas antes eu gostaria de indicar brevemente as condições necessárias para que a experimentação seja válida.

Realmente, na maioria das vezes ou, melhor dizendo, quase sempre, não existem movimentos sem contato a não ser na escuridão. Assim, as precauções devem ser aumentadas contra a possibilidade de uma fraude.

Devemos com mais razão temer a fraude porque esses movimentos de objetos sem contato são raros, *produzidos quase que unicamente por médiuns profissionais*. Os fatos subjetivos são frequentemente observados por pessoas que não são médiuns de profissão e, consequentemente, é provável que não fraudem. Mas desde que o médium seja bastante poderoso para obter movimentos de objetos sem contato, ele é tentado naturalmente a fazer da mediunidade uma profissão e, nessa profissão, a tentação de fraudar é quase irresistível. Ainda mais porque muitas vezes o médium, quando está em transe, não distingue muito bem entre o que é movimento muscular de suas mãos e de seus braços e o que é fenômeno metapsíquico. O estado mental dos médiuns não é absolutamente o seu estado normal; durante de uma experiência, eles perdem uma parte de sua responsabilidade e então têm apenas uma sinceridade atenuada;

mesmo quando, em estado de vigília, eles sejam de indiscutível lisura como o era a excelente Eusapia Paladino.

Portanto, na escuridão completa, rodeado de pessoas crédulas e muitas vezes ignorantes, não sabendo distinguir onde estão realmente os seus membros, e o que podem fazer seus músculos, o médium é tentado a *blefar*, ou seja, a mover os objetos com suas mãos, declarando, talvez com sinceridade, que não os tocou.

Consequentemente, devemos nos certificar, com absoluta certeza, de que as mãos (assim como a cabeça e os pés) do médium estão solidamente seguras de modo a impedir todo movimento inoportuno. É necessária uma vigilância incansável e uma longa prática para adquirirmos essa certeza, pois os médiuns tendem a fazer contínuos movimentos. Suas mãos não estão jamais em repouso. Eusapia – a médium típica para os movimentos de objetos – jamais tinha um instante de tranquilidade, e era necessário zelar para que suas mãos nunca ficassem livres, pois desde que uma de suas mãos se libertava, Eusapia se aproveitava para fazer movimentos proibidos e atribuir a fenômenos metapsíquicos (movimentos de uma mão fluídica) o que era, simplesmente, o movimento muscular de sua mão normal.

Com muitos médiuns, em vez de segurá-los, amarram-se fortemente os seus membros. Por vezes, encerram-nos em suas roupas, que são costuradas e, por vezes, passa-se um fio por suas unhas. Outras vezes, os nós que lhes prendem as mãos são lacrados com cera. São precauções úteis, em cujos detalhes não posso entrar aqui e que devem variar tanto com as condições experimentais, quanto com a psicologia do médium.

Mas não devemos esquecer que todas essas precauções, ainda que sejam indispensáveis, tendem a diminuir a intensidade dos resultados. *A certeza aumenta, mas o resultado enfraquece*. Se desejarmos ter brilhantes sessões, é preciso que deixemos o médium em plena liberdade. Da mesma forma que nas experiências subjetivas a credulidade e a confiança cegas dos assistentes intensificam os fenômenos, nas experiências objetivas, quando amarramos estreitamente o médium, com uma vigilância inexorável, obtemos, geralmente, pouca coisa.

Essa constatação, que fiz diversas vezes, provocará o sorriso dos céticos. Mas creio que nesse caso os céticos estão errados, e muitas vezes é melhor deixarmos o médium bastante livre; mas, bem entendido, é preciso, então, observarmos com uma atenção e com uma vigilância infatigáveis tudo o que se passa, tudo olharmos, duvidarmos de tudo e, finalmente, ***sermos muito rigorosos nas conclusões***, e ao mesmo tempo, sermos ***muito conciliadores nas condições*** da experimentação.

O verdadeiro método parece-me ser o seguinte: primeiro, para que haja uma ampla coleta de fatos, deixarmos o médium entregue a si mesmo; depois, na sessão seguinte, tomarmos algumas precauções sumárias e em cada uma das sessões ulteriores, tornarmo-nos mais severos, mais exigentes, de modo que seja finalmente impossível supormos que os fenômenos sejam devidos a movimentos musculares normais: enfim, e, sobretudo, repetirmos e multiplicarmos as experiências.

Um precioso meio de controle é a fotografia. A um momento dado fazemos deflagrar o magnésio. Assim, a objetiva fotográfica, com antecedência convenientemente programada, dá a imagem exata da situação em que estava o médium quando o objeto foi deslocado.

Parece-me que devemos sempre prevenir o médium de que uma fotografia instantânea pode ser tirada e, até, que vai ser tirada. Afinal, corremos o risco de comprometer a saúde ou as faculdades de um médium fazendo irromper de improviso, durante seu transe, a luz do magnésio. Tenho esse cuidado (exagerado talvez) de não querer surpreendê-los, ainda menos de enganá-los. Certamente, em alguns casos, quando foram obtidas provas muito fortes que estabeleçam a grande possibilidade de uma fraude consciente antecipadamente maquinada, temos o direito, para uma constatação definitiva, de tirar essa fotografia *investigatória*; mas, a princípio, julgo mais digno tratarmos os médiuns com humanidade e demonstrarmos, à sua frente, a boa-fé que deles exigimos.

Para os céticos, uma objeção é muitas vezes apresentada, que o vulgo olha como dirimente. Diz-se: "Por que a obscuridade? Se não obtendes nada na luz, é porque o médium aproveita da escuridão para vos enganar. Quando tiverdes obtido esses fenômenos em pleno dia, ou sob uma forte iluminação, eu acreditarei neles. Mas até lá, penso que existam apenas fraudes, já que é necessária a escuridão que facilita todas as burlas".

Esta objeção é sem valor por duas razões:

1° – Parece provado que muitos desses fenômenos de telecinesia, senão todos, não podem realizar-se em pleno dia. Tudo se passa como se a escuridão fosse uma das condições necessárias para a manifestação dessas forças. Ora, isso não é absolutamente absurdo. Conhecemos muitos fenômenos que não se produzem na luz, como outros que não se produzem no escuro.

Supondo, por exemplo, que alguém diga a um fotógrafo: "Por que, para revelar as suas chapas, vós vos colocais em uma cabine escura ou apenas iluminada por uma lâmpada vermelha? Existe alguma tramoia nisso. Só acreditarei nas vossas fotografias se as revelares em plena luz"". O fotógrafo teria o direito de responder que a luz atrapalha a revelação das chapas. Da mesma forma, o metapsiquista tem o direito de responder que a luz atrapalha os movimentos de objetos sem contato.

2°– A segunda razão pela qual a objeção não é válida é porque com certos médiuns os movimentos se realizavam em plena luz, como, notadamente, com Home. E por outro lado, em inúmeros casos, a escuridão não era bastante profunda para que controles visuais perfeitamente satisfatórios não pudessem ser obtidos.

Algumas telecinesias experimentais

Os seguintes fenômenos são extremamente interessantes, não somente em si, mas também porque foram outrora observados. O juiz John W. Edmonds, legista reputado, juiz distrital, começou suas pesquisas em janeiro de 1851. Só foi em abril de 1853 que ficou convencido da realidade dos fenômenos. "Recorri –, disse ele –, a todos os expedientes imagináveis para descobrir uma impostura e me pôr em guarda contra as mistificações... Vi uma mesa de mogno, com uma perna central, na qual havia uma lâmpada acesa, levantar-se, pelo menos, meio pé acima do assoalho, apesar dos esforços das pessoas presentes... Uma cadeira de mogno que se jogava de lado e movimentava-se vivamente para frente e para trás sobre o chão, sem que ninguém a tocasse, através de um cômodo onde havia, pelo menos, umas doze pessoas sentadas, e isto sem que ninguém fosse esbarrado. Com frequência, ela deteve-se a algumas polegadas de mim. A um momento dado, chegou com tal violência que, se não tivesse sido detida, eu teria a perna esmagada".[2]

Agora daremos alguns pormenores relativos a algumas experiências que provam a esse respeito que ocorrem com certos indivíduos *movimentos de objetos sem contato.*[3]

Em 1854, A. de Gasparin publicou um livro sobre as mesas girantes,[4] no qual são relatadas experiências precisas, relativas aos movimentos de objetos e, particularmente, de mesas, sem contato. "No momento em que a mesa era levada por uma enérgica rotação –, diz A. de Gasparin –, levantamos nossos dedos, mantendo nossas mãos unidas, de modo a formar uma corrente a algumas linhas[5] acima da mesa; esta então *continuou sua corrida*" e fez duas ou três voltas... No dia seguinte, recomeçamos e pudemos produzir a rotação partindo de um repouso completo. Algumas vezes a rotação parava depois de uma ou meia volta. Por vezes prolongava-se durante três voltas e mesmo quatro... Outro dia, estando as mãos levantadas e todo contato cessado, a mesinha, sob nosso comando, levantou-se sete vezes".

Em seguida a essa publicação, que causou sensação, Thury, professor da Universidade de Genebra, que havia tomado parte nas experiências de A. de Gasparin, em 1855, publicou uma obra intitulada: *Les tables tournantes considerées ao point de vue de la question de physique générale qui s'y rattache* e citou essa experiência decisiva: "Apenas duas pessoas, as senhoras de Gasparin e Dorat, moviam, sem tocá-la, uma mesinha que virava e se balançava sob suas mãos, mantidas a 2 ou 3 cm. de distância do tampo. Vi, constantemente, o espaço livre entre as mãos e a superfície da mesinha e estou certo de que não houve contato durante quatro ou cinco evoluções do móvel... *Nenhuma dúvida era possível*".

2 Citado por A. Russell Wallace, *Les miracles et le moderne spiritualisme*, trad. fr., Livr. des Sc. Psychologiques, Paris, 233.

3 A esse respeito, consultai, sobretudo, o excelente livro de A. de Rochas, *L'extériorisation de la motricité*, Paris, Chanuel, 1896.

4 *Des tables tournantes*, Paris, 1854, 2 vol. Uma terceira edição surgiu em 1888.

5 N. T. – Antiga medida de comprimento, equivalente a um duodécimo de polegada.

Essas experiências foram confirmadas por experiências análogas, realizadas por Fréd. de Rougemont, na Suíça, e Hare, professor de química da Universidade de Pensilvânia.[6]

Em 1868, um médium extremamente poderoso, talvez o mais poderoso que jamais existiu, Daniel D. Home, fez experiências na presença de cientistas ilustres: primeiro, diante de Varley, engenheiro chefe das companhias de Telégrafo Internacional e Transatlântico, depois diante dos membros da Sociedade Dialética de Londres, presidida por sir John Lubbock e, posteriormente, perante o senhor William Crookes.

Eis o que disse o senhor Varley:

> Em minha casa, onde jamais o senhor Home fora, a uma distância de sete pés atrás do senhor Home, encontrava-se uma mesinha. O senhor Home pediu-me para lhe segurar as mãos, colocou suas pernas sobre meu joelho esquerdo. Alguns instantes depois, a mesa começou a mexer-se, foi empurrada em minha direção por uma força invisível, embora ninguém estivesse junto dela e eu segurasse fortemente as mãos e os pés do senhor Home. Um grande canapé, no qual oito pessoas podiam acomodar-se, foi empurrado através de todo o quarto, forçando-nos a recuar...
>
> *Uma fraude teria sido impossível* – acrescentou o senhor Varley.

Os membros da Sociedade Dialética realizaram cinquenta sessões, às quais assistiram trinta pessoas e eis as conclusões importantes a que eles chegaram.[7]

1° – Sons parecem vir dos móveis, dos assoalhos e das paredes, frequentemente acompanhados de vibrações sensíveis ao tato e produzem-se sem ação muscular ou mecânica.

2° – Movimentos de corpos pesados produzem-se sem ação mecânica de nenhuma espécie, com frequência, sem contato nem conexão com ninguém.

3° – Treze testemunhas declaram ter ouvido trechos de música bem executados por instrumentos sobre os quais não agia

6 *Experimental investigation* (Nova York), 1855.

7 Aqui indico apenas as experiências relacionadas aos movimentos de objetos sem contato.

nenhuma influência determinada.

Em uma experiência que eles declararam decisiva, onze membros da Sociedade sentaram-se ao redor de uma mesa, viraram o espaldar de suas cadeiras para a mesa e ajoelharam-se com seus pés para trás, suas mãos apoiadas nos espaldares; tudo à luz do bico de gás que iluminava a mesa. Todas as mãos e todos os pés eram vistos perfeitamente. A mesa deslocou-se quatro vezes, depois, quando os espaldares das cadeiras foram afastados doze polegadas da mesa, esta se moveu ainda treze vezes e em direções diferentes, a pedido dos assistentes.

Quatorze testemunhas certificam ter visto mãos ou rostos não pertencentes a seres humanos, mas que pareciam vivos e móveis, e que algumas vezes foram tocados e mesmo apertados, o que os convenceu de que não eram vítimas de uma ilusão ou de uma impostura. Cinco testemunhas dizem terem sido tocadas por qualquer ser invisível em diversos lugares do corpo e muitas vezes no lugar solicitado, embora as mãos de todas as pessoas presentes estivessem visíveis.

Os membros do Comitê, que em sua maioria eram extremamente céticos antes de terem realizado a experiência, declararam estar convencidos de que ***existe uma força capaz de mover corpos pesados sem contato material, força que depende, de um modo desconhecido, da presença de seres humanos.***

W. Crookes fez com Home experiências muito precisas, que se devem ser lidas na obra original por causa de sua grande importância.

Uma prancha estava sobre uma lâmina de madeira, em forma de cutelo, análoga ao cutelo de uma balança, mantida em equilíbrio por uma mola com uma escala e um indicador. Os movimentos da mola podiam ser inscritos graficamente. Nessas condições, Home colocou suas mãos à distância, acima do aparelho (10 centímetros). Uma testemunha colocou as mãos sobre as de Home e um pé sobre os seus pés. Um gráfico foi obtido; em outra experiência, muito bonita, Home estava a um metro do aparelho, suas mãos e seus pés estavam seguros; houve ainda movimento e inscrição gráfica.[8]

8 ***Recherches sur les phénomènes du spiritualisme***, trad. fr., Paris, Libr. des Sc. Psychologiques, 1872, 12°.

A senhora X..., observada por Crookes, também obteve os mesmos movimentos da balança. Ao colocar suas mãos acima de um pergaminho, ouviam-se pequenos crepitamentos repetidos no pergaminho.[9]

Boutleroff, eminente professor de química em Petersburgo, em 1871, também fez experiências com Home. A tensão normal do dinamômetro, de 50 kg, foi elevada a 75 kg; as mãos de Home eram colocadas em contato com o aparelho de tal maneira que qualquer esforço de sua parte teria diminuído a tensão em vez de aumentá-la.

W. Crookes relata ainda outras experiências impressionantes:

> Minha própria cadeira descreveu um círculo e meus pés não estavam pousados sobre o assoalho. Sob as vistas de todos os assistentes, uma cadeira veio lentamente de um canto afastado do cômodo. Em outra circunstância, uma poltrona quase veio até o lugar onde estávamos sentados, e à minha solicitação, voltou-se lentamente a uma distância de cerca de três pés. Em cinco ocasiões diferentes, uma pesada mesa da sala de jantar levantou-se acima do piso de algumas polegadas a um pé e meio, em plena luz, enquanto eu segurava as mãos e os pés do médium.

Houve também experiências com um acordeão que Home segurou com as pontas dos dedos e que estava encerrado em uma espécie de gaiola de fios de cobre e de madeira. O acordeão oscilou e tocou árias. Home então abandonou o instrumento e colocou a mão que o segurava sobre a de um espectador: o acordeão flutuou sozinho dentro da gaiola e continuou a tocar.

O senhor C..., administrador civil da região de Loire, falando de Home, disse:

> Home fez-me empalidecer e eu não pude encontrar nenhuma explicação, mas eu vi. Ordenou a uma sineta que subisse ao longo de minhas pernas e quando eu quis re-

9 Suspeitou-se da autenticidade das experiências de Home. Na realidade, nunca a mais insignificante prova de fraude foi dada (vide P. Petrovo Solovovo, ***On the alleged exposure of D. D. Home in France, Journ. S. P. R.***, XV, 1912, 274). E, aliás, para a maioria das experiências, seja de Crookes, seja de Varley, seja de lorde Dunraven, nenhuma trapaça poderia explicar os resultados obtidos.

tê-la, escapou, contra minha vontade, escorregando entre meus dedos. Ele ordenou a uma mesa responder por pancadas; a mesa respondeu; mas o que há de mais extraordinário é que os golpes eram igualmente dados sob a planta de meus pés... Outra vez, Home mandou a uma mesa levantar-se do chão; a mesa subiu ao teto; disse à filha de B. que puxasse a mesa para fazê-la descer; mas cada vez que a menina largava a mesa, esta subia. De repente, Home disse: "Segura firme!" e os esforços de três homens não conseguiram fazer a mesa descer.[10]

Uma das coisas mais surpreendentes que vi –, diz Crookes –, foi a levitação de uma garrafa cheia de água e de um copo. O cômodo estava fortemente iluminado por duas grandes chamas de álcool sódico e as mãos de Home estavam muito longe. Os objetos permaneceram suspensos acima da mesa; chocando-se um contra o outro, responderam três vezes sim às perguntas. Ficaram assim, durante cinco minutos, suspensos a aproximadamente seis ou oito polegadas de altura, indo diante de cada pessoa e respondendo às perguntas. Certificamo-nos de que Home estava absolutamente passivo durante esse tempo e que nem fios metálicos, nem pequenas cordas eram empregados. Além disso, Home não penetrara no cômodo antes da sessão.

Eu estava –, diz Crookes –, em uma sessão escura.[11] Segurava as duas mãos do médium com a minha, enquanto seus pés estavam sobre os meus; minha mão livre segurava um lápis. Uma mão luminosa desceu do teto e após haver planado durante alguns segundos, pegou o lápis de minha mão, escreveu rapidamente em uma folha de papel, largou o lápis e em seguida levantou-se acima de nossas cabeças e perdeu-se na escuridão.

Outra vez, em plena luz, o senhor Home estava presente com alguns amigos; folhas de papel e um lápis tinham sido colocados no centro da mesa. Então o lápis levantou-se sobre a ponta, avançou pelo papel com saltos hesitantes e caiu. Depois se levantou e caiu novamente. Tentou uma terceira vez, mas sem obter melhor resultado. Então uma pequena ripa que se encontrava ao lado sobre a mesa, escorregou para o lápis e levantou-se a algumas polegadas acima da mesa: o lápis levantou-se

10 De Viel-Castel, citado por Erny, *A. S. P.*, 1902, XII, 147.
11 *Loc. cit.*, p. 158.

novamente e apoiou-se na ripa; depois, juntos fizeram um esforço para escrever no papel. Após haver tentado em vão, a ripa abandonou o lápis e voltou ao seu lugar. Outro dia (p. 167) a pequena ripa atravessou a mesa para vir até mim, em plena luz, e fez-me uma comunicação batendo em minha mão. Eu soletrava o alfabeto e a ripa batia nas letras adequadas. A outra extremidade repousava sobre a mesa a certa distância das mãos do senhor Home.

Atribuir esses resultados à fraude é absurdo. –, diz W. Crookes[12] – O que relato aqui se passou em minha própria casa, onde era impossível de se preparar alguma coisa com antecedência. Um médium não poderia, quando eu estava sentado na outra parte do cômodo, com diversas pessoas que atentamente o observavam, fazer, por fraude, tocar um acordeão que eu segurava com minha própria mão, com as teclas para baixo, ou fazer flutuar esse mesmo acordeão aqui e ali no aposento, tocando durante todo o tempo... Não podia trazer um aparelho para agitar as cortinas das janelas, dar um nó em um lenço e colocá-lo em um canto afastado do cômodo, fazer soar, à distância, as notas de um piano, levantar uma garrafa e um copo em pé acima da mesa, levantar sobre uma de suas extremidades um colar de coral, mover um leque e abanar os presentes, ou então, pôr em movimento um pêndulo fechado em uma vitrine solidamente soldada na parede.

Essas experiências são muito decisivas, muito brilhantes; foram observadas com tamanha sagacidade por um cientista entre todos ilustre, que ficamos estupefatos ao ver que elas não determinaram uma adesão universal. Deverei confessar? Antes de ver Eusapia em Milão, eu estava absolutamente convencido de que Crookes afundara-se em um terrível engano... E o mesmo ocorreu com Ochorowicz. Mas ele se arrependeu e o disse a si mesmo como eu o disse batendo no peito: *Pater, peccavi!.*[13]

O senhor Dale Owen[14] relata uma experiência (na qual, provavelmente, Home era o médium): "Na sala de jantar de um fidalgo francês, o conde d'Ourches, que habitava perto de Paris,

12 *Loc. cit.*, p. 158
13 N. T. – "Pai, pequei".
14 Citado por Russell Wallace, *loc. cit.*, p. 101.

eu vi, em 1° de outubro de 1858, à bela claridade do dia, quase no fim de um almoço, uma mesa à qual haviam tomado lugar sete pessoas, levantar-se carregada de frutas e vinhos, enquanto todos os convidados estavam de pé ao seu redor e nenhum deles a tocava".

Relativamente às experiências de Home, o que permite atribuir-lhes um valor considerável, é que elas foram realizadas em condições irrepreensíveis. Eis o que lhe escrevia, em 1876, Ed. W. Cox, doutor em direito, homem de elevada posição social e de grande senso:

> Meu caro Home, por ocasião das experiências às quais o senhor quis submeter-se na minha presença, nada existia desse gênero de precaução e de mistério. O senhor sentou-se ao meu lado. Em toda parte, a toda hora, em meu jardim, em minha casa, de dia e à noite, mas sempre, salvo uma vez em ocasião memorável, era durante o dia, em plena luz. Nunca se recusou a submeter-se a qualquer controle... Ficou a sós comigo e passaram-se coisas que os esforços reunidos de quatro pessoas não poderiam obter. Às vezes ocorriam fenômenos; às vezes não. Os resultados eram de tal natureza que a mão humana não teria sido suficiente para produzi-los em minha sala, em minha biblioteca, em meu jardim, onde qualquer mecanismo teria sido impossível.[15]

Henri Slade, outro médium americano muito poderoso, forneceu inúmeras provas de movimentos de objetos sem contato.

Zöllner, professor de astronomia física em Leipzig,[16] narra que, sem nenhum contato visível de Slade, uma tela de madeira foi quebrada violentamente (tinha a espessura de meia polegada). A escrita direta foi obtida inúmeras vezes. Uma bola de metal foi suspensa por um cordão de seda, no interior de um globo de vidro, colocado sobre a mesa e bem iluminado por velas. A bola começou a oscilar e a bater em intervalos regulares contra a superfície interior do globo (sem que houvesse contato com as mãos de Slade, evidentemente).

15 Home, *Les lumières et les ombres du spiritualisme*, trad. fr., 1883,198.
16 *Wissenschaftliche Abhandlungen.*

P. Gibier também experimentou com Slade.[17]

Gibier constatou primeiramente a força e a frequência dos *raps*.

> Certa vez uma pancada foi dada no meio da mesa, tão violenta, que esta parecia que ia partir-se. Durante esse tempo, as mãos e os pés do médium estavam bem à vista. Em uma sessão durante o dia, uma cadeira, colocada a 1,20 m de distância fez meia volta sobre si mesma e veio atirar-se contra a mesa.
>
> Outra vez, em pleno dia, um baú colocado a 0,75 cm de sua cadeira se pôs em movimento, primeiro abandonando a parede onde estava apoiado, muito lentamente para que se pudesse ter certeza de que nenhum contato existia entre esse móvel e os objetos que o cercavam; depois foi bater violentamente na mesa que rodeávamos.
>
> Em dez vezes diferentes, a ardósia que Slade segurava sob a mesa quebrou-se em pedaços; essas ardósias eram emolduradas em madeira muito dura. Inúmeras vezes tentamos quebrá-las também, batendo-as contra a mesa; nunca conseguimos fendê-las ou rachá-las.
>
> Várias vezes vimos uma ardósia emoldurada deixar a mão de Slade, passar por sob a mesa, atravessá-la em toda sua largura, e, quando a pegávamos, tínhamos a sensação de uma resistência produzida por outra mão, que a teria segurado. Não perdemos de vista as mãos do médium e víamos seus dois joelhos, que ele mantinha fora da mesa.[18]

D. MacNab[19] conta as experiências que fez com um médium. Era no escuro, o que torna o controle bem difícil e necessita precauções especiais. ***Não obstante, à luz de uma lâmpada vermelha***, o senhor MacNab viu a mesinha levantar-se do chão, tocar as mãos que estavam a 40 cm acima, depois descer

---

17 *Le spiritisme*, Paris, 1882. *Le fakirisme occidental.*

18 Tive a oportunidade de ver uma vez Slade com Gibier. Nesse dia, Slade deu-me uma ardósia e colocou sobre ela um pequeno fragmento de lápis. Depois peguei a ardósia na mão, e Slade segurou a outra ponta. Em pleno dia, colocamos, Slade e eu, a ardósia sob a mesa. Ao fim de alguns instantes ouvimos o ruído característico da fricção da ardósia pelo lápis. Havia escrita e o lápis estava gasto. Mas faço todas as minhas reservas sobre essa experiência, única para mim, pois: 1° ela já é muito antiga; 2° não encontro as notas que tomei; 3° Slade é muito suspeito; 4° as experiências com as ardósias prestam-se a todas as mistificações.

19 Citado por A. de Rochas.

lentamente e tocar o chão sem ruído.

Chego agora às experiências feitas com Eusapia Paladino. São numerosíssimas e vou descrevê-las com alguns pormenores, pois fui testemunha atenta, em Milão, Roma, Carqueiranne, na ilha Ribaud, e em Paris. Posso, pois, falar com conhecimento de causa, tendo em vista que assisti a mais de uma centena de sessões.

Digamos algumas palavras sobre a própria Eusapia Paladino. Era mulher de grande simplicidade de alma, simplicidade que não excluía certa fineza. Mas, aliás, com nenhuma cultura intelectual. Não sabia ler e no início de sua vida científica falava somente o napolitano e mal o italiano. Posteriormente, sendo muito inteligente, aprendeu a compreender e mesmo a falar um pouco de francês. Era de pequena estatura, antes gorda do que magra, com mãos muito pequenas.

Estava constantemente muito infeliz. Seu pai, um camponês napolitano, morreu assassinado por bandidos; seu marido, mais ou menos, explorou-a e maltratou-a. Como era muito generosa e dava aos pobres, gastavam desastradamente tudo o que ela ganhava, e ela acabou por morrer no abandono e na indigência.

Essa excelente criatura foi uma médium notável, de complacência inesgotável, prestando-se às mais diversas experiências. A maioria dos cientistas contemporâneos, que teve alguma curiosidade no espírito, estudou-a. E. Chiaia, primeiramente, a seguir Aksakoff, Schiaparelli, Lombroso, Gerosa, G. Finzi, Morselli, Brofferio, Bozzano, Venzano, Carlo Foa, Bottazi, A. de Gramont, A. de Rochas, J. Maxwell, Ségard, Camille Flammarion, Ochorowicz, Scherenk-Notzing, P. Curie, senhora Curie, D'Arsonval, Courtier, Siemiradzki, Dariex, Watteville, Sabatier, Fr. Myers, sir Oliver Lodge, senhor e senhora Sidgwick, Feilding, Carrington, Herlitzka, Porro, e muitos outros.[20]

As sessões que Eusapia dava, de início, eram feitas em plena luz, depois, pouco a pouco, para que os fenômenos se tornassem mais fortes, ela pedia que a luz fosse diminuída: *meno luce*. Finalmente, a escuridão era quase completa; mas, como na escuridão completa o controle se tornava muito difícil, imagina-

20 Só a bibliografia das experiências de Eusapia Paladino é considerável. Recomendo o livro muito completo e perfeito sob todos os aspectos de E. Morselli.

mos colocar a alguma distância uma lâmpada cuja luz filtrasse por uma porta ou por uma veneziana entreaberta.

Em suas experiências, Eusapia pretendia ser ajudada por seu guia, chamado John King, pretenso irmão de Katie King, e pai de Eusapia em outra existência(?). Mas a realidade objetiva de John King é muito provavelmente nula. Essa personalidade mediúnica lhe adveio quando de suas primeiras experiências com o senhor Damiani, que em Nápoles começou a dirigi-la e, sobretudo, com o cavalheiro Ercole Chiaia, que foi o corajoso e perseverante protetor de Eusapia e que fez com que o mundo científico a conhecesse, em uma célebre carta dirigida a C. Lombroso (9 de agosto de 1888).

As experiências de Eusapia não foram inúteis: Todos os cientistas – sem exceção – que com ela fizeram experiências ficaram finalmente convencidos que ela produzia fenômenos autênticos. É verdade que em Cambridge ela deu uma série de experiências meio fraudulentas, porque os cientistas experimentadores de Cambridge, sobretudo R. Hodgson, procediam muito desastradamente, possibilitando-lhe e facilitando-lhe a fraude, ou seja, quase que provocando a fraude.[21]

No momento da experiência que deve determinar o movimento de objeto sem contato, Eusapia previne que um *fenômeno* se vai produzir, de modo que não há surpresa. A atenção dos observadores redobra e todas as precauções nesse momento fatídico podem ser tomadas para que nenhum ardil seja possível. É o contrário do que fazem os prestidigitadores profissionais, que executam seus passes no mesmo momento em que tentam distrair a atenção dos assistentes.

Cada movimento de objeto à distância parece provocado por um esforço muscular enérgico de Eusapia. Ela contrai os braços, as pernas, o corpo. Tudo se passa como se sua contração muscular devesse agir à distância. Não está em estado de *transe* no início, mas pouco a pouco, no decorrer da sessão, se estabelece o *transe*, cada vez mais profundo, por uma passagem gradual.

21 Sobre essa fraude (aliás, inconsciente), Ochorowicz chamou a atenção em uma notável memória na qual mostra em que ponto estava incorreto o método de Hodgson, que intencionalmente deixava livre uma das mãos de Eusapia.

Não é facilmente hipnotizável. Ochorowicz magnetizava-a após as sessões para lhe dar um sono reparador. De fato, após cada sessão (que às vezes se prolongava durante duas ou três horas) ela estava muito esgotada.

Os fenômenos metapsíquicos produzidos por Eusapia são bastante diversos. Não houve nenhum ou quase nenhum fato de lucidez. Foram sempre fenômenos objetivos, sobretudo movimentos de objetos sem contato e materializações. Não falarei neste capítulo senão dos movimentos de objetos sem contato.

Ora, nesse caso, o ponto essencial, único por assim dizer, é saber se o movimento do objeto pode ser determinado pelas mãos, pés, cabeça, corpo de Eusapia; pois precisamos eliminar completamente a hipótese de uma alucinação dos assistentes, hipótese prodigiosamente absurda, tão absurda como a hipótese de uma brincadeira de mau gosto feita por um dos assistentes. Além disso, com toda certeza, não existem aparelhos, nem maquinações, nem instrumentação. Eusapia, trajando um vestido preto colante, não tem bolsos, nem nenhum objeto, nenhuma corda, nenhum pedaço de fio de ferro ao seu alcance. Se ela se serve de truques ou de trapaças, só o poderia fazer com as mãos vazias.

Todos os que com ela experimentaram sabem disso. Assim, sua única preocupação era de prender-lhe bem as mãos.

Eis como, a esse respeito, respondi a R. Hodgson. "Dizer: a mão está bem presa, significa primeiro que não se tem nenhuma dúvida a respeito da mão que se segura. Se, ao segurar a mão enquanto um fenômeno se produzia, eu não estava absolutamente certo de que era a mão direita (no caso em que eu estivesse encarregado de segurar a mão direita), logo parava tudo dizendo: larguei a mão e todos os experimentadores faziam o mesmo. Tínhamos tomado a decisão de segurar fortemente a mão, todos os dedos em nossa palma, ou pulso e uma parte dos dedos. Tínhamos o cuidado, em cada fenômeno, de nos lembrar, mutuamente, a observação exata. Dez vezes, cem vezes no decorrer de uma sessão, de modo a sermos insuportáveis, *ad nauseam* repetíamos: *seguro bem a mão direita*, *seguro bem a mão esquerda*. Não tínhamos outra preocupação a não ser de impedirmos que uma das mãos de Eusapia nos escapasse.

Pois bem! Sem nos julgarmos mais perspicazes e mais hábeis do que convém, parece-me que após três meses de exercício e meditação, podemos chegar à certeza de que seguramos bem uma mão humana".[22]

Os casos de movimentos de objeto sem contato, seja da mesa, seja de objetos próximos, são inúmeros.

O primeiro relato pormenorizado (experiência de Nápoles, 1891) foi dado por Lombroso.

> Os pés e as mãos de Eusapia estavam seguros pelo professor Tamburini e por Lombroso. Uma sineta colocada sobre uma mesinha, a mais de um metro de distância de Eusapia, pôs-se a tocar no ar e acima da cabeça das pessoas sentadas, depois desceu sobre a mesa, para ir colocar-se a dois metros dali, sobre uma cama. Enquanto a sineta tocava, acendemos rapidamente um fósforo e vimos a sineta suspensa no ar.
> Um grande móvel, colocado a dois metros, aproximou-se lentamente de nós: dir-se-ia a progressão de um gigantesco paquiderme.

Em Milão (1892), em uma série de experiências engenhosamente dispostas por G. Finzi, e que deram resultados admiráveis, inúmeras vezes pudemos constatar movimentos de objetos e levitações da mesa.

Em um caso (consagrado por um fotógrafo) a mesa levantou-se no ar durante alguns segundos. Vê-se na fotografia (no livro de A. de Rochas, p. 48) que eu seguro a mão esquerda e os dois joelhos de Eusapia, e Lombroso segura a mão direita. Em um caso de levitação completa da mesa, Aksakoff observou que então as duas mãos de Eusapia estavam sem contato com a mesa.

---

22 Em uma experiência que foi muito brilhante, em minha casa, em Carqueiranne, a senhora Sidgwick segurava a mão esquerda de Eusapia; meu sábio e saudoso amigo Ch. Ségard, médico-chefe da marinha, segurava a mão direita. Perguntei-lhe, no momento em que o piano, instalado a 35 cm de Eusapia, havia tocado: "Estás certo de que seguras bem a mão e a mesma mão?" E diante de sua resposta afirmativa, acrescentei: "Tomes cuidado, pois se te enganares, será cumplicidade." Nessa experiência, O. Lodge (creio) segurava os pés. H. Sidgwick declarou, então, que a experiência estava irrepreensível, mas que, no entanto, um objeto podia estar sendo segurado por Eusapia entre os dentes e tocar as teclas do piano. Então coloquei minha mão na boca de Eusapia; e todas as outras condições permanecendo as mesmas, houve ainda sons do piano.

Uma pesada cadeira (10 quilos) que se achava a um metro da mesa e atrás da médium, aproximou-se do senhor Schiaparelli.

No escuro, os fenômenos foram muito mais intensos. Houve golpes sensivelmente muito mais fortes do que aqueles que se ouviram em plena luz sob e na mesa. Terrível estrondo como o de um violento soco dado na mesa. Choques e pancadas contra as cadeiras dos vizinhos, bastante fortes para fazer virar a cadeira com a pessoa. Transportes de diversos objetos, algumas vezes afastados de muitos metros e pesando vários quilos, transporte no ar de objetos diversos. Os pés de Eusapia estavam sobre meus joelhos; enquanto eu lhe segurava as duas mãos, um pandeiro foi levantado acima das nossas cabeças e a membrana do pandeiro era batida como se fosse com a mão. Em outra ocasião, estando as mãos de Eusapia amarradas, uma sineta foi colocada em uma cadeira, à sua direita: fez-se escuro, exprimindo-se o desejo de que a sineta tocasse imediatamente. Imediatamente a cadeira virou, a sineta retiniu, foi projetada na mesa e, acendendo-se a luz, observou-se que os nós estavam em perfeito estado. Outra vez, eu segurava os pés de Eusapia, Schiaparelli e G. Finzi seguravam-lhe as mãos e a mesa ergueu-se nas quatro pernas.

As experiências de Roma (1893 e 1894) feitas por Siemiradzki e J. Ochorowicz, foram igualmente demonstrativas.

As mãos de Eusapia estavam bem seguras, no escuro, um realejo voltejou acima da mesa, fazendo ouvir sons que não podem ser produzidos senão quando se vira a manivela.

Certa vez, o piano, colocado atrás de Eusapia, deslocou-se: a tampa foi levantada. Como Siemiradzki expressara o desejo de ouvir notas altas e notas baixas ao mesmo tempo, seu desejo foi satisfeito –, o que parece provar a ação de duas mãos distintas –, disse Siemiradzki. Um copo com água pela metade, que se achava no bufê, fora do alcance de nossas mãos, foi levado aos lábios de Ochorowicz, de Eusapia e de outra pessoa, que nele beberam. A operação se deu em plena escuridão com uma prodigiosa precisão.

Ao mesmo tempo ouviam-se crepitações na madeira da mesa. Eram pancadas, ora leves, ora formidáveis, como tivessem sido dadas por um punho robusto batendo com toda a força.

Em Varsóvia, Ochorowicz, segurando as mãos e os pés de

Eusapia, tomou o cuidado de impedir até o contato da combinação e do vestido de Eusapia com a mesa. Sob a luz fraca, porém permitindo aos assistentes distinguir as formas, enquanto ninguém, tampouco Eusapia, tocasse a mesa, esta, sem oscilações prévias, elevou, ao mesmo tempo, suas quatro pernas: completamente horizontal e isso por três vezes. Então, Eusapia, avançando o joelho, disse: "Vou levantar a mesa com o joelho"; no entanto, o tampo estava a 20 cm do joelho. O joelho levantou-se 15 cm e a mesa 20 cm. Obteve o mesmo efeito, levantando as duas pernas, sempre muito distante da mesa. A mesa ergueu-se ao mesmo tempo em que as duas pernas.

Um dinamômetro marcou uma força três vezes superior à de Eusapia, e superior à do mais forte dos assistentes.

As experiências que vou relatar foram feitas em minha casa, na ilha Ribaud (1894) e em Carqueiranne.

A ilha Ribaud, onde possuo uma pequena vila, é uma ilhota mediterrânea deserta, habitada apenas pelo guarda do farol e sua mulher. Mandei trazer Eusapia. Depois pedi a J. Ochorowicz que lá fosse comigo, a fim de seguir de perto as experimentações. De fato, durante três meses, em perfeita intimidade, Ochorowicz e eu experimentamos, três vezes por semana, e constatamos com toda evidência, um grande número de vezes, movimentos de objetos sem contato, bem como muito outros fenômenos que retomarei mais adiante.[23]

Após haver constatado o sucesso de nossas experiências, solicitei aos meus amigos, Fr. Myers, O. Lodge e Schrenck-Notzing, bem como ao senhor e à senhora H. Sidgwick, para irem à ilha de Ribaud para julgarem *de visu*.

Citarei somente extratos do relato de Oliver Lodge.

> Uma cadeira colocada perto da janela, a muitos pés de distância da médium, escorregou, levantou-se e bateu no

23 Não publiquei estas notas e não as publicarei; são de uma monotonia terrível: "As mãos estão bem seguras, sou tocado à direita, sou tocado à esquerda". Para ter um protocolo exato, eu ditava, à medida que ia fazendo a experimentação, os resultados ao meu secretário, Bellier, que escrevia na sala vizinha e anotava as horas, os minutos e todos os pormenores. Investigação minuciosa, longa, talvez exagerada em sua minúcia e em seu prolongamento, mas que estabelece – salvo o caso de um erro sistemático de que não posso suspeitar – o fato do movimento de objetos sem contato.

> assoalho. A médium estava segura e ninguém se achava junto de sua cadeira. Ouvi algumas notas de um acordeão colocado não longe de nós. Uma caixinha de música em forma de chalé passeou no ar e subiu acima da cabeça; uma chave foi virada na fechadura da porta, depois colocada na mesa e reposta na fechadura; uma pesada mesa (de 22 quilos) foi levantada no ar a 20 cm do chão, quando a médium estava de pé e suas duas mãos apoiavam-se apenas levemente na mesa, em um ângulo.

Outras sessões, em 1895, realizaram-se em Agnelas, em casa do senhor A. de Rochas, na presença do senhor Sabatier, decano da Faculdade de Ciências de Montpellier, de J. Maxwell, atualmente procurador-geral em Bordéus, de A. de Gramont, membro do Instituto, do senhor A. C. de Watteville, licenciado em Ciências.

Os resultados foram os mesmos, mais nítidos, *se possível*, do que nas experiências de Milão, de Roma, e da ilha Ribaud:

A mesa ergueu-se 30 cm acima do chão; as mãos de Eusapia apenas a tocavam e por vezes não a tocavam; os joelhos de Eusapia estavam seguros, bem como seus pés, por Dariex; as pernas da mesa estavam livres de qualquer contato com a médium. Uma pequena pianola (de 900 gramas) tocou algumas notas, elevou-se no ar, enquanto seguravam solidamente as mãos, os pés, os joelhos e a cabeça de Eusapia.

Ouviu-se o ranger da chave na fechadura de um baú colocado muito longe para que Eusapia pudesse tocá-lo e, durante esse tempo estavam à vista e se mantinham seguros as mãos, os pés, os joelhos e a cabeça de Eusapia.

Uma última experiência muito demonstrativa foi feita. Um peso para papéis foi mudado de lugar, abaixou-se e levantou-se sem contato. A luz estava muito forte. Certamente não havia fio, nem cabelo.

Em suma –, dizem os observadores –, Eusapia *pode agir sobre corpos materiais à distância e sem contato*. O controle foi tão perfeito como pode ser o controle que resulta da vista clara e direta de um fato experimental.

Experiência de Gênova, 1901. – Eis o que diz o professor E. Morselli, que, inicialmente, havia sido muito cético, mas que a seguir, como ocorreu com todos os que experimentaram com Eusapia, se convenceu. Em um livro que é um modelo de erudição,[24] expõe com minúcias os fatos que ele observou. Não relatarei aqui senão o que se refere aos movimentos de objetos sem contato (telecinesia). Não podendo citar tudo, contentar-me-ei com a seguinte citação.[25]

> Nas duas primeiras horas da sessão, movimentos e oscilações da mesa: ruídos formidáveis (na escuridão ou com luz fraca)... *raps* correspondendo às contrações musculares ou aos gestos, deslocamentos de objetos, funcionamento de aparelhos musicais, passagem de uma régua que sai do gabinete, levanta-se no ar, toca o braço e o ombro dos assistentes. Tudo isso repetido fartamente. Uma mesinha redonda, colocada a um metro de distância de Eusapia, foi atraída; durante esse tempo, eu lhe segurava a mão direita e as pernas, a senhora Ferrero lhe segurava a mão esquerda. A mesa levantou-se do chão por duas vezes a uma altura de 15 a 30 centímetros.[26]
>
> Essa experiência –, acrescenta Morselli –, foi controlada com o maior rigor: tudo estava visível à luz vermelha e estou certo de que o fenômeno é autêntico.

Em outra experiência, estando Eusapia segura à esquerda por Porro, à direita por Morselli (1901), este disse em voz alta: "Tenho sede". Então foi transportada para a mesa uma garrafa de água com um copo, e aos lábios de cada um dos assistentes aproximou-se sucessivamente um copo cheio de água.[27]

Três eminentes fisiologistas, médicos da Universidade de Turim, Carlo Foa, Herlitzka, E. Aggazotti, exímios alunos do

24 *Psicologia e spiritìsmo*, 2 vol., 8ª, Torino, 1908.

25 T.I., p. 361.

26 Uma ótima fotografia foi tirada (t. II, p. 363). Vemos os pés, as mãos e os joelhos de Eusapia sem contato com a mesa, enquanto a mesa estava completamente levantada.

27 Se os leitores desejarem tomar conhecimento de tudo o que foi escrito sobre os fenômenos produzidos por Eusapia, deverão consultar a ***Bibliografia Paladiana*** de Morselli, t. I, p. 134-170. Verão que, de 1889 a 1907, todos os experimentadores, com exceção de Everard Feilding e Alice Johnson, ficaram completamente convencidos. Não sei o que atualmente pensa Alice Johnson, mas Feilding voltou atrás a respeito de suas negações, apenas baseadas nos resultados imperfeitos das experiências de Cambridge. D'Arsonval dizia que não podia formar uma opinião e permanecia em dúvida. Mas, hoje, bem creio que sua incerteza desapareceu.

ilustre fisiologista Angelo Mosso, estudaram os fenômenos produzidos por Eusapia, em uma série de sessões que se realizaram no laboratório de Psiquiatria da Universidade de Turim e ficaram totalmente convencidos da absoluta realidade dos fenômenos objetivos produzidos por Eusapia. Objetos fora do alcance de suas mãos foram, inúmeras vezes, trazidos à mesa. Aparelhos gráficos de controle, colocados longe de seus pés e de suas mãos, registraram inscrições. Uma sólida e pesada mesa, sem ser tocada por ninguém, foi completamente quebrada. Uma chapa fotográfica colocada em um envelope de papel preto revelou a imagem de diversos dedos.

Os senhores Foa, Herlitzka e Aggazotti dizem, com toda razão: – como frequentemente eu disse, como isso parece evidente – "Se esses fenômenos parecem estranhos, é devido à sua raridade relativa. Em suma, não são mais maravilhosos do que os fenômenos biológicos que observamos todos os dias".[28]

Outra experiência foi feita em 1907 pelo professor Lombroso, os doutores Audenino, Noblenzki, o editor Bocca, e outras pessoas ilustres.[29] Os resultados foram sempre os mesmos. Aparelhos registradores, colocados em um gabinete bastante afastado para que a mão de Eusapia não pudesse atingi-los, deram indicações diversas. Uma mandolina tocou sozinha. Uma forma de cabeça foi vista.

Bem nos parece que, nessas condições, a dúvida seja impossível.

Em Gênova, os senhores Berisso e Bozzano constataram (em maio de 1900),[30] em uma sessão com Eusapia, em plena luz, na qual todo mundo podia ver Eusapia sentada, as mãos sobre a mesa, vistas e controladas, que houve transportes de objetos, notadamente de uma trombeta que foi vista como se estivesse suspensa no ar, emitindo sons. Essa trombeta estava mais alta do que podia alcançá-la a mão da médium ou de algum dos assistentes. Ocorreu a mesma coisa na sessão seguinte, com um violão que se levantou a três metros do chão.

O senhor Venzano viu um braço fluídico formar-se e sair do

28 *A. S. P.* 1907, XVII, 294.
29 *A. S. P.*, 1907, XVII, 212-218.
30 J. Venzano, ***Contribution à l'étude des matérialisations***, *A. S. P.*, 1907, XVII, 473-528.

ombro direito da médium, para ir pegar um copo cheio de água e levá-lo à boca de Eusapia.

Os professores Morselli e Porro assistiam a essas experiências.

No Instituto Psicológico de Paris, que consagrou numerosas sessões (43) em 1905, 1906, 1907, ao estudo dos fenômenos de Eusapia, Courtier, relator, apesar das suas hesitações, suas reticências e suas contradições, é forçado a concluir que existem movimentos que parecem produzir-se ao mero contato das mãos, ou mesmo sem contato, e que se podem constatar, à distância, vibrações moleculares (pancadas) nos objetos. Na realidade, toda a telecinesia baseia-se nessas duas proposições fundamentais.[31]

Courtier, no debate que se travou a esse respeito, acrescenta um detalhe interessante, que os objetos, em seu percurso, não descrevem um trajeto retilíneo, mas parecem mover-se voluntariamente, descrevendo sinuosidades como se fossem dirigidos por uma inteligente força mecânica.

Aliás, as dúvidas da *S. P. R.* a respeito das experiências de Cambridge podem presentemente ser consideradas como inexistentes. Já Myers, em uma sessão realizada em minha casa, havia formalmente reconhecido a autenticidade dos fenômenos. Mais tarde, em 1909, Everard Feilding, vendo e segurando as mãos de Eusapia, foi tocado por trás da cortina por uma mão viva, três dedos em baixo e o polegar em cima e foi apertado de modo a sentir as unhas em sua carne. Essas mãos tornavam-se algumas vezes visíveis. O senhor Baggally, enquanto via e segurava as mãos da médium, foi tocado nas costas da própria mão pela mão que o acariciou e seguiu por seu braço. (*Ata da Comissão da S. P. R. encarregada de fazer experiências com Eusapia Paladino*).[32]

Nada melhor posso fazer a não ser relatar textualmente o que disse dela com grande senso o senhor Hereward Carrington:

> Em novembro e dezembro de 1908, realizamos, com os senhores Everard Feilding e W. Baggally, uma dezena

31 *Bull. de l'Inst. Gén. de Psychol.*, 1909.
32 *A. S. P.*, 1909, XIX, 247-267.

> de sessões em nossos quartos, no hotel, em perfeitas condições de controle, e ficamos convencidos de que se produzem fenômenos autênticos (metapsíquicos) que nenhuma trapaça pode explicar: minha conversão foi totalmente contrária ao que de início havia presumido... Se na América houve fatos duvidosos, é que não souberam experimentar com ela, que estava cansada, esgotada, emocionada... Creio que entre os médiuns americanos, existem, para os fenômenos físicos, 80 por cento que enganam;[33] entretanto Eusapia produz fenômenos reais... Todos os que estudam esses problemas (sobre Eusapia) com tempo e cuidado suficientes, ficarão convencidos de que, entre os fenômenos que ela apresenta, existem os que nenhuma lei conhecida pode explicar. Os fatos estão fora de dúvida (*These facts are beyond question*).

Após tudo isso, é preciso falar das apostas que foram feitas sobre a realidade da telecinesia? Por exemplo, por G. Le Bon, embora ele seja um homem de espírito? Elas não são processos de discussão e o fato de o senhor Le Bon ter ganhado ou perdido sua aposta não fará a ciência avançar. Quem, pois, vai apostar que ele fará, em momento oportuno, cair um aerólito em seu jardim?[34]

Se eu insisti nos fenômenos de telecinesia produzidos por Eusapia é porque, talvez, jamais houve experimentadores tão diversos, tão 11 (céticos, de início, para se convencerem, em seguida), tão escrupulosos, tão minuciosos, tão severos. Durante vinte anos, de 1888 a 1908, Eusapia foi submetida, pelos mais sábios experimentadores da Europa e da América, às provas mais rigorosas, às investigações mais perspicazes; e durante vinte anos todos esses cientistas, decididos a não se deixarem enganar, puderam constatar que objetos, mesmo muito pesados e volumosos, eram deslocados sem que houvesse contato.

Seria alongar desmedidamente o capítulo da metapsíquica subjetiva, relatar todas as experiências, registradas nos jornais espíritas, nas quais houve *raps*, levitações de mesa com leve contato ou sem contato, deslocamento de objetos diversos. Re-

---

33 *The problems of psychical Research*, London, Rider, 1914.
34 Vide Grasset, *loc. cit.*, p. 419.

comendo as obras que foram publicadas a esse respeito, observando apenas que as condições de controle eram manifestamente piores das que eu acabo de relatar.

Os movimentos de objetos sem contato têm algumas relações com os fenômenos observados nas casas presumidamente *assombradas*. O doutor Dariex publicou a esse respeito uma observação interessante.[35]

Como ele ouvia em seu escritório, durante a noite (Paris, Rue du Bellay, nº 6) ruídos singulares, inexplicáveis, e que de manhã encontrava cadeiras caídas e fora do lugar, quis constatar cientificamente, e de algum modo *judicialmente*, o fenômeno. Por ele e por quatro amigos, dos quais dois doutores em medicina, foram colocados lacres na porta (seis), cuidadosamente verificados. Ora, apesar disso, naquele cômodo, totalmente fechado, sem que ninguém pudesse entrar pela janela ou pela chaminé, sem que fosse possível introduzir qualquer fio de ferro sob a porta, as cadeiras foram, com ruído, deslocadas.

Dariex pôde observar com a senhora B., médium não profissional, movimentos da mesa sem contato. Sob uma boa claridade (a de um pequeno fogão móvel em pleno funcionamento), uma mesa pesando 6 quilos escorregou 40 centímetros no assoalho. A médium tinha as duas mãos colocadas sobre os joelhos e estava a 60 centímetros da mesa. "A mesa –, acrescenta o doutor Mercier –, pôs-se *sozinha* em movimento e foi-me impossível surpreender o mínimo movimento da médium, que estava a uma distância de 60 centímetros".

Victorien Joncières, ilustre músico, conta que foi ver um de seus amigos, alto funcionário do Estado, cuja jovem sobrinha tinha poderes mediúnicos notáveis. Ele viu uma cadeira erguer-se acima da mesa. A jovem apoiou muito levemente seus dois dedinhos na borda da mesa, que era de um peso enorme. "Então, essa mesa levantou-se acima das nossas cabeças, de modo que fomos obrigados a levantar-nos para segui-la em sua ascensão. Ela se balançou por alguns instantes no ar e lentamente desceu ao chão, onde pousou sem ruído".[36]

Movimentos de objetos sem contato foram obtidos, muito

35 *Expériences sur les mouvements d'objet sans contact*, *A. S. P.*, 1892, II, 189-208.
36 Chevreul, *loc. cit.*, p. 343.

intensos, por Stainton Moses, que foi um médium extraordinário.

Stainton Moses, após bons estudos em Oxford, foi ordenado padre, enviado como pastor à ilha de Man, depois nomeado professor no ***University College School***. Foi um pregador renomado. Sua honorabilidade e sua lealdade tornaram-no admirado por todos. Ora, Stainton Moses teve faculdades mediúnicas poderosas e consignou em um livro, ***Experiences upon spiritualism***, os resultados de suas experiências pessoais que, dos pontos de vista objetivo e subjetivo, foram notáveis. O doutor e a senhora Stanhope Speer, que foram seus amigos íntimos, publicaram notas detalhadas, exatas, importantes, sobre todos os fenômenos.

Diz ele:

> Os movimentos da mesa[37] começam rapidamente, quando a mesa é apenas tocada. É melhor retirar as mãos e deixá-la agir à sua vontade. Sua inclinação foi até notada ainda mais quando as pessoas presentes estavam a alguma distância. Ela ia e vinha sobre o assoalho e voltava à sua posição normal quando não era tocada. Algumas vezes, as pancadas foram fortes como golpes de martelo e ouvidas distintamente no cômodo inferior, bastante fortes para dar a ideia de que a mesa devia estar reduzida a migalhas. Por vezes, os golpes repetiam-se com tanta intensidade, que todo o quarto estremecia.

Stainton Moses cita como totalmente demonstrativa a seguinte experiência (que abrevio):

> Às 18 horas, em pleno dia, estando eu com um amigo, vindo para me ver, minha mesa da sala de jantar, antiga, muito pesada, instalada sobre um tapete, foi abalada por golpes muito fortes. Agitou-se violentamente como se estivesse tremendo, a ponto de deslocar as pernas e, no entanto, nós não a tocávamos. Então, nós nos levantamos: as mãos estavam 20 centímetros acima da mesa. Esta se aproximou de nós e levantou-se até tocar nossas mãos.

37 *A. S. P.*, 1895, 211.

Eis outra experiência, mais bonita ainda (p. 219):

> O cômodo, que fora envolvido por raios luminosos (fluídicos), tornou-se subitamente escuro. A mesa isolada, não tendo nenhuma mão humana a tocá-la, dava uma série de golpes variando de intensidade; alguns pareciam batidos por um pesado martelo de forja, tudo indicando uma inteligência que se mostrava impaciente ou solene, de acordo com a natureza da comunicação. O aposento estava em uma escuridão completa, salvo, de tempos em tempos, um vapor luminoso que ia e vinha ao redor de uma das pilastras da mesa.
>
> Muitas vezes –, diz o senhor Speer –, ouvíamos pancadas na porta, no bufê, nas paredes, a alguma distância da mesa onde estávamos sentados. Não podiam ser produzidas por nenhuma ação humana; disso me certifiquei por todos os meios possíveis.
>
> Tivemos a escrita direta. O movimento de objetos muito pesados, tais como mesas e cadeiras, não era raro. Algumas vezes a mesa era jogada a grande distância. A mesa de acaju maciço foi movida com mais facilidade do que pelos esforços de todos os assistentes juntos, esforços esses igualmente impotentes para impedi-la de se mover. Muitas vezes, em vão, tentamos paralisar seus movimentos.

O doutor Elliot Cowes e a senhora Cowes[38] contam o seguinte fato:

> Uma pesada mesa pesando 50 quilos está sob um lustre iluminado por dois, três ou quatro bicos de gás, e a luz é bastante forte para que se possa ler. Após diversos movimentos da mesa, as pessoas presentes afastam-se, ficando a, aproximadamente, 60 cm de distância. Nenhum contato com a mesa, nenhuma aproximação de roupas, mesmo a uma distância de 30 a 50 cm. Então a mesa ergue uma das pernas e deixa-a cair tão pesadamente que o assoalho treme e os globos de vidro do lustre retinem. "Se –, conclui o senhor Cowes –, nisso não existe telecinesia, certamente não poderemos mais confiar no testemunho dos nossos sentidos".

38 *A. S. P.*, 1893, II, 372.

C. de Vesme viu, com o conde Ugo Baschieri, fenômenos de telecinesia totalmente nítidos.[39] "Jamais –, diz ele –, constatei a levitação ou o deslocamento de uma mesinha sem contato em tão boas condições de observação. Todo o mundo, o médium incluído, mantinha-se a, pelo menos, um metro da mesa. Esta se deslocou bem na direção do médium, mas os movimentos deste não estavam sincronizados com os do móvel". Outro dia, em uma sessão totalmente privada em sua casa, C. de Vesme viu duas vezes seguidas, sob a influência de passes magnéticos, um cravo colocado em um vaso de flores avançar, inclinar-se, torcer-se, e até, em um dos casos, quebrar-se e de Vesme pôde constatar que não havia nenhum fio.[40]

O senhor Fremery, oficial de artilharia, em Haia, diretor da revista hebdomadária *Tackoustig Leoen*, observou fatos demonstrativos de telecinesia[41] em casa da senhora Huygens, na presença do senhor Floris Jansen, diretor do laboratório de psicofísica de Amsterdã, dos doutores Hijmans e van Branen. A escuridão não era absoluta; podiam-se ver as mãos do médium, aliás, seguras pelos assistentes. Uma poltrona aproximou-se da mesa e, em seguida, afastou-se, um violão ressoou (colocado a 1,70 do chão), uma folha de palmeira agitou-se em todos os sentidos, voltejou até o teto, iluminada por uma lanterna vermelha; bateu no teto a uma altura de 4 metros e varreu-o fazendo grandes curvas, depois desceu e tocou em cada um dos assistentes. Durante esse tempo, uma caixa de música tocava, era consultada e batia no chão para responder às perguntas feitas.

Em Gratz, uma médium não profissional, senhora S., em

39 *Un clairvoyant*, *A. S. P.*, nov. 1915, XXV, 261-263.

40 Tive a oportunidade de presenciar fenômenos criptestésicos em minha casa com Maxwell, e com de Vesme, o conde Baschieri. Foi durante a guerra. Nenhuma premonição foi dada que mereça ser levada em consideração; mas produziu-se um fenômeno singular, metapsíquico, no dizer do senhor Baschieri. De repente, ele levou o lenço aos olhos e o retirou manchado de sangue, mais ou menos 5 g de sangue, muito puro. Seus olhos tinham exsudado sangue. Entretanto, não pude constatar equimose conjuntival. Não formulo nenhuma apreciação. Menciono o fato que, fisiologicamente, é totalmente anormal e mesmo que entra no âmbito dos estigmas. Não ousarei, contudo, afirmar que o fenômeno foi autêntico e não simulado; pois, por mais improvável que seja, podemos supor que o lenço rapidamente levado aos olhos havia sido preparado previamente e já estava impregnado de sangue. O movimento foi muito súbito, muito imprevisto, para que eu pudesse ter feito uma avaliação exata do caso.

41 *A. S. P.*, 1908, XVIII, 251.

sessões totalmente privadas, obteve levantamentos e levitações de mesa, de uma nitidez extrema.[42] Uma mesa de carvalho maciço, muito pesada, foi por vezes deslocada sem que nenhum dos assistentes a tocasse. Certa vez, enquanto os assistentes faziam a corrente, a mesa levantou-se a uma altura de cerca de um metro, oscilou no ar e caiu.

De 1865 a 1869 observei –, diz Erny –, com o encantador compositor F. P., efeitos (de telecinesia) concludentes. Obtivemos que uma mesa se mantivesse no ar, estando apoiada somente por uma perna colocada em um canapé, as três pernas restantes ficando no vazio... Todas as nossas experiências realizaram-se em pleno dia ou à noite em plena claridade. Nunca tivemos necessidade de formar corrente. Bastava a P. colocar um dedo no centro da mesa e esta se levantava bruscamente, muitas vezes caindo sobre ele.[43]

O célebre químico russo Boutleroff, muito cético, experimentando em seu apartamento, com Aksakoff e a senhora Boutleroff, observou em Kate Fox, aliás, bastante suspeita, movimentos de objetos sem contato. Uma caixa de música parecia subir sozinha e começava a tocar. A senhora Boutleroff segurava as pernas de Kate e as mãos estavam visíveis, sobre uma placa de vidro luminosa.

J. Ochorowicz estudou a telecinesia com o maior cuidado com uma moça polonesa, Stanislawa Tomczyk, dotada de uma poderosa mediunidade. Assisti a muitas experiências de S. Tomczyk, que me pareceram muito concludentes.[44] Pequenos objetos, uma bola, uma sineta e uma agulha foram atiradas pela médium e permaneceram no ar durante um tempo suficiente para que, mesmo à meia luz, fotografias fossem tiradas.

Não podemos supor – pois é a única hipótese possível – que houvesse um fio que sustentasse esses objetos, pois um fio não poderia manter uma bola no ar e, aliás, o fio apareceria nas fotografias. E, além disso, Stanislawa levantou as mangas até os cotovelos, lavou as mãos com sabão e água quente, e a partir desse momento suas mãos ficaram sempre à vista. Em Varsóvia,

42 Nordberg, *Geisterglaube, Spiritismus, und vierte Dimension* (*Psychische Studien*, out. 1918, 415).
43 A. Erny, *loc. cit.*, p. 204.
44 Vide nas páginas 561 e 562, algumas das belas fotografias que foram tiradas.

uma comissão composta de fisiologistas, médicos e engenheiros, verificou escrupulosamente esses fatos, e, apesar da oposição desesperada do professor Cybulski, que os negava sem ter desejado examiná-los, concluiu pela autenticidade absoluta dos fenômenos.

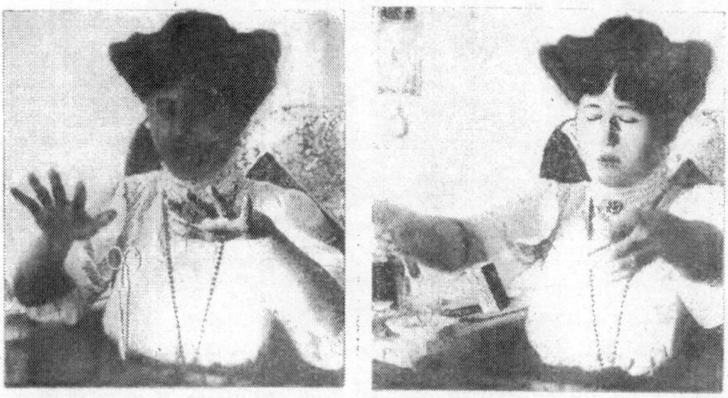

Fig. 11, 11 *bis* - Telecinesias de Stanislawa Tomczyk (segundo Ochorowicz)
1° Levantamento de tesoura;
2° Levantamento de uma caixa de fósforos
As fotografias são tão nítidas que se houvesse um fio, mesmo muito tênue, seria percebido.

Na telecinesia de pequenos objetos, mesmo em plena luz, a fraude é sempre possível, se a atenção dos observadores não é vigilante; pois pode haver deslocamento do objeto por um fio. Ochorowicz estudou admiravelmente essa questão em suas excelentes experiências com Tomczyk. Existem casos em que o objeto é movido sem fio, e outros casos em que um fio aparece; mas esse fio, não é o fio da trapaça (fio de cobre ou cabelo, ou qualquer outra substância tênue): é um ***fio fluídico***...

> Senti –, diz Ochorowicz –, esse fio sobre minha mão, sobre meu rosto, sobre meus cabelos. Quando o médium afasta suas mãos, o fio diminui e desaparece; é a sensação tátil de uma teia de aranha.[45] Se o cortamos com tesoura, ele se reconstitui imediatamente (p. 262). Parece ser formado por pontos: podemos fotografá-lo e vemos, então, que é muito mais fino que o seria um fio comum. Ele parte dos dedos. Bem entendido, antes da experiência os dedos e as mãos foram cuidadosamente revistados.

45 *A. S. P.*, 1910, XX, p. 208.

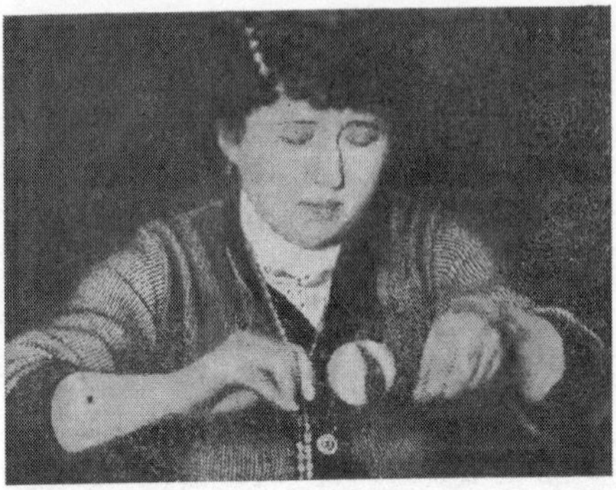

Fig. 12 – Telecinesia de Stanislawa Tomczyk (segundo Schrenck-Notzing) Levantamento de uma bola. Pela ampliação (fig. 13), percebe-se o fio fluídico partindo da unha e que apresenta protuberâncias em seu trajeto.

Ochorowicz cita a esse respeito uma curiosa observação feita pelo cavalheiro Peretti em Gênova, com Eusapia. Tendo sido um copo levantado à distância por Eusapia, ela diz imediatamente: "O fio! Olhai o fio!". Peretti pegou o fio, puxou-o; o fio partiu-se e desapareceu imediatamente.

É essencial relacionarmos esse fio fluídico com as formações fluídicas saindo do corpo de Marthe Béraud.[46]

Em lugar de citar uma das experiências de Ochorowicz, citarei a da Comissão de Varsóvia.[47] Uma bola de celuloide, de 6 cm de diâmetro, foi colocada em plena luz sobre um dinamômetro. S. colocou as mãos a 2 ou 3 cm de distância do aparelho e a bola se pôs a rolar, chegando até a rolar além do dinamômetro na mesa. S. ordenou-lhe que subisse novamente e a bola subiu no dinamômetro. Depois houve um novo movimento.

Fig. 13 – Ampliação da figura 12.

Em uma segunda experiência, a bola foi coberta com um grande funil de celuloide que formava uma tela e, apesar disso, houve movimento.

A Comissão constata que esses fenômenos são positivos, mas incompreensíveis. Incompreensíveis? Que seja, mas a atração pela terra ou por ímã é mais compreensível? Um fragmento de ferro é atraído pelo ímã; uma bola de chumbo cai no chão. E

46 É preciso ler atenciosamente as minuciosas observações de Ochorowicz (*A. S. P., passim*).
47 *A. S. P.*, 1910, XX, 37.

não ficamos inquietos nem surpresos. São fenômenos habituais e, então, nos abandonamos à ilusão que nós os compreendemos.

Ochorowicz constatou ainda um belo caso de telecinesia em plena luz, com S. Tomczyk:[48]

> Uma cadeira, atrás de mim, de repente moveu-se. Ela estava afastada cerca de um e era uma cadeira de jardim, vermelha, leve, absolutamente transparente para a vista. Ela avançava sempre com pequenos passos em plena luz... *Interroguei-a*. A cadeira ergueu-se de lado, e deu uma pancada. Depois avançou alguns centímetros. Apoiei a mão contra o assento e senti uma força muito fraca, que empurrou a cadeira. Foi um fenômeno obtido sob luz intensa.

Tais fatos só podem ser explicados pela telecinesia, a menos que se suponha o enorme absurdo de que Ochorowicz tenha sido vítima de uma alucinação.

O doutor Dariex, pesquisador experiente e escrupuloso, realizando experiências em boas condições com a senhora B., enquanto esta se mantinha completamente imóvel, viu uma mesa de cerca de 20 kg fazer movimentos bruscos e intensos, escorregar, virar. Houve também uma projeção de objetos colocados sobre uma prateleira fixada em uma divisória, a uma altura de aproximadamente 2,75 m.[49]

O doutor Pierre Corneille[50] testemunhou fatos extraordinários de telecinesia no senhor X., em Fontenay-le-Comte (Vendeia). Os assistentes eram o capitão L., sua esposa, um professor V. e seus dois filhos, um de 15 anos e o outro de 12 anos. *A priori*, são condições ruins para experimentações, pois as crianças de 15 e de 12 anos são perfeitamente capazes de fraude. Não há, portanto, nada a relatar dessas experiências.

Mas não basta que experiências sejam, *talvez*, não falsificadas. Exigimos ainda mais, e até, quando se trata de experiências, e não de fenômenos acidentais, a repetição é necessária. *Experientia una, experiencia nulla*. A primeira vez que vi fenômenos aparentemente surpreendentes produzidos por Anna

48 *A. S. P.*, 1910, XX, 369.
49 *A. S. P.*, 1893, III, 36.
50 *Nouvelle Revue*, 1° de dez. 1907.

Roth, a ***Blumenmedium***, fiquei deslumbrado; na segunda experiência, fiquei perplexo; na terceira vez, convenci-me de que era uma fraude. Então pedi a Anna Roth que se prestasse a um controle mais minucioso que me teria, definitivamente, esclarecido. Ela recusou.

Mary Graham,[51] de, aproximadamente 17 anos, fazia com a mãe e o seu jovem irmão (15 anos), algumas experiências relativas à rotação de uma mesa.

> Certa noite, como havíamos terminado, trouxeram as luzes, e sentamo-nos para ler. De repente, uma raspadela sobre o tapete; minha mãe e eu nos olhamos: seria nossa mesa que se mexia sozinha? Recomeçamos a ler. Novamente, ouvimos o barulho e vi distintamente a mesinha avançar em nossa direção. Minha mãe também viu o deslocamento: nós três não estávamos muito seguros e retiramos a mesa do cômodo... Uma segunda vez a mesa moveu-se sozinha. Eu queria saber o que ela diria se eu lhe fizesse uma afronta. Portanto, peguei um cãozinho ***terrier*** deitado no tapete e aproximei-o da mesa como se fosse colocá-lo sobre ela. Qual não foi meu espanto ao ver a mesa pular sobre mim, abandonando o chão! O cachorro ficou com tanto medo, que fugiu. A mesa transportou-se a uma distância de pelo menos seis polegadas e levantou-se no ar mais ou menos à mesma distância.

O senhor W. J. Crawford, engenheiro, professor no ***Municipal Technical Institute*** de Belfast, publicou em um livro notável, que fez época, suas experiências sobre a telecinesia.[52] Infelizmente, uma morte cruel o roubou à ciência. Ele realizava experiências em Belfast, em 1916-1917, em um círculo íntimo, com uma médium não profissional, a senhorita Kathleen Goligher. Os movimentos da mesa produziam-se sem que houvesse contato da médium ou de quem quer que fosse com a mesa. "Vi –, diz o senhor Crawford –, centenas dessas levitações da mesa. Algumas vezes, uma cadeira levantava-se nas quatro pernas e balançava-se no ar por alguns minutos". Crawford, por meio de diversos aparelhos, cuja descrição nós não podemos dar aqui,

51 *A. S. P.*, 1892, II, 307.
52 ***Experiments in psychical science***, London, Watkins, 1919.

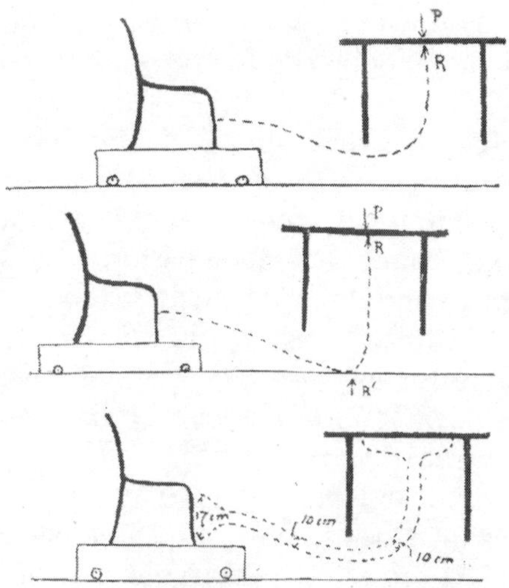

Figs. 14, 15, 16 – Figuras esquemáticas para explicar a teoria da ectoplasmia, segundo Crawford (teoria do *Cantilever*).
O *cantilever* está representado em traços interrompidos R. A senhorita Goligher está na cadeira. A expansão fluídica age sobre a mesa P para levantá-la, ora sem se apoiar (fig. 14) ora apoiando-se no chão (fig. 15 em R'). Na figura 16, o ectoplasma está representado como se apresenta em geral com expansão no ponto de onde ele sai da médium, como no ponto em que ele se aplica sobre a mesa. Está invisível, embora com peso, dando uma sensação de contato, e agindo por impressão sobre certas substâncias proteicas ou coloridas.

mediu a força mediúnica produzida pela médium. Resumindo suas pesquisas, concluiu dizendo que durante a levitação de objetos leves, o peso de objetos levitados é igual ao aumento do peso da médium. (Dizendo de outra forma, sob o ponto de vista do peso, tudo se passa como se a própria médium suspendesse os objetos). Inversamente, quando a mesa está como fixada ao solo, bem solidamente para que um homem vigoroso tenha muito trabalho para erguê-la, o peso da médium diminuiu (em um caso, 17,500 kg, em outro caso, 27 kg).

Crawford, procurando uma explicação para esses fenômenos, foi levado a supor (o que está absolutamente conforme ao que resulta de nossas experiências com Eusapia) que uma haste rígida sai do corpo da médium. É por esse processo que os corpos pesados podem ser levantados (psiquicamente). Segundo ele, haveria dois processos diferentes de acordo com o peso dos corpos a levitar. ***The cantilever method of levitation is made use of for light bodies or when the applied forces are small and the strut method for heavy bodies or when the applied forces are large***[53] (p. 108). Parece também, que por vezes, aliás, assim

53 N. T. – Em tradução aproximada: "O método de levitação cantilever é feito para uso de corpos leves ou quando as forças aplicadas são fracas e o método de escora é para corpos pesados, ou quando as forças aplicadas são fortes".

como foi constatado por Ochorowicz e alguns outros, os participantes de um círculo perdem um pouco do seu peso durante as experiências de levitação.

Não foram feitas fotografias nem tomadas precauções análogas àquelas de que Eusapia foi objeto. Porém Crawford preferiu não esgotar sua médium; viu, com efeito, que o clarão do magnésio a punha em um estado de grande perturbação (p. 147). É impossível censurar a conduta prudente do senhor Crawford, pois ele pôde observar os fenômenos com uma boa luz vermelha e assegurar-se, muitíssimas vezes, de que não havia contato. ***All phenomena can be demonstrated with the greatest ease to be genuine to the last details.***[54]

Em suma, é preciso atribuir um valor decisivo às experiências do senhor Crawford, as mais belas que foram feitas, depois das de Eusapia e de Home. O professor Barrett, que assistiu a uma das sessões, constatou que a mesa se movia sem contato e que havia ***raps***, inexplicáveis pelas causas mecânicas habituais.[55]

Retomaremos, mais adiante, os admiráveis experimentos de Crawford, que esclarecem singularmente as causas e o mecanismo da telecinesia.

O senhor G. Arnsburg viu uma mesa bastante pesada, de nogueira, com um pé central, levantar-se do chão.[56] "Nossos dedos mantinham-se acima, a uma altura de várias polegadas. Consegui fazer a mesa levantar-se sem contato, como se levanta uma barra de ferro sob a ação do eletroímã. A mesa oscilou lentamente no ar durante vários segundos antes de cair com estrondo".

Mencionarei agora algumas experiências pessoais (inéditas) feitas com três outros médiuns e que me forneceram ainda excelentes exemplos de telecinesia.

Linda Gazzera, que me foi trazida pelo meu saudoso amigo E. Imoda, estava em um aposento, em minha casa, com outras três pessoas. Segurávamos-lhe firmemente as mãos e os pés. A escuridão era completa. Então um enorme baú (talvez de 80 quilos) que estava a aproximadamente 25 cm dela, se pôs a

54 N. T. – *Todos os fenômenos podem com a maior facilidade ser comprovados como genuínos até os mínimos detalhes.*
55 *Report of psychical phenomena*, *P. S. P. R.*, 1919, LXXVII, 335.
56 *A. S. P.*, 1892, II, 352.

oscilar e a estalar e deslocou-se com tal violência, que fiquei com medo de vê-lo cair, pois estava mal equilibrado. Tive que suspender a experiência imediatamente.

Copio textualmente minhas notas:

> Seguro as duas mãos a cabeça e os dois joelhos (de L.). Então uma mão que parece vir por trás de mim me dá um tapa forte, *muito forte*. Creio poder distinguir os dedos, e isso se repetiu uma segunda vez. Solidamente seguro a mão esquerda, Imoda segura a direita (que frequentemente apalpo e controlo também). Então, objetos que estão dentro de um armário que está atrás, são apanhados, um dedal é colocado na ponta do indicador de minha mão esquerda; um estojo é colocado no meu nariz e sinto dedos que me tocam o nariz e o rosto. Na última experiência, a mais nítida e mais brilhante de todas, estávamos apenas eu, a senhora Ch. R. e a senhora F. *Todo o tempo* (palavras sublinhadas nas minhas notas) segurei as duas mãos de L., de modo que posso, com absoluta certeza, afirmar que ela nada pôde fazer com suas mãos. A cadeira da senhora F. foi então retirada e transportada para o meio do cômodo, depois entregue à senhora F.. Recebi uma flor que eu havia posto em uma prancha no alto do armário, dificilmente abordável à mão, inabordável à cabeça. Fui tocado por alguma coisa que estava atrás da cortina, sem poder afirmar que era uma mão.

Resulta daí que as experiências de telecinesia funcionam muito bem com Linda. Com ela, o controle é muito mais fácil do que com Eusapia, pois os movimentos das mãos de Linda são quase nulos, e não tumultuosos como os das mãos de Eusapia. Nas primeiras experiências, a mão fluídica que eu sentia era fria e rígida; na quarta experiência, era quente, articulada e flexível.

Com uma médium A., observada por J. Maxwell, os movimentos de objetos sem contato, em plena luz, não eram muito frequentes. Mas como se produziam em pleno dia, mesmo na presença de J. Maxwell sozinho, e sem o habitual cortejo das sessões de espiritismo, eles podiam ser constatados em condições de controle excelentes, que não deixavam lugar às dúvidas.

O fenômeno que proporcionava A. era desprovido de toda

Fig. 17 – Ectoplasmia de Linda Gazzera (segundo Ch. Richet e G. de Fontenay). Experiência do dia 19 de abril de 1905. De Fontenay à direita, Argentine à esquerda. Eu segurava a mão direita todo o tempo, sem uma só interrupção. A mão que aparece muito alto atrás da cortina está ligada por um fio fluídico à cabeça de Linda. Essa mão é bem formada. A unha e todas as falanges estão visíveis. Experiência feita em minha casa, na biblioteca.

mistificação, tão nítido e tão simples como um fenômeno elementar de física fisiológica. A. aproximava as mãos de um objeto qualquer, tentava atraí-lo e, algumas vezes, o objeto deslocava-se alguns centímetros. Estando sozinho com A., vi-a atrair e movimentar um leque. Era em pleno sol, em um dia de muito calor. O movimento não foi intenso; mas o essencial é que houve movimento.

Com A., os *raps* eram muito nítidos: por vezes, quando punha as mãos em uma mesa, em uma bengala, em um pedaço de madeira qualquer, ouvíamos crepitamentos e pancadas, e sentíamos vibrações.

Com S. Tomczyk, eu pude ver muitos bons exemplos de movimentos sem contato. À distância, ela podia fazer mover uma bola leve, perfeitamente redonda, e erguê-la.

Essas experiências, feitas com três médiuns diferentes e, por sinal, excelentes, teriam talvez sido impotentes para me fazerem tomar uma posição a respeito da realidade dos movimentos sem contato, se eu já não tivesse minha opinião formada, graças às minhas longas experimentações com Eusapia. Os excelentes fatos de telecinesia apresentados por A., por S. T. e por Linda, absolutamente não me surpreenderam e fortemente confirmaram a minha convicção.

Eu estaria até tentado a acreditar que esses fenômenos de telecinesia não são extremamente raros e que eles foram constatados com muita frequência em círculos espíritas, em condições infelizmente pouco precisas. Os espíritas não os publicam quando os fenômenos não comportam nenhuma consequência doutrinária e que não estão cercados de um aparato melodramático. Não dão muita importância a eles e nisto eles estão errados.

Com efeito, a telecinesia é um dos fenômenos mais importantes da metapsíquica. Não devemos desdenhá-lo porque ele é elementar, assim como um químico não teria o direito de desdenhar as leis da combinação do hidrogênio com o oxigênio, pretextando que se trata de um fenômeno elementar.

Em todo caso, acreditamos ter estabelecido que o fenômeno da telecinesia não é contestável. Por mais extraordinário que ele pareça à primeira vista, ele é, por todas essas múltiplas experiências relatadas acima, bem estabelecido, tão solidamente estabelecido como o são os fatos mais sólidos da física e da fisiologia.

Podemos formular o princípio da telecinesia da seguinte maneira: ***em certas condições pode haver movimentos de objetos mesmo volumosos e pesados, sem contato e sem intervenção de nenhuma força mecânica conhecida***.

Podemos tentar diversas explicações. Primeiro, assinalarei uma experiência que, infelizmente, os físicos ainda quase não estudaram (magnetômetro do Abade Fortin). Se colocarmos uma pequena lâmina de papel, em forma de agulha de bússola, sobre um eixo leve, como uma agulha, por exemplo, de modo que a lamela de papel, com atrito muito suave, possa girar ao redor da agulha, ou, melhor ainda, se suspendermos essa lamela de papel a um fio de seda, em um cilindro de vidro, então, desde que aproximamos a mão, a lamela gira, ora aproximando-se, ora afastando-se da mão. Esse fenômeno será elétrico? Será térmico? Deixo aos físicos o cuidado de tomarem uma decisão.[57]

É lamentável e surpreendente que os físicos não tenham consentido em examinar escrupulosamente essa ação dita ***vital*** sobre o movimento dos objetos.[58]

---

57 Surbled, ***Spiritualisme et spiritisme***, Bibl. des sciences psychiques, 2a ed., 1898, 160. – Stenson Hooker, ***Sur les radiations humaines***, *A. S. P.*, 1906, 315. – J. Regnault, ***Phénomènes odiques et radiations nouvelles***, *A. S. P.* 1905, 174. – No jornal de Gaston Méry (***Écho du merveilleux***) inúmeros artigos foram consagrados a esse estudo, que ainda está muito embrionário, tão incerto como as teorias do corpo astral, dos eflúvios ódicos, da irradiação humana, da magnetização à distância.

58 H. Baraduc imaginou que cada indivíduo possuía um poder especial atrativo ou repulsivo, e sobre esse assunto escreveu um volumoso livro, honesto, leal, mas

O senhor Joire pôde construir um aparelho muito simples que ele denomina *estenômetro.*[59]

Trata-se de uma agulha colocada sobre um pivô, podendo girar livremente sobre esse pivô. O próprio pivô repousa sobre um círculo graduado. Tudo está dentro de um cilindro de vidro bem hermético e colocado em um suporte (que convém ser mantido absolutamente horizontal por meio de um nível de água). Se aproximarmos a mão da agulha, constatamos que ela gira sobre seu eixo, desloca-se de um determinado ângulo sobre o mostrador. O senhor Joire pôde eliminar toda causa mecânica externa, a vibração do assoalho, uma influência térmica, ou elétrica, ou luminosa. Mesmo assim, havia deslocamento da agulha.

Infelizmente, em vez de aprofundar ainda mais os elementos físicos do problema, o senhor Joire pesquisou as variações que o estado de saúde ou de enfermidade exerce sobre os desvios do estenômetro. É prematuro. É preciso primeiro estabelecer a fisiologia. A patologia virá mais tarde. É de se desejar que as curiosas experiências, tão confusas, por vezes tão ridículas, nas quais Baraduc depositava uma fé ingênua, sejam metodicamente empreendidas.

Mesmo se elas derem certo, mesmo se for provado que uma determinada força de atração é exercida pelo corpo, não está totalmente comprovado que existe uma relação entre essa minúscula força de atração (involuntária) e os enormes deslocamentos de objetos volumosos produzidos à vontade pelos médiuns. Isso é possível, mas as causas do movimento em um caso e no outro são provavelmente muito diferentes.

Da mesma forma que existe desprendimento de eletricidade pelas combustões interorgânicas, e que podemos constatar isso com o galvanômetro nos tecidos da mão, não há nada absurdo em supormos que existe aí também um fenômeno elétrico.[60] É possível, pois, e mesmo provável, que os fenômenos de movimentos sem contato provocados (pela aproximação da

---

no qual toda crítica científica está desastrosamente ausente: ***La force vitale, l'âme humaine. Ses mouvements***, Paris, 8°.

59 ***Étude d'une force extériorisée par l'organisme vivant, et observations faites au moyen du sthénomètre*** (*A. S. P.*, 1904, XIV, 242-253 e 1906, 752).

60 Waller acabou de demonstrar, no Congresso de Fisiologia de Paris. (1920), que todas as emoções da alma se traduzem por uma imediata mudança na condução elétrica pelos tecidos da mão.

mão) sobre uma estreita e fina folha de papel, ou sobre uma folha de sabugueiro, sejam de ordem elétrica como no pêndulo elétrico de Coulomb.

Na verdade, essa experiência de física não esclarece absolutamente como pode haver movimento de uma pesada mesa, de um grande melão, de uma sineta, de um piano, de uma garrafa, pois não são, certamente, fenômenos elétricos. Ou ao menos, para sermos prudentes, se são fenômenos elétricos, eles não têm nenhuma relação com os fenômenos elétricos conhecidos. Embora seja imprudente admitir conclusões negativas, não creio absolutamente que a solução desse problema de fisiologia normal resolverá a questão metapsíquica da telecinesia.

Entretanto, não temos o direito de negligenciar esse fato importante de que em plena luz existem movimentos de objetos muito leves eletrizáveis produzidos por indivíduos que não têm nenhuma virtude mediúnica.

Deixemos os movimentos leves e abordemos os grandes deslocamentos de objetos volumosos, de mesas pesadas, etc.

Se estudarmos com cuidado as telecinesias produzidas por Slade, Home, Eusapia, veremos que elas sempre parecem estar em situação paralela às materializações. Os médiuns que produzem as mais intensas telecinesias são também os que produzem as mais surpreendentes materializações. Já podemos induzir que existe alguma relação entre essas duas modalidades de uma potente mediunidade.

Mas, aprofundando ainda mais o assunto sobre os movimentos dos objetos, vemos que, no mais das vezes, seja com Slade, com Home ou com Eusapia, eles parecem ser produzidos por um ser humano e ***não ultrapassam o limite das forças de um ser humano mediano.*** Produzem-se facilmente quando o objeto é leve, mais dificilmente quando ele é pesado; e quando o objeto é muito pesado, eles não se produzem mais. Dizer que a força que desloca os objetos é limitada e que é mais ou menos da ordem da força humana, é adiantar a questão, já que, caso se tratasse de uma força de ordem transcendental, diferente das forças mecânicas conhecidas e de outra natureza essencial, não haveria razão para que um peso de uma tonelada não fosse levantado tão facilmente quanto um peso de um grama.

Com Eusapia temos todas as formas de transição entre o movimento produzido por uma mão materializada e o movimento efetuado à distância sem que a mão seja vista. Quando, na semiobscuridade, ouvimos uma pancada formidável, batida na mesa, é quase impossível supormos que não é um soco. Contudo, geralmente, o punho está invisível e na mesma sessão sentimos toques, embora nada possamos ver. Da mesma forma, ainda, quando se pega garrafa, a água despejada em um copo, e o copo levado aos lábios dos assistentes, como compreender esses movimentos de objetos se não foram efetuados por uma mão?

Formulemos então uma hipótese – e diante desses fatos estranhos a hipótese é permitida – a de que a materialização comporta duas fases: uma primeira fase de materialização invisível (apesar da aparência paradoxal da expressão) com ação mecânica; uma segunda fase de materialização visível e com ação mecânica. Então, tudo será coerente. E podemos retomar nossa comparação entre a projeção de uma força mecânica e a projeção de uma força luminosa, como indicamos no início deste capítulo.

Nós colocamos a mão diante de um espelho. A imagem da mão aparece. Colocamos (à distância) a mão sobre uma balança. Se a balança desloca-se, é a primeira fase da materialização; a *mecanização*, e não ainda a visualização. Como a projeção da mão é mais intensa, esta aparece, primeiramente informe, envolta em roupagens, mas pouco a pouco se torna mais *mão* do que o era de início.

Voltaremos a esta hipótese quando tratarmos das materializações. Mas seja qual for a hipótese, a existência de movimentos de objetos sem contato é indiscutível e seria pueril negá-lo porque não os compreendemos.

Todavia, embora para nós o fato esteja provado, seria consideravelmente desejável que um estudo aprofundado fosse feito novamente, separando-o – o que é bastante delicado, tendo em vista o estado mental dos médiuns – de todas as outras considerações além daquelas da fria física mecânica. Infelizmente, esses fenômenos, extremamente raros quando são intensos, não são muito fáceis de produzir. Um médium parece necessário. Os resultados variam de um dia para o outro. A escuridão – ou ao menos a penumbra – é indispensável. São condições que tornam a experimentação prodigiosamente difícil.

Apesar dessas dificuldades, as admiráveis experiências de Ochorowicz, com Stanislawa Tomczyk, da senhora Bisson e de Schrenck-Notzing, com Marthe Béraud, de Crawford, com a senhorita Goligher, confirmado o que havia sido suspeitado com mais ou menos precisão por William Crookes com Home, mesmo por nós, com Eusapia, estabeleceram o fato, de importância primordial, de que os movimentos à distância sem contato, isto é, as telecinesias, constituem a primeira etapa da materialização. Scherenck-Notzing resumiu as provas que podemos trazer ao apoio dessa proposição, em um excelente livro que acaba de ser publicado.[61] Nessa obra, nenhum lugar é dado para a teoria: o que é mais um elogio do que uma crítica. Mas os fatos estão acumulados em boa ordem e tão bem dispostos que eles acarretam a convicção.

Relativamente à telecinesia simples, os exemplos por nós mencionados acima já nos bastavam. Schrenck acrescenta as observações pessoais que fez.

1° – Stanislawa Tomczyk deu-lhe os mesmos excelentes resultados de telecinesia que Ochorowicz obtivera. As experiências realizavam-se na própria casa de Schrenck: havia como assistentes o coronel J. Peter, os doutores Durig, Specht, Francé e, por vezes outros cientistas. A luz vermelha era suficiente para ver bem todos os movimentos da médium. A fonte luminosa estava atrás de suas costas. Os braços estavam nus; as mãos exploradas com a lupa.

Nessas condições, uma bola de celuloide, semelhante a uma bola de bilhar, movimentou-se com a simples aproximação das mãos de Stanislawa, um pesa-cartas abaixou-se com pressão de 50 gramas, uma balança com prato duplo abaixou-se 5 cm; bolas de celuloide colocadas em um copo mexeram-se: uma colher de chá que estava em um copo foi, sem contato, projetada para fora do copo. Todas essas experiências, idênticas àquelas tão claramente indicadas por Ochorowicz, foram repetidas diversas vezes. A hipótese de uma fraude é absolutamente impossível, pois a atenção dos observadores fixava-se na exploração das

61 *Physikalische Phänomene des Mediumismus*, München, E Reinhardt, 1920.

mãos, que muitas vezes permaneciam imóveis enquanto os objetos se movimentavam.

2° – Eusapia Paladino produziu belos casos de telecinesia. Em Munique, na presença do professor Dessoir, muito cético, nenhum contato podendo existir entre Eusapia e a cortina, houve grandes movimentos de diversos objetos colocados atrás da cortina e movimentos da própria cortina. Schrenck menciona também a experiência feita em minha casa, em Carqueiranne, de uma bola de bilhar que foi transportada para cima da mesa. Uma lâmpada colocada atrás de um anteparo permitia ver bem todos os movimentos da médium. Os pés de Eusapia estavam controlados pelo doutor Beretta. Oliver Lodge e eu controlávamos o lado direito; a senhora Sidgwick e Schrenck, o lado esquerdo. Nessa bela experiência, houve transporte de um grande melão; uma caixa de música tocou; um jarro cheio de água foi transportado para cima da mesa. Outra vez, ainda em Carqueiranne, Eusapia pôs as mãos no ombro de Ochorowicz; a mesa ergueu-se totalmente a 30 cm durante quatro segundos. Flournoy descreve uma experiência que fez em casa de Schrenck, em Munique, com Eusapia, e diz que uma força invisível mantinha a mesa no ar e a fazia oscilar, sem que fosse tocada seja pelas mãos, seja pelos pés de Eusapia.

3° – A senhora K., esposa de um pintor, médium não profissional, pôs levemente a mão sobre um piano pesando 650 kg; esse piano descolocou-se, e um dos seus pés levantou-se a 15 cm. Entretanto, a senhora K. não tocava o piano, nem com os pés nem com os joelhos; a luz era suficiente para ver bem. A senhora K. tocava, de leve, a tampa desse objeto pesado. A tampa do piano abaixou-se e fechou-se com barulho.

4° – Willy S., 16 anos, jovem estudante de odontologia, médium não profissional, deu também inúmeros casos de telecinesia; e quase sempre, como ocorreu com Marthe Béraud, essas telecinesias eram produzidas por ectoplasmas.

Se eu relatei esses casos de telecinesia, muito bem expostos por Schrenck, não é porque em si eles constituam outra coisa além de uma nova afirmação –, o que nunca é inútil –, da realidade da telecinesia. Mas foi, sobretudo, porque desejei precisar, como o fez também Schrenck, a relação entre a telecinesia e a ectoplasmia.

Em minhas experiências com Eusapia, eu constatara, desde 1895, que havia, simultaneamente ao movimento telecinésico dos objetos, a formação de cotos informes, apenas visíveis, constituindo membros adventícios por assim dizer, como eflorescências, para as quais eu havia proposto a palavra *ectoplasma*, que hoje é adotada em toda parte. Inúmeros são os casos nos quais foram vistos como que hastes rígidas, resistentes, sair do corpo de Eusapia. Muitas vezes aconteceu-me, enquanto seus pés e suas mãos dela estavam seguros de maneira irrepreensível, de sentir, aproximando a mão de seu vestido, uma espécie um objeto resistente e móvel, informe. H. Sidgwick fez a mesma constatação, assim como Dessoir e sir Oliver Lodge. E, entretanto, esses observadores eram de um extremo ceticismo, quase decididos a contestar os fenômenos. Os experimentadores americanos da Columbia University, talvez mais céticos ainda do que Dessoir e H. Sidgwick, dizem que, em três circunstâncias, observaram projeções bizarras parecendo partir do corpo de Eusapia (em um desses casos, do meio de suas costas), que, a seguir, entravam novamente em seu corpo. Esses pseudópodos ectoplasmáticos estavam envoltos pela cortina, de modo que não era possível julgar sua forma. Certa vez, uma haste parecendo ter 0,33 cm de comprimento, saiu do pé de Eusapia, aproximou-se da mesa, tocou no seu tampo e derrubou os objetos que lá se encontravam. A uma conclusão análoga chegaram os membros do Instituto Psicológico de Paris (Courtier, D'Arsonval, Yourjewitch).

Em consequência, simultaneamente às telecinesias, existem ectoplasmias, formação de membros rudimentares, de hastes, de forças materiais mais ou menos visíveis, saindo do corpo da médium.

As belas observações de Ochorowicz dão uma importante confirmação a esses fatos.

Com efeito, ele pôde ver e fotografar uma espécie de fio fluídico pelo qual se realizavam as telecinesias de Stanislawa. Essas forças, que ele denomina *raios rígidos*, podem curvar-se, deslocar-se para obter (segundo a vontade do médium?) esse ou aquele efeito mecânico. Esse fio fluídico não é sempre visível e fotografável. Mas é bem provável que em uma primeira fase de sua formação, ele seja invisível e, entretanto, capaz de mover os objetos.

Esses raios rígidos parecem sair das mãos ou das unhas de Stanislawa. Nas proximidades de sua mão, eles têm a aparência de um feixe. Podemos compará-los a um fio comum (de cabelo, de casulo, de linha); pois em seu percurso eles apresentam protuberâncias semelhantes às ondas de uma corda quando vibra, que apresenta protuberâncias, nodosidades aqui e ali. Sua imagem fotográfica é descontínua. E isto é um fenômeno de extrema importância, pois exclui completamente a hipótese, muito absurda nesses casos tão bem observados, de uma fraude.

Para mover um objeto redondo (ou uma bola de celuloide, por exemplo) como se um só fio não bastasse, formam-se vários, quase todo um sistema de filamento em forma de rede, que cerca o objeto que será movido (Schrenck).

Schrenck-Notzing pôde conseguir (prancha V, vide p. 566) um aumento desse fio fluídico fotografado. Ele está inclinado a crer que existe um feixe de fios, ao passo que para Ochorowicz é antes por uma espécie de aderência ao objeto que o fio fluídico é capaz de exercer uma ação mecânica.

As observações de Schrenck feitas com Willy estão inteiramente de acordo com o que nos foi dado por Stanislawa e Eusapia.

Com um controle rigoroso, Willy estava vestido com uma roupa de malha amarrada nas costas, que Schrenck havia levado. Os fenômenos que ele produziu foram completamente análogos aos apresentados de um lado por Marthe Béraud e, de outro, por Eusapia. Uma mão fazia-se sentir a todos os assistentes e deslocava os objetos vizinhos, apesar de as mãos de Willy estarem cuidadosamente controladas, e o contato podia ser sentido antes de ela se tornar visível. Essa mão tinha todas as aparências de uma mão viva. Parecia fria e úmida, com a pele um pouco rugosa, manifestamente bem maior do que a mão de Willy. Algumas vezes, os dedos eram em forma de cotos. Em um determinado caso, tentaram subitamente acender a luz. Então, um tecido branco que se formara ao redor do pescoço do médium desapareceu rapidamente fazendo movimentos rastejantes, como um verme, na malha preta que Willy estava vestindo. O cuidado com o qual o médium fora examinado torna absolutamente impossível a hipótese de que tecidos haviam sido fraudulentamente levados (à casa de Schrenck). Aliás, esses tecidos ectoplasmáticos tinham a singular propriedade de se mover espontaneamente (!!). Em um determinado caso, pôde-se colocar um fragmento desses tecidos em um tubo: moveu-se com vivacidade durante algum tempo, depois desapareceu subitamente. (*Am.10 januar* 1920, *hatte Kap. K. einen Teil der Substanz bereits in einem Röhrchen aufgefangen. Dasselbe bewegte sich innerhalb des Glases lebhaft und verschwand blitzartig schnell, als der Beobachter die Röhre zu schließen versuchte*).

As experiências de Crawford, embora de leitura difícil, mostram, melhor do que tudo o que tenha sido escrito até aqui, a estreita relação que une a telecinesia e a ectoplasmia. Todas essas experiências foram feitas com a senhorita Kathleen Goligher, uma moça de 21 anos, não profissional. A iluminação era feita por um bico de gás envolto em papel vermelho, suficiente para seguir todos os movimentos dos assistentes.

Desde o início da sessão ouviam-se *raps*, de início leves, depois violentos como golpes de martelo, algumas vezes ritmados. Em certos casos, a mesa levantou-se a uma altura de 1,02 m acima do chão. Sem ser tocada por quem quer que fosse, oscilou no espaço e balançou-se.

O que há de novo nas experiências de Crawford é que ele havia colocado sua médium em uma balança e via as variações de seu peso em função da levitação produzida. O peso da senhorita Goligher com sua cadeira era, antes da levitação, 62 kg. Durante a levitação, houve o aumento de 1,386 kg. Ora, o peso da mesa levantada era 1,200 kg.

Com mesas diferentes, mais pesadas, o resultado foi o mesmo. Sempre, durante a levitação, o peso da médium aumentou e esse aumento era igual ao peso da mesa.

Tudo se passa –, diz Crawford –, *como se fosse estabelecida uma conexão mecânica* (invisível?) *entre a médium e a mesa*; e é impossível não relacionar essas importantes observações ao que foi constatado com Home, Eusapia e Stanislawa Tomczyk.

A matéria que produz essas telecinesias é uma espécie de alavanca, de vara (*cantilever*) que sai facilmente do corpo do médium e torna a entrar nele. Ela pode curvar-se, inclinar-se, dirigir-se a esse ou aquele sentido. Ela não pode agir além de uma distância de 1,50 m. Pode mudar de consistência, pegar objetos, tornar-se bastante dura para desferir pancadas violentas. Suas dimensões são variáveis. Se envolvermos o corpo do médium com roupas, a haste ectoplasmática pode atravessar essas roupas, sobretudo se o tecido está junto ao corpo, pois, a uma determinada distância, as telas, tecidos e papéis impedem a força de agir. Em sua extremidade ela tem certa força adesiva, como se ela se colasse aos objetos que devem ser levantados. O ectoplasma tem uma estrutura que não pode ser determinada. Se bem que certamente sai do corpo da médium, nenhuma pressão é sentida, nenhuma reação é percebida.

É impossível exagerar a importância desses fatos extraordinários, metodicamente observados, com medidas precisas e um espírito científico rigoroso. A realidade das ectoplasmias, após as experiências feitas com Eusapia, Marthe Béraud, Stanislawa Tomczyk, está agora rigorosamente demonstrada pelas experiências de Crawford que produziu, além disso, fotografias excelentes, consecutivas à sua primeira dissertação.[62] A teoria de que a ***ectoplasmia causa a telecinesia*** é provavelmente exata; mas em todo caso, para os fatos, a demonstração é irrefutável e deve acarretar todas as convicções.

De fato, não é possível separar os resultados dados por diferentes médiuns. Cada um tem sua modalidade pessoal e a conclusão científica que devemos daí tirar resulta do conjunto das observações feitas aqui e ali.

Em definitivo, parece mais ou menos estabelecido hoje em dia que os movimentos de objetos sem contato devem ser explicados por expansões fluídicas, de início invisíveis, que saem do corpo do médium. Esses ***ectoplasmas*** que saem do corpo de Marthe, de Eusapia, de Willy, de Stanislawa, de Kathleen

62 Vide, notadamente, um escrito póstumo: ***The psychic structures of the Goligher Circle*** (J. Watkins, London, 1921), e a memória de Scherenck a esse respeito, ***Das Materialisations probleme*** (***Psych, Studien***, maio 1921).

Goligher, são, certamente, muito análogos aos fantasmas que saíam do corpo de Florence Cook, de Home, de Eglinton, da senhora d'Espérance. ***A telecinesia é a primeira fase da materialização.***

O esforço dos cientistas deve recair agora no conhecimento dessa matéria estranha e sutil, capaz produzir movimentos intencionais, assim como extraordinárias transformações. É todo um mundo novo, ainda profundamente misterioso, que a metapsíquica abre à fisiologia e à física.

Mais adiante, quando falarmos das materializações ectoplasmáticas, entraremos ainda em alguns pormenores.

Ruídos e raps

Em geral, esses deslocamentos de objetos não testemunham muita inteligência. Parece que todo o esforço da força que age consiste em uma ação mecânica tão intensa, tão espantosa quanto possível. Mas isso não é válido para os ruídos fracos produzidos nas mesas ou nos objetos vizinhos, ruídos que foram ouvidos pela primeira vez pelas irmãs Fox e que foram o ponto de partida de toda a metapsíquica. Esses ruídos, determinados nas mesas ou nos objetos por forças inteligentes, foram denominados na língua inglesa de *raps*, e é essa palavra, consagrada pelo uso, que empregaremos.

Eis em que consiste esse fenômeno simples e importante.

Quando se está sentado à volta de uma mesa, com um médium poderoso, ao mesmo tempo em que ocorrem movimentos da mesa, há tremores da madeira da mesa, traduzindo-se por pancadas bem nítidas e que são na maioria das vezes fracas, mas por vezes bastante fortes para serem ouvidas a grande distância. Para não admitir o poder telecinésico que culmina com a produção de *raps*, foram formuladas inúmeras hipóteses extravagantes, das quais nada mais resta. O senhor Schiff havia admitido um deslocamento do músculo fibular longo lateral, o que foi possível no caso absolutamente excepcional do próprio senhor Schiff. Porém seria insensato acreditarmos na generalidade desse fenômeno. A senhora Sidgwick[63] diz que anormalmente podem se produzir estalos no joelho. Mas é ainda uma raríssima exceção.

Aliás, é evidente que se o médium pode tocar a mesa (com a cabeça, as mãos ou os pés) poderá fazer ouvir todos os *raps* que desejar. Mas será, pois, impossível assegurar-se de que o médium está imóvel quando não toca na mesa?

Os *raps* produzem-se quando há contato com mesa; mas, em certos casos muitíssimos raros, produzem-se sem que haja contato. E isso é um belo fenômeno ***essencial, muito essencial***, que se deveria estudar com mais cuidado do que o fazem os espíritas, cegos por seu desejo de obter miríficos e fantasmáticos fenômenos. No entanto, o fenômeno dos *raps* constitui, quando ele é incontestável, a prova evidente de que existem forças agindo mecanicamente sobre as coisas, e independentes de nossas contrações musculares. Para mim, eu o considero, apesar de sua simplicidade ou, antes, por causa de sua simplicidade, como o mais belo fenômeno da metapsíquica.

Na maioria das vezes, é verdade, os *raps* produzem-se quando o médium toca na mesa e então podem ser invocadas causas diversas. Mas não devemos esquecer que, ao mesmo tempo em que ouvimos um ruído, ***a mesa vibra e sentimos distintamente o estremecimento da madeira***. Quando colocamos o ouvido sobre a mesa, ouvimos, se os assistentes fazem silêncio, pancadas repetidas, muito fracas, por vezes como um tamborilar. Até, em certos casos, há a produção de ruídos ritmados como uma marcha, uma fanfarra, e entretanto, a mão do médium está imóvel e, em certos casos, o médium não está, em lugar nenhum, em contato com a mesa.

J. Maxwell, que teve a feliz sorte de poder observar um médium que produzia *raps* em plena luz, realizou sobre isso um estudo muito atento (p. 67). "Eu os obtive tão frequentemente, com a mais viva claridade, que me pergunto se a obscuridade os favorece do mesmo modo que em certos outros fenômenos. O contato das mãos (com a mesa), aliás, não é necessário para a obtenção de *raps*. Obtive-os muito facilmente sem contato. Quando se consegue obter *raps* com contato, um dos meios

63 *The physical phenomena of spiritualism, P. S. P. R.*, XIII, 145.

mais seguros para obtê-los a seguir sem contato é conservar por um determinado tempo as mãos apoiadas sobre a mesa, depois levantá-las com extrema lentidão, mantendo a palma virada para o tampo da mesa." Maxwell obteve *raps* retumbantes em salas de restaurantes, em bufês de ferrovias, bastante fortes para chamar a atenção do público... "Em uma casa que o homem de gênio que a habitava tornou célebre, os *raps* chamaram a atenção desconfiada do guarda. A tonalidade dos *raps* é essencialmente variável; podem assemelhar-se ao ruído leve que faz um camundongo, ao ruído de uma serra, ao das unhas batendo na madeira ou arranhando um tecido". Cada uma das personificações que pretendem intervir tem seu modo especial na produção de *raps*.

Os *raps* não podem ser devidos a estalos ocasionados pela umidade da madeira em processo de secagem, pois eles *são inteligentes*. É isso que é singular e admirável. Uma mesa que é tocada é, portanto, por vezes animada de vibrações sonoras que não se produzem ao acaso, mas, ao contrário, querem dizer alguma coisa. Assim, pode-se entreter uma espécie de conversação com a força inteligente que se manifesta na mesa por vibrações mais ou menos sonoras. Se um alfabeto é soletrado, o *rap* se produzirá nessa ou naquela letra, e a sucessão dessas letras dão uma palavra com sentido. É uma frase que quer dizer alguma coisa. No momento, pouco nos importa saber o que é dito, basta constatar: 1° que as pancadas não são devidas a uma contração muscular ou a qualquer outro movimento do médium, já que este não toca na mesa ou está completamente imóvel; 2° que as pancadas procedem de uma inteligência que tem alguma coisa a dizer.

O senhor W. J. Crawford em seu livro[64] assim se exprime a respeito dos *raps* obtidos pela senhorita Kathleen Goligher... "Ouvem-se imediatamente, desde o início da sessão, ruídos, tap, tap, tap, sobre o assoalho, perto da médium. Tornam-se cada vez mais fortes, na mesa, nas cadeiras dos assistentes; algumas vezes, os sons são como golpes de martelo tão fortes que podem ser ouvidos do lado de fora e estremecem o assoalho e as cadeiras. Podem imitar admiravelmente ruídos diversos: o passo de

---

64 *Experiments in psychical science*, London, Atkins, 1919.

um homem, o trote de um cavalo, o atrito de um fósforo, uma bola que pula".

Os fatos anotados por J. Hyslop, que não é suspeito de simpatia pela metapsíquica objetiva, são também marcantes e nos levam à convicção.[65] Com Hyslop, o doutor Creery fez as mesmas constatações. Trata-se de um negro idoso, cego, ignorante, que colocando as mãos em uma mesa, em um violino, em uma porta, obtinha *raps* muito fortes. A mão não fazia o menor movimento. Mais ainda: havia ainda raps quando as mãos não tocavam em nada e estavam em plena luz. As pancadas eram tão fortes que eram ouvidas a cinco ou seis pés de distância. Hyslop conclui, dizendo: ***We had fair evidence for the existence of raps under unusual circumstances.***[66] Com o mesmo indivíduo, o senhor Clawson obteve resultados ainda melhores.

A realidade dos *raps* é de importância primordial e esse fenômeno contém quase que toda a metapsíquica. Se está estabelecido que vibrações mecânicas da matéria podem se produzir à distância, sem contato, e por outro lado, que essas vibrações são inteligentes, introduziu-se na ciência esse dado *formidável* de que no mundo existem inteligências (humanas e não humanas) capazes de agir sobre a matéria. Eis por que, eu repito, é um erro não nos empenharmos mais no estudo dos *raps*, ainda mais por eles não constituírem um fenômeno excepcional. Certo, para obter pancadas muito fortes, sem contato, com um sentido preciso, precisamos de médiuns poderosos. Mas, mesmo com médiuns relativamente fracos e inexperientes, se eles tocarem de leve na mesa e se a auscultarmos com cuidado, colando o ouvido na madeira, muitas vezes ouvimos pequenas pancadas, ritmadas ou não, infelizmente não tendo grande sentido, ou seja, não podendo produzir frases coerentes, nem mesmo palavras quando o alfabeto é soletrado, mesmo assim suficientes para estabelecer a realidade das vibrações mecânicas da madeira. Com médiuns bem diversos, obtive essas vibrações, com meu amigo G. F., com Stella, com A., com L. Com Eusapia, os *raps* não eram muito frequentes, mas por vezes (raramente), havia alguns que eram

65 *An experiment for raps, Amer. S. P. R. Journal*, XIV, 252-257, 1920.
66 N. T.: "Obtínhamos boas evidências da existência de *raps* em circunstâncias incomuns".

muito fortes e estremeciam a mesa. Com A., não somente havia pancadas na mesa, mas também em todo objeto que ela pegasse. É verdade que na maioria das vezes esses *raps* não eram coerentes. Era um tamborilo irregular, desordenado, interditando toda conversação contínua. Para que haja pelos *raps* respostas coerentes, os médiuns devem ser excepcionalmente poderosos.

Com os médiuns fracos, algumas vezes todos os fenômenos limitam-se às pancadas. Se nós ignoramos que essas pancadas estão ligadas à presença do médium, ficamos tentados a acreditar que se trata de uma casa assombrada. O senhor Hyalmer Wijk, de Gotemburgo, na Suécia, estudou com cuidado um caso desse gênero. A senhora N. Karin, histérica, porém de uma inteligência muito cultivada, durante muito tempo, perto de três meses, ouviu pancadas retumbantes na casa em que residia. O doutor Brière e o senhor Wijk também as ouviram. Depois tudo isso cessou.[67]

J. Hyslop[68] experimentando com Anna Burton, ouviu *raps*, e tende a acreditar que são supranormais, porque se produzem de uma maneira muito variada e acontecem em regiões muito diferentes, tanto espontaneamente, quanto a pedido dos experimentadores. Em um caso, os raps foram ouvidos a 2 metros de distância, embora senhorita Burton não fizesse nenhum movimento com as mãos nem com os pés. A única hipótese possível (exceto a de um *rap* de origem telecinésica) é que haja uma ilusão sensorial produzida nos assistentes, ilusão coletiva, terrivelmente implausível.[69]

O fato seguinte é muito extraordinário e não se enquadra no âmbito dos fatos conhecidos, o que autoriza a incerteza. A senhora Davies foi encarregada de entregar uma carta, vinda da Índia, à senhora W. A carta foi colocada sobre uma lareira. Algum tempo depois, a senhora Davies ouve pancadas claras e estridentes partindo da lareira. Pensou, então, em pôr a carta em outro lugar, sobre um móvel. As pancadas foram ouvidas sobre o móvel. Então, chegou o pai da senhora Davies, que constatou o mesmo fenômeno. Logo, a senhora Davies e seu pai

---

67 *Étude expérimentale sur les phénomènes de frappement spontané*, *A. S. P.*, 1905, XV, 517-551.
68 Helen de C. Verrall, *The case of Anna Burton*, *Journ. S. P. R*, XV, 1912, 141.
69 *The Burton Case*, por J. Hyslop, *Journ. S. P. R.*, XV, 1912, 190.

asseguraram-se de que as pancadas provinham da carta, ou ao menos de tão perto da carta que pareciam vir de seu interior. Essa carta anunciava a morte do marido da senhora W.[70]

Sir William Barrett[71] observou um caso de *raps*, que leva todo leitor atento à absoluta certeza. Uma menina de 10 anos, Florrie C., filha de célebre advogado da Irlanda, tendo, por diversas vezes, produzido *raps*, submeteu-se às experiências com W. Barrett. Em alguns casos, os ruídos e as vibrações da madeira produziam-se à distância, em mesas que estavam distantes de Florrie. Após várias semanas de pesquisas diversas, W. Barrett convenceu-se de que precisava abandonar decididamente toda suposição de uma fraude ou de uma ilusão, ou de uma observação incorreta. Aliás, esses raps eram inteligentes, porém a inteligência era infantil. Florrie produziu também telecinesias muito potentes; uma mesa da sala de jantar (para doze pessoas) foi, quase sem contato, levantada nas três pernas a uma altura considerável.

Também em boas condições, com a senhorita L., W. Barrett obteve *raps* e movimentos muito extensos da mesa, sem que ninguém a tocasse. Certo dia, a mesa, sem ser tocada, perseguiu, por assim dizer, W. Barrett, aprisionando-o em sua cadeira. Em casa de W. Barrett os mesmos fenômenos reproduziram-se com igual intensidade.

A opinião de Fr. Myers sobre os *raps* têm um grande peso. Eis o que ele diz a propósito.[72]

> Os espíritas dizem que se trata de um fenômeno muito comum. Da minha parte posso dizer que, tendo tomado parte em várias centenas de sessões, estando sempre pronto a anotar o fato dos *raps*, frequentemente os ouvi na presença de médiuns pagos. Frequentemente ouvi, quando experimentava com amigos, estalos na mesa, porém foi somente com quatro ou cinco médiuns não profissionais e dignos de toda confiança que ouvi *raps* incontestáveis, respondendo às perguntas o bastante para me convencer de que existe uma força desconhecida para produzi-los.

---

70 S. P. R., 1907, XVII, 726.
71 *On the Threshold of the unseen*, 3ª ed., London, Kegan Paul, 1920.
72 *Human Personality*, II, 454.

Posso confirmar completamente a opinião de Myers. Os estalos não inteligentes são frequentes; os *raps* inteligentes são extremamente raros. Mas trata-se de saber se o fenômeno, embora excepcional, é real. Ora, não podemos duvidar de sua realidade.

Parece-me evidente que, se desejamos fazer progressos na ciência metapsíquica, não será pela busca de fenômenos extraordinários que excitam a imaginação, mas pelo mais modesto e menos perturbador estudo das vibrações, inteligentes ou não, de uma mesa que é apenas tocada, ou melhor, que não é tocada pelo médium.

Bastaria adaptar à prancheta um microfone moderadamente sensível e capaz de produzir uma inscrição gráfica. Mas, infelizmente, nem os experimentadores, nem, sobretudo, os médiuns, gostam dessas experiências árduas, técnicas. Os espíritas, que, em suas múltiplas sessões, muitas vezes viram belíssimos fenômenos, preocupam-se mais em fazer falar os mortos com grandes frases enfáticas e estéreis, do que registrar os abalos de uma tabuinha de madeira, em condições de irrepreensível precisão.

Escrita direta

Entre os vários tipos de movimentos de objeto sem contato, é preciso reservar um lugar à parte a um grupo de fenômenos tão raros, como o da escrita direta, de que nos é permitido duvidar.

Eis em que consiste a escrita *direta*. Esse fenômeno não tem nenhuma relação com a escrita *automática*.

Na escrita automática, o médium escritor escreve inconscientemente toda uma série de frases (mensagens), com as quais ele enche febrilmente diversas páginas; mas é sua mão que segura a pena ou o lápis e é inútil supor que uma inteligência estranha e uma força supra-humana intervenham, já que ele escreve, como vós e eu, movendo com os músculos de sua mão o lápis ou a pena. Mas, na escrita direta, é outra coisa. Um pedaço de lápis é colocado em uma ardósia fechada, e, após alguns minutos, a ardósia fechada, que não tinha escrita, contém uma mensagem, uma resposta, por exemplo, à pergunta que foi feita.

E, entretanto, as mãos do médium foram vistas e só houve obscuridade na caixa onde o lápis estava fechado com a ardósia.

Citamos mais acima um dos mais belos casos de escrita direta observado por Crookes com Home.

Mas, é prodigiosamente excepcional que possamos ver os movimentos espontâneos do lápis não tocado. O caso de Home é quase único. O mais frequente é que a experiência, como no caso de Slade e de Eglinton, realize-se por outro método. Sobre uma ardósia fechada entre duas pranchetas, coloca-se um pequeno fragmento de lápis ou de giz. Todo o dispositivo está seguro na mão e colocado sob a mesa. Ouve-se um leve ruído, depois se abre a caixa onde está a ardósia e constata-se que o lápis foi usado e que há escrita na ardósia.

Se o observador não perdeu de vista a ardósia, se ele foi bastante hábil para impedir qualquer prestidigitação, a experiência é bela e decisiva. Mas assombrosas fraudes são possíveis.

Em um trabalho muito interessante, o senhor Davey relata a história de uma sessão na qual, deliberadamente, por diversos processos fraudulentos, ele havia produzido o fenômeno da escrita direta na ardósia. Ele não prevenira os assistentes de sua intenção de realizar essa artimanha. E então, os assistentes, com toda sinceridade ingênua, assinaram uma ata atestando a autenticidade do fenômeno. Ora, o senhor Davey não teve trabalho em provar que inúmeras vezes houve descuido na vigilância e observação imperfeita.

Não podemos afirmar que, sem exceção, todos os casos de escrita direta apresentados por Slade ou Eglinton foram fraudulentos. Mesmo assim, as observações do senhor Davey impõem-nos uma grande reserva nas nossas conclusões.

Embora seja necessário ter a maior desconfiança nas experiências de escrita direta em ardósias (*Slate writing*), isto ressalta com toda a evidência os truques ou ***tricks*** hábeis que imaginaram os prestidigitadores americanos. O senhor David Abbott descreveu-os pormenorizadamente.[73] Se deixarmos o médium (geralmente um médium pago) fornecer suas próprias ardósias, por mais intactas que elas pareçam, ou simplesmente se lhe per-

---

73 *Spirite Slate writing and Billet Tests, Amer. P. S. P. R.*, I, 1907. 148-160, 244-254, 413-427, 513-522.

mitimos segurar ou mesmo tocar nas que trouxemos, estamos perdidos, pois, com hábeis substituições tudo se torna possível. Ora, a constatação absoluta, irrepreensível, de que o médium não tocou na lousa, é bem difícil, pois basta um momento de desatenção – e quem é capaz de manter uma atenção impecável e persistente? – para que certas substituições sejam feitas. *De fato, se levamos a nossa própria ardósia, e se o pretenso médium não a toca em nenhum momento*, como o reconhece o próprio senhor Abbott, não há trapaça possível. Mas em que experiências isto foi realizado?

O intenso poder mediúnico de W. Stainton Moses algumas vezes manifestou-se pela escrita direta.[74] O senhor e a senhora Speer, que assistiam S. Moses na maioria de suas experiências, tendo fechado a porta de um aposento, e colocado nesse local papel branco e um lápis, enquanto S. Moses, em estado de transe, estava em outro andar, voltaram depois de meia hora ao quarto fechado e verificaram que havia escrita no papel.

Em outra experiência[75] houve algumas cartas escritas em uma folha de papel branco colocado na mesa. Nesse dia, o guia de S. Moses, irritado por pensarem em introduzir alguém ao círculo muito restrito que assistia às experiências, batia com tamanha força, que tínhamos a sensação –, diz o senhor Moses –, que ele poderia ter quebrado nossas cabeças, se quisesse (*unconfortable notion*, acrescenta ele). Por diversas vezes, nos dias seguintes, surgiram várias linhas de escrita no papel branco colocado sob a mesa, enquanto o senhor e a senhora Speer seguravam as mãos do senhor Moses (p. 302, 303, 304).

Eis como o senhor Charlton Speer resume essas diversas experiências:

> Muitas vezes obtivemos a escrita direta, por vezes sobre uma folha de papel colocada no meio da mesa e disposta à igual distância de todos os assistentes; outras vezes, um de nós punha o nome sobre uma folha de papel branco, previamente marcada com um sinal, e geralmente constatávamos, ao término da sessão, que uma mensagem fora escrita. Colocávamos ora um lápis,

74 Fr. Myers, *The experiences of W. Stainton Moses*, *P. S. P. R.*, 1894, IX, 265-275.
75 *Loc. cit.*, 347.

> ora o grafite perto do papel, e o resultado era o mesmo. Habitualmente a mensagem era constituída de respostas às nossas perguntas. Algumas vezes, eram curtas comunicações independentes dessas próprias perguntas, por vezes, também, palavras de simpatia.

Encontraremos em revistas espíritas um grande número de casos de escrita direta; mas é permitido, sobretudo quando se trata de experiências feitas com um médium profissional, tendo em vista a relativa facilidade da fraude, estabelecermos algumas dúvidas.[76]

Em 13 de agosto de 1856, o senhor de Guldenstubbé, tendo sua irmã como médium, colocou papel branco com um lápis em uma caixa, e ao cabo de meia hora aproximadamente constatou que caracteres estavam escritos no papel. Repetiu com sucesso essa experiência mais de dez vezes.

Mais tarde, pôde *ver* formarem-se caracteres no papel dentro da caixa deixada aberta. O conde de Ourche, que assistia a algumas dessas experiências, pôde confirmá-las.

O general de Brewern e o marquês de Planty também assistiram ao mesmo fenômeno da escrita direta obtida sobre resmas de papel novíssimas, lacradas pelo comerciante.

As palavras escritas eram em grego, assinadas por Platão; em latim, assinadas por Cícero. Não vamos imaginar que Platão e Cícero vieram: o interesse da experiência não está aí, mas na formação da escrita direta. A irmã do senhor Guldenstubbé, que era a médium, não sabia, aliás, latim nem grego.

Menciono tais fatos apenas a título de indicação.

Eis uma experiência que realizei com Eusapia e que não pude repeti-la, porém foi extraordinariamente nítida.

Na ilha Ribaut, certa noite, na presença de Ochorowicz, de Fr. Myers e de sir Oliver Lodge, Eusapia apresentou o seguinte fenômeno: – e creio que ninguém poderá contestar a competência dos observadores.

Eusapia segurou a minha mão direita e pegou-lhe o indi-

76 Eu as menciono, entretanto, com todas as necessárias reservas. – Delanne, ***Recherches sur la médianimité***, Paris, Libr. des sciences psychiques. 1902 – Aksakoff, ***Animisme et spiritisme***, p. 547, p. 438-455. Stainton Moses (Oxon), ***Psychography*** – Guldenstubbé, ***La réalité des esprits et le phénomène merveilleux de leur écriture directe.***

cador, de modo que este dedo ultrapassasse notavelmente sua pequena mão. Então, ela passeou meu indicador sobre o papel branco e a marca de meu dedo apareceu, como se fosse uma escrita grafada com um lápis azul. Com sua mão esquerda levantada muito alto no ar, Eusapia segurava um lápis azul, que apertava convulsivamente. O fenômeno passava-se à luz de uma vela que estava quase em contato com o papel, tão perto dele estava. Vi ainda Fr. Myers com seu *lorgnon*, debruçado sobre o papel e olhando com muita atenção e escrupulosamente o fenômeno. Quatro a cinco vezes, sobre folhas de papel branco (envelopes brancos), produziu-se o mesmo fenômeno. Estou *absolutamente seguro* de que a mão de Eusapia não tocava o papel, que era apenas tocado pelo meu indicador, o qual não tinha o menor traço de azul. Durante quase dez minutos, sempre à luz de uma vela, a experiência repetiu-se, tanto sobre papel, como sobre o peitilho branco de nossas camisas. *Não tenho a mais leve dúvida sobre a realidade do fenômeno, assim caracterizado*: 1° o papel era branco; 2° Eusapia não pôde tocá-lo; 3° a marca azul desenvolvia-se sob meus olhos; 4° era a menos de 40 cm de uma vela acesa; 5° Myers, Ochorowicz e Lodge controlavam minha observação.

A. de Rochas, com Eusapia, constatou um fato análogo,[77] que A. de Gramont me confirmou verbalmente.

Em muitas experiências de escrita direta, há, ao mesmo tempo em que a própria escrita, fenômenos de criptestesia (como, aliás, nas experiências do senhor Guldenstubbé). Mas é necessário desassociar os dois fenômenos, ainda que na realidade das coisas eles sejam associados.

Eis uma das experiências feitas por P. Gibier, fisiologista experiente e observador atento:[78]

> Vimos –, diz ele –, mais de cem vezes, caracteres, desenhos, linhas, e mesmo frases inteiras, produzirem-se com a ajuda de uma pequena tecla sobre as ardósias que Slade segurava, e até *entre duas ardósias com as quais ele não tinha nenhum contato*, ardósias que nos pertenciam, que nós havíamos comprado em uma pape-

77 *L'extériorisation de la motricité*, p. 140 e 162.
78 *Le spiritisme*, Paris, Doin, 1887.

> laria qualquer de Paris e tínhamos marcado com nossa assinatura. Quando a escrita se produzia em apenas uma ardósia, era em geral sob o canto da mesa perto da qual nos encontrávamos. Não perdíamos de vista nem a ardósia, nem os dedos de Slade, e às vezes nós mesmos colocávamos o lápis na ardósia, mas nunca pudemos ver esse último movimento. A ardósia ondulava levemente, como sob a pressão de escritor invisível.

Cito uma das experiências que P. Gibier considera talvez a melhor:[79]

> Eu havia trazido diversas ardósias, duas delas embrulhadas em papel, amarradas juntas, lacradas e aparafusadas.
> ...Propus então ter uma resposta sobre duas ardósias novas que trouxera em minha pasta. Obtive permissão, após haver colocado a pequena tecla tradicional entre elas duas, de me sentar sobre delas. Depois de tê-las colocado na minha cadeira, sentei-me em cima e só tirei as mãos delas quando todo o peso do meu corpo estava sobre elas. Coloquei então minhas mãos na mesa com as de Slade, e *senti* e *ouvi* muito nitidamente que a escrita se traçava na ardósia com a qual eu estava em contato... Quando terminou, eu *mesmo* retirei minhas duas ardósias e li as seguintes palavras mal escritas, mas enfim, *escritas* e legíveis: "As ardósias são difíceis de influenciar; faremos o que pudermos". Slade não tocara nessas ardósias.

O senhor Moutonnier indicou uma escrita que a senhora Bangs, de Chicago, lhe deu, a qual é manifestamente fraudulenta.

Elliot Cowes e E. Coleman, experimentando com a senhora Francis, de São Francisco, como médium, *viram o movimento* (*telecinésico*) *do lápis sobre a ardósia*. Em alguns casos a ardósia, colocada parcialmente sob a mesa, foi parcialmente descoberta; em outros casos, ela não estava sob a mesa, mas apenas coberta por um lenço, e uma frase inteira foi escrita. Outra vez até, a senhora Francis segurava a ardósia diante dos assistentes e a escrita produziu-se. É bom notar que o senhor Emmette

79 *Religio-philosophical Journal*, 2 de fevereiro de 1892.

Coleman exerce a prestidigitação.

G. Encausse diz que viu, em uma sessão realizada pelo magnetizador Robert, em plena luz, diante de vinte pessoas diferentes, uma moça de 17 anos que fazia aparecer caracteres em folhas de papel (versos com a assinatura de P. Corneille). Parece que no exame microscópico as marcas da escrita eram constituídas por glóbulos do sangue. Não é, pois, escrita direta no sentido que atribuímos, em geral, a essa expressão. P. Gibier assistia a essas experiências, mas não sei se ele falou a respeito. Aliás, não devemos aceitar os testemunhos do doutor Encausse senão com extrema reserva. E depois, por que a experiência não foi repetida?

O doutor Mysz obteve em plena luz exemplos de escrita direta com uma pequena camponesa de 14 anos, ignorante, que mal sabia escrever.[80]

Eis como ele descreve essa experiência, que me parece bem frágil. Uma caixa de madeira de, aproximadamente, 30 cm de largura, aberta só de um lado, para suportar uma bolsa cônica de seda preta, terminando em ponta; na extremidade da bolsa um pequeno orifício no qual um lápis fora introduzido, de modo que somente sua ponta pudesse sair. A menina apenas pousava exteriormente as mãos sobre a caixa. Alguns minutos depois a bolsa inchava e o lápis começava a escrever. – Não insistamos: não é nada.

O doutor Nichols, tendo recebido em sua casa o médium Eglinton, obteve boas provas de escrita direta; ele colocava uma folha de papel (que havia caracterizado) em uma caixa fechada à chave, entre duas ardósias e em plena luz; enquanto segurava a caixa, a escrita era produzida.

Aliás, Eglinton realizava correntemente essa experiência.

Tive ocasião, há muito tempo (de modo que os detalhes já estão bem apagados) de fazer com ele a seguinte experiência, que menciono de memória, sem dar-lhe importância. Esbocei sobre uma ardósia um desenho qualquer. Bem entendido, isso foi feito sem que houvesse possibilidade de Eglinton ver alguma coisa. A ardósia foi virada e um pequeno pedaço de giz foi colocado em cima. Então, peguei a ardósia na mão e,

80 *A S. P*, XVII, 295.

sem abandoná-la, coloquei-a sob a mesa, e Eglinton segurava a outra extremidade da ardósia. No fim de dois ou três minutos, meu desenho em um curioso *fac-símile* estava reproduzido. Mas, creio que um hábil *ilusionista* poderia ter feito o mesmo.

Eglinton proporcionou uma sessão célebre ao senhor Gladstone, realizada, sempre em plena luz, com resultados muito positivos.

Mas todos esses *slate writings* são sempre dolorosamente suspeitos: é uma das experiências da metapsíquica cujo controle é o mais difícil.

Para concluir, os fenômenos de escrita direta são muito raros. Alguns (Home, Eusapia) parecem autênticos, mas existem tantas trapaças, tantos ilusionismos que a escrita direta é um fenômeno bem incerto ainda.

Em todo caso, quer exista ou não, isto em nada muda a realidade da telecinesia e dos *raps*.

Capítulo 3

Ectoplasmias (materializações)

A fraude nas experiências de ectoplasmia

Em experimentação metapsíquica, precisamos sempre pensar na fraude. As outras ciências não sofrem dessa ferida. Elas evoluem tranquilamente, só se deparando com dificuldades materiais, ao passo que os pesquisadores que experimentam com médiuns estão sujeitos a ser ignobilmente traídos. Isso faz com que sua tarefa seja muito penosa, exigindo uma prudente e vigilante atenção.

As dificuldades não são as mesmas para a metapsíquica objetiva e a metapsíquica subjetiva.

Vimos quais precauções precisamos tomar contra as fraudes, conscientes ou inconscientes, que tornam o estudo da criptestesia tão complexo, contra os erros de memória, insuficiências de testemunhos, paramnésias. Nós dissemos que precisamos sempre desconfiar da ajuda que involuntária e desastradamente o próprio experimentador, apesar de sua boa-fé, presta ao médium. Quando se trata de metapsíquica objetiva, ou seja, de telecinesia e de ectoplasmia, as precauções que devemos tomar são bem outras, mas não menores.

Pouco tempo depois que as irmãs Fox inauguraram o espiritismo, e que imediatamente pensaram em tirar proveito de suas faculdades mediúnicas, em toda parte, mas especialmente na América, o espiritismo foi considerado, por certos indivíduos, uma vantajosa fonte de benefícios. Em todos os lugares a credulidade do público tentou a cupidez dos escroques. Houve sessões públicas pagas, nas quais, lado a lado com os circos e teatros de prestidigitação, realizavam-se representações *espíritas*. Fantasmas apareciam no palco e, aproveitando-se da ingenuidade da assistência, desciam do estrado para que fossem reconhecidos por alguma mãe infeliz que acreditava estar reencontrando o filho que perdera.

Abriram-se lojas de fotografias espíritas. As pessoas iam procurar esse ou aquele fotógrafo, que tirando uma foto, apresentava ao cliente a imagem fotográfica com os traços vagamente indicados que a pessoa crédula sempre acabava por reconhecer.

O médium que havia organizado essas sessões podia também *ir à casa do interessado* e, mediante uma grande remuneração, realizar sessões.

Fotógrafos e médiuns, para melhor atrair o favor e o dinheiro do público, tinham a pretensão de serem verdadeiros cientistas, e levavam a astúcia a ponto de introduzir uma espécie de vaga religião em suas exibições, de modo que tudo acabava por constituir uma verdadeira profissão – a profissão de médium – por vezes lucrativa, sempre perigosa, e, em todo caso, desonrosa. O que permitiu o exercício dessa vil profissão e o desenvolvimento do espiritualismo foi o fato de, com frequência, mas muito frequentemente mesmo, esses profissionais do espiritismo serem, de início, dotados que algum poder real, e de farrapos de verdadeiros fenômenos estarem ligados às suas práticas fraudulentas.

O número de seguidores da doutrina espírita crescia. Os jornais se multiplicavam, celebrando os feitos dos médiuns profissionais.

Essas insanidades, encorajadas pela cegueira do público e pela credulidade de certos respeitáveis pesquisadores, acarretaram uma reação inevitável. Na Inglaterra e, sobretudo, na América, toda uma literatura esforçou-se para desmascarar a estranha ingenuidade dos espíritas e a perversa dissimulação dos médiuns profissionais.[1]

Da mesma forma, desgostosos com esses falsos prodígios, muito bem instruídos de todas as maquinações de que se serviam esses pseudomédiuns, os pesquisadores americanos e ingleses recusaram-se obstinadamente a aceitar os fatos de movimento sem contato e de materialização. Para eles foi quase um artigo de fé – tão cego, talvez, quanto a fé dos espíritas – o fato de não existir fenômeno material.

Apesar das afirmações de homens honrados, universalmente estimados, como o juiz Edmonds, Dale Owen e até o grande Russell Wallace, tudo foi impotente para contrabalançar a nauseante impressão produzida pelos profissionais americanos.

Até, é necessário dizer, a admirável obra de William Crookes (1872), não levou ao convencimento. Crookes, assim como Zöllner, permaneceu isolado. Ninguém quis acreditar no que afirmavam esses dois grandes cientistas. Disseram que eles tinham sido enganados, iludidos, que eles nada conheciam em termos de prestidigitação, e que, consequentemente, foram vítimas de um logro.[2]

Quando se constituiu, a Sociedade de Pesquisas Psíquicas, com E. Gurney, Myers, H. Sidgwick e Podmore, partiu do axioma, considerado por ela como um princípio fundamental, de que não existe fenômeno material, que tudo é subjetivo. Mas, de 1880 a 1920, as ideias evoluíram. H. Sidgwick morreu sem admitir a telecinesia e as ectoplasmias. Fr. Myers, inicialmente bastante hostil às materializações, acabou por admiti-las e por acreditar total e resolutamente, em sua objetividade. Fr. Podmore, ao que parece, nunca pôde se resignar a nelas acreditar, ao passo que sir Oliver Lodge, que inicialmente não admitira em

---

1 Citarei apenas algumas obras: Abbott, ***Behind the Science with medium***, Chicago, 1907. – Fr. Podmore, ***Modern spiritualism, an History and a criticism***, London, Methuen, 1902, 2 vol. – Schakleton, ***Spookland, a record of Research in the much talked realm of mystery***. – Carrington, ***The physical phenomena of spiritualism***, Boston, Turner, 1907. – Rainaly, ***Procès d'un escamoteur***, Paris, 1894. – Rémy, ***Spirites et illusionnistes***, Paris, Leclercq, 1911.
Morselli cita os textos dos prestidigitadores profissionais que revelaram os truques dos espíritas (mediunidade e prestidigitação), ***A. S. P.***, 1908, XVIII, 157 (Hopkins, Keller, Snaw, William etc.)

2 E eu também – por que não confessar? – assim como Lombroso, Morselli, Lodge, durante muito tempo acreditei que Crookes fora vítima de uma impostura lamentável.

toda a sua intensidade senão os fenômenos subjetivos, crê, hoje em dia, na realidade dos fenômenos materiais.

Na América, foi primeiramente R. Hodgson que, por uma singular evolução, depois de ter desmascarado habilmente na Índia até as fraudes da senhora Blavatski, foi totalmente convertido ao espiritismo subjetivo devido às suas experiências com a senhora Piper. Mas, se Hodgson admitia as encarnações de G. Pelham, ele não admitia de forma alguma as telecinesias de Eusapia. Foi ele quem, tendo ido a Cambridge, pretensamente desmascarou Eusapia, embora, na realidade, ele experimentou deploravelmente, ajudando, facilitando, até provocando fraudes grosseiras inconscientes da infeliz Eusapia. Hyslop, que substituiu Hodgson na Sociedade Americana de Pesquisas Psíquicas, como Hodgson, também não admitira as materializações.

Nós podemos compreender um pouco esse ceticismo quando ouvimos os relatos extraordinários das sessões dadas por determinados médiuns. Miller, Bailey, a senhora Williams, Eldred, Sambor, A. Roth foram desmascarados. Eldred tinha uma poltrona, na qual ele reunia todo um arsenal de objetos diversos, próprios a transformações. O fotógrafo Boursnell, embora tendo a seu favor a autoridade de Stead, foi condenado pelos tribunais por fraude. Ele e o fotógrafo francês, Buguet, embora ingênuos, depois que fraudes foram reveladas, persistiram em acreditar na objetividade desses fantasmas. A senhora Williams foi desmascarada em uma sessão que dava em Paris; pegaram com ela os mais diversos objetos que serviam, como para Eldred, para as formações de fantasmas. O caso de Sambor é bem estranho. Um dos amigos de Petrovo Solovovo, personagem que parecia respeitável, era seu cúmplice. Segundo Grasset, Ebstein simulava um fantasma com um manequim coberto de tinta (p. 70).[3] Bailey, que pretendia fazer aparecer aves vivas, foi surpreendido em Grenoble, comprando, em um aviário da cidade, pássaros cor de fogo que ele dizia vir diretamente da Índia por vias transcendentais. Maddock foi condenado por tramoia. Pude demonstrar a trapaça de A. Roth, que levava flores em seu corpo. Antes da experiência, ela pesava 58 quilos e após a mesma, não pesava mais que 57 quilos, sendo que o peso das flores era de um quilo.

3 Vide Paul Mathiex, *Les faux médiums. Écho du Merveilleux*, 1906, 249.

Maxwell[4] cita o caso da senhora Wood e de Lemb, muito suspeitos. Quanto a Haxby, ele fraudava impunemente. Eu poderia multiplicar os exemplos, se essa enumeração tivesse alguma utilidade. De fato, os espíritas leais reconhecem que essas pessoas inescrupulosas são os piores inimigos do espiritismo, e que nosso interesse, de nós todos, que acreditamos na ectoplasmia e na telecinesia, é de colocarmos fora de causa esses miseráveis.

Contudo, a questão não é tão simples como parece (aliás, nenhuma questão é simples quando estamos dispostos a aprofundá-la). Com efeito, existe, ao lado desses médiuns fraudadores, munidos de aparelhos preparados previamente, médiuns verdadeiros, muito poderosos, que recorrem à fraude quando veem suas forças desaparecerem ou a experiência fracassar.

Foi o que aconteceu parcial e provavelmente à própria Florence Cook, a Slade, a Eglinton, a Eusapia, a Linda Gazzera, a Marthe Béraud, a senhora d'Ésperance. Mas devemos entrar em um acordo sobre o que entendemos por ***desmascarar*** um médium (***exposure*** em inglês, ***entlarven*** em alemão).

Em primeiro lugar, os médiuns ingênuos, rústicos, como, por exemplo, o era Eusapia, não compreendem bem que é um crime muito grave simular um fenômeno. Eles não se dão conta da enormidade da falta: "Eles querem fenômenos –, dizem para si mesmos –, pois bem! Dar-lhes-emos fenômenos, já que eles fazem tanta questão". É preciso uma longa educação para compreender tudo o que há de odioso e de imperdoável em uma mentira científica que introduz erros voluntários em nossa pobre ciência, onde já há tantos erros involuntários.

A seguir, eles estão em um estado de semi-inconsciência, que lhes tira uma grande parte de responsabilidade. Seu transe os transforma em autômatos, que não mais exercem sobre seus movimentos musculares senão um controle muito restrito. Quando um médium está ali, os olhos fechados, insensível, quase imóvel, transpirando, convulsionando seus membros, não podendo responder às questões a ele endereçadas, não creio que possamos censurar seus atos, pois ele já não é mais ***ele mesmo***: ele não tem mais essa consciência ponderada, refletida, serena, que permite decidir entre o bem e o mal. Ele esqueceu o que ele

4 ***Les phénomènes psychiques***, 1903, p. 263.

é, onde ele está, o que ele deve fazer.

É tão condenável a preparação de utensílios e acessórios que Eldred ou a senhora Williams acumulavam em um móvel ou escondiam sob suas roupas, quanto são explicáveis, quase justificáveis, os movimentos suspeitos realizados por um médium em transe.

Não somente os médiuns não são responsáveis, como os movimentos telecinéticos ou ectoplasmáticos no mais das vezes são com frequência subtraídos em grande parte ao seu controle. A pequena Stasia, que era a guia de Stanislawa Tomczyk para enganar Ochorowicz, muitas vezes se divertia, fazendo truques com a própria Stanislawa. Da mesma forma, no desdobramento de personalidade, tão bem estudado por Morton Prince, a personalidade de A., separada da de B. era hostil a B. e causava-lhe aflições e dores. Os braços e as mãos ectoplasmáticas que saem do corpo de Eusapia só fazem o que eles querem e, embora Eusapia saiba o que eles estão fazendo, não é mais sua vontade que os dirige, ou antes, não existe mais Eusapia.

Compreendemos muito bem, então, como, esgotados por uma longa sessão, não tendo podido nada produzir, vendo ao seu redor uma assistência ansiosa que deseja um *fenômeno*, os médiuns, cuja semiconsciência aumenta a cada instante, dão a *ajuda* que vai desencadear o fenômeno.

D'Arsonval, em uma das sessões do Instituto Psicológico de Paris, contava divertidamente a história do célebre A.-M. Ampère: em uma experiência de eletricidade, diante de uma comissão acadêmica, como a agulha não se mexia, contrariamente ao que ele havia informado, e querendo a qualquer preço colocá-la em movimento, empurrou-a levemente com o dedo. Algum tempo depois, refazendo a experiência (que nesse momento deu certo), ele disse triunfalmente, mostrando a agulha: "Desta vez ela se move completamente sozinha".

Estabelece-se uma espécie de confusão entre o médium e seu ectoplasma, de modo que pensando estar pegando o ectoplasma, pegamos, por vezes, um membro do médium (entretanto, faço sobre essa frequente alegação dos espíritas ressalvas e ressalvas formais). Na maioria dos casos, talvez mesmo sempre, o ectoplasma é independente do médium. Isso não quer dizer que a dilaceração ou o aprisionamento do ectoplasma possam ser sem nenhum perigo (?). A célebre experiência da senhora d'Espérance (embora ela seja bem suspeita) estaria aí para estabelecer que o médium pode ficar doente por muito tempo em consequência de uma dessas tentativas.

Trata-se, pois, de saber se, conhecendo as fraudes dos médiuns, nós podemos ter alguma confiança nos relatos mais ou menos miríficos que nos são dados.

Resumamos as condições que nos parecem necessárias.

Elas se aplicarão tanto aos médiuns fraudadores quanto aos médiuns de boa-fé (se é que existe algum que possa sê-lo constantemente). As precauções devem, tanto em um caso como no outro, ser igualmente rigorosas e, se essas precauções não foram tomadas, nenhuma conclusão científica poderá ser tirada.

Embora Boursnell e Buguet tenham encontrado muitos adeptos, embora tenha havido muitas fraudes que foram aceitas como fenômenos autênticos, mesmo assim é consolador pensarmos que, finalmente, os fraudadores fracassaram em suas fraudes. A fraude não resiste a controles prolongados e múltiplos. Os enganadores, por menos que eles saiam de seu estrito círculo primitivo de crédulos, logo encontram observadores sérios que os desmascaram. Se eles recusam-se a aceitar as condições experimentais que lhes impõem com justa razão, é um primeiro motivo, bastante legítimo, de suspeita, e por vezes isso pode bastar para que se proíba de realizar experimentos em más condições. Mas, mesmo nessas más condições, a fraude acaba sempre por ser revelada. Realmente, não é tão difícil como se pretende desmascarar um desses velhacos. Não creio que seja possível citar exemplo de um fraudador, que tenha enganado durante dois anos, que não tenha sido pego, como se diz, *com a boca na botija*.

1 – A assistência não deve ser grande. Apenas três, quatro ou cinco pessoas, no máximo, já bastam. Mesmo assim, se houver cinco pessoas, já me parece excessivo. Podemos fazer excelentes observações quando estamos sozinhos, pois a hipótese de uma alucinação do observador é estúpida. Se houver seis pessoas presentes, encontraremos, forçosamente, entre esses seis expectadores, alguns desatentos, gracejadores, estabanados. Cada

um terá suas exigências, suas fantasias pessoais, exigências e fantasias que irão perturbar o decurso dos fenômenos.

Devemos estar completamente seguros da boa-fé das pessoas presentes. Petrovo Solovovo foi *traído* por um de seus amigos. Portanto, não devemos deixar que quaisquer indivíduos assistam a uma experiência: todos devem ser de uma lealdade tão irrepreensível que poderia ser atestada por nós com tanta força como se fosse a nossa.

Acrescentemos que eles devem possuir certa competência. Não é fácil observar bem, quer dizer, observar tudo. Segurarmos a mão direita do médium durante uma hora, estando seguros de que não largamos essa mão direita, mesmo por um segundo, não é muito fácil, sobretudo se essa mão direita agita-se, torce-se, debate-se. Os assistentes devem ser escolhidos de tal forma de modo a que não sintam terror, nem cansaço, nem desatenção (o que é bem raro), e que eles deixem, sem desejar nenhuma direção, o experimentador conduzir à sua vontade a experimentação.

2 – As fotografias, as impressões sobre papéis esfumaçados, argila, gesso, parafina não têm qualquer valor em si. Tudo depende das condições da experiência. Existem fotografias tão habilmente falsificadas, que, em vão, alguém me mostrará admiráveis fotografias de fantasmas, pois delas não concluirei absolutamente nada, enquanto os pormenores não me sejam dados com bastante precisão para que todo o embuste seja impossível.

Se as condições experimentais são ruins, as fotografias, mesmo que sejam esplêndidas, são inoperantes, e não faço questão alguma de vê-las. Mas, se as condições são irrepreensíveis, as fotografias, mesmo medíocres, têm um valor decisivo. Elas podem revelar detalhes que, em olhada rápida, poderiam ter escapado. Se elas forem estereoscópicas, ou seja, mais instrutivas do que as fotografias sem relevo, elas mostrarão a distância, indicarão o relevo. Após as admiráveis fotografias de Schrenck-Notzing, da senhora Bisson e de G. de Fontenay, não é mais permitido estudar uma materialização sem o auxílio de um ou dois aparelhos fotográficos. Mas sempre será necessário guardar a convicção profunda de que a fotografia só será válida se os dispositivos da experiência forem válidos.

3 – A experiência não deve ser feita em um local muito amplo, pois quanto menor for o cômodo, mais fáceis serão as condições de exame. Todos os móveis, sem exceção, devem ser escrupulosamente revistados, virados, examinados; as portas devem estar fechadas a chave, para que nenhum estranho possa se introduzir. Eliminação absoluta de qualquer aparelho, de qualquer objeto levado pelo médium. Se um prestidigitador mostra em um palco ***sua*** mesa, ***seu*** maço de cartas, ***sua*** poltrona, ***sua*** varinha, então, ele poderá fazer tudo o que quiser. Mas se eu lhe dou ***minha*** mesa, ***minha*** poltrona, ***meu*** maço de cartas, sem que ele tenha nada mais à sua disposição, e sem que ele possa fazer substituições, ele estará desarmado.

4 – Daí a necessidade absoluta, rigorosa, de revistar o médium escrupulosamente, até de vesti-lo com roupas que levamos para ele e, a partir desse momento, não mais perdê-lo de vista. Então, é preciso seguir seus mínimos movimentos, até o momento em que ele tomará lugar na poltrona ou na cadeira. Inicialmente, é preciso amarrá-lo (ou não amarrá-lo, se ele se recusar a se submeter a isso). Somente então se pode manter o ambiente no escuro. Se ele estiver atrás da cortina, isso pouco importa, já que não há nenhum aparelho, nenhuma máscara, nenhum tecido. Se, por exemplo, nessas condições, uma forma envolta em um amplo véu branco sair da cortina, como foi absolutamente impossível ao médium munir-se de um véu branco (pois, suponho que a revista tenha sido bem feita), concluirei com toda segurança que houve a materialização de um véu branco.

A única questão, então, é de saber se podemos ter certeza de que um indivíduo, médium ou não, escondeu ou não, em seu corpo, um grande véu branco. Parece-me que não é impossível.

Se todas as condições são realizadas –, e elas podem ser, e elas foram –, então a experiência é válida.

Mas em alguns casos, todas essas precauções não são indispensáveis.

Se, por exemplo, em um local fechado a chave, anteriormente explorado e revistado a fundo, uma forma de aparência viva permanece ao lado do médium e anda ao seu lado, a dúvida não é permitida, já que ninguém pôde entrar na peça.

Mas é evidente que precisamos ter certeza de que não é um

manequim e que o médium adormecido tampouco é um manequim. Quando Crookes viu em sua casa Katie King ao lado de Florence Cook, dois seres vivos lá estavam.

Ainda como exemplo, quando seguro em minhas mãos as de Eusapia, e quando sinto que uma mão me acaricia o rosto, puxa meus cabelos, bate em meus ombros, eu estou certo de que não é a mão de Eusapia, pois não vou supor que Fr. Myers, sir Oliver Lodge ou J. Ochorowicz tenham-me feito essa brincadeira lamentável.

Mas eis o que me parece bem importante e é por isso que insistirei.

Se todas as condições que aqui indicamos não foram observadas, ***isso não é uma razão para não experimentar***. Apenas, será preciso, então, para cada caso especial, fazermos observações especiais e olharmos tudo de perto antes de chegarmos a uma conclusão.

Sobretudo, será preciso recomeçar, recomeçar e recomeçar ainda. Assistir a uma sessão, não significa nada; assistir a duas, é pouca coisa ainda. Para que minha certeza seja absoluta, só me contentarei com cinco ou seis sessões e mais ainda. Cada vez, aprendemos algo de novo, cada vez corrigimos um defeito das experiências precedentes. Certo, é demorado, penoso, difícil, fastidioso, mas a ciência não vive de observações únicas, ela tem necessidade de observações repetidas. ***Na primeira vez, nada vemos; na segunda vez, vemos mal; na terceira vez vemos passavelmente; na quarta vez, vemos bem.***

É evidente que, relativamente às telecinesias, a observação é mais simples. Não é necessário tomarmos tantas precauções para nos assegurarmos de que um objeto deslocou-se sem contato. Basta uma boa claridade (pois no escuro tudo é mais complicado). Então, em plena luz, se um movimento de objeto for nítido, ele basta a si mesmo. Não precisaremos voltar ao assunto, pois já demos exemplos suficientes disso.

Porém, para as materializações que, salvo exceções, só se produzem no escuro, é necessário que sejamos muito exigentes em relação aos controles.

Quais são, entre as inúmeras histórias que nos contaram, aquelas que devemos aceitar?

Façamos, antes de tudo, uma distinção que é fundamental entre os médiuns profissionais e os não profissionais, ou dizendo de outra forma, os médiuns que dão sessões pagas, às quais o público pode assistir, e os médiuns não remunerados.

1 – Em primeiro lugar, e muito evidentemente, sem que haja necessidade de insistir, as sessões pagas, nas quais o público é admitido, como em um espetáculo de teatro, pagando seu lugar, não devem contar a nenhum preço. Por mais surpreendente que seja o armário dos irmãos Davenport, é bem certo que esse armário não é diferente do caixão de metal, ou mesmo de vidro, no qual Robert Houdin coloca um indivíduo amarrado pelos assistentes. Cobre-se o caixão com um tapete e, após algumas palavras destinadas a deixar passar os dois ou três minutos necessários à finalização do truque, retira-se o tapete, ou abre-se o caixão: o indivíduo amarrado não está mais lá, e é encontrado perfeitamente livre de suas amarras em outro caixão, anteriormente vazio. É muito bonito como um divertido passe de mágica, assim como o armário dos irmãos Davenport, como as adivinhações de pensamento dos Zanzig, dos Lully e outros personagens, mas não é mais científico do que a dança das feiticeiras no balé *Fausto*.

Maskelyne e outros hábeis prestidigitadores esforçaram-se em mostrar no palco fenômenos ditos espíritas. É fácil para o operador e divertido para o público. Por meio de sistemas de espelhos, engenhosamente dispostos, o mágico faz aparecer fantasmas, que se precipitam sobre ele. Ele os traspassa com sua espada e só encontra o vazio. A ilusão dos espectadores é completa. Mas os cenários em nada se assemelham às nossas experiências. Entre quatro paredes de um pequeno quarto, devidamente explorado, um médium que foi despido e vestido com uma bata preta não pode nada fazer de semelhante.

O professor Grasset escreveu sobre o ocultismo um livro ricamente documentado.[5] Embora Grasset não creia absolutamente na metapsíquica objetiva ou subjetiva, faz um admirável esforço para ser imparcial, e sua imparcialidade é de um feliz contraste com o ceticismo dos cientistas oficiais que se recusam

5 *L'occultisme hier et aujourd'hui. Le merveilleux pré*scientifique. Montpellier, Contet, 1908.

até a examinar os fatos. Entretanto, a despeito de sua imparcialidade, Grasset é certamente injusto: ele omite as experiências de Gibier, de Home e de Florence Cook. Ele crê, com o comum dos mortais, que na Vila Carmen o cocheiro Aresky se introduzia no cômodo; declara que as experiências de Eusapia são quase sempre, senão sempre, fraudulentas; dá razão a Maskelyne contra o arcediago Colley, embora Maskelyne tenha perdido o processo diante dos tribunais. É verdade que o livro de Grasset (segunda edição) data de 1908, e que após seu lançamento, houve catorze anos de enormes progressos. As experiências atuais não se assemelham absolutamente às representações ilusórias. Ora, em alguns casos recentes, parece-me que não há lugar para a fraude.

2 – Os médiuns profissionais que dão sessões privadas, mediante remuneração, nos círculos mais ou menos acessíveis ao público, não merecem grande confiança. Mesmo se o círculo for muito fechado, composto apenas por pessoas distintas, é possível que essas pessoas sejam de uma credulidade infantil. Então, o médium pode permitir-se tudo. As pessoas acreditam nele e só são admitidas pessoas que acreditam nele. Nenhuma investigação é permitida, para não prejudicar a saúde do médium e o brilho dos fenômenos. Certo, todas essas sessões íntimas não podem ser consideradas nulas, mas representam muito pouca coisa, pois falta a demonstração precisa. No máximo, quando um médium remunerado, como a senhora Salmon com P. Gibier, dá uma série de sessões diante de um número reduzido de experimentadores, em um local que não é o *seu* local, submetendo-se a investigações rigorosas, podemos, com grandes reservas, chegar a uma conclusão.

Quando Miller chegou a Paris, ele não aceitou as condições que lhe impunham. O mesmo ocorreu com Bailey e com Anna Roth.

De minha parte, serei tentado a acreditar que os grandes médiuns profissionais possuem reais poderes mediúnicos, pois, realmente, se eles fossem desprovidos de qualquer poder, não teriam escolhido essa singular profissão. No mais das vezes, são pessoas do povo, homens ou mulheres, que mais ou menos acidentalmente descobriram em si mesmos certo poder estranho que, primeiramente, os surpreende, mas do qual, posteriormente, eles querem tirar proveito. Eles assumem, então, o ofício de médium. As irmãs Fox não hesitaram em fazê-lo desde o início de suas surpreendentes manifestações.

Portanto, seria muito errado negligenciarmos os médiuns profissionais, remunerados, pretextando que o ofício de médium é seu ganha-pão. É preciso viver. Seríamos muito injustos se censurássemos a um médium por não nos dar gratuitamente seu tempo e sua saúde. Ele tem direito não somente a atenções, como também a uma remuneração, e essa remuneração não é mais condenável do que do um médico que cuida de nós, ou do violinista que nos ensina música.

Os grandes médiuns profissionais são extremamente raros, mas os indivíduos dotados de algum poder mediúnico são bastante numerosos. São realizadas, em todo o país, sessões espíritas, totalmente privadas, e nas quais é até difícil sermos introduzidos. Nelas há um indivíduo, homem ou mulher, dotado de algum poder e que realiza, para um pequeno grupo de iniciados, sessões regulares.

Não sabemos ao certo qual é a quantidade desses círculos espíritas: eles existem, provavelmente, em muito maior quantidade que pensamos haver.

Os fenômenos são, por vezes, muito extraordinários. Mas a credulidade dos assistentes é tão ingênua que, na maioria das vezes, senão sempre, esses fenômenos, não sendo constatados com uma precisão suficiente, não têm valor para a ciência. São narrados aqui e ali inexata e imperfeitamente, sem os pormenores necessários. Estamos, pois, limitados para julgarmos e apreciarmos – com um rigor crítico que deve ser muito severo – os relatos incompletos que são publicados.

Se aceitarmos tudo, quantas ilusões! Quantas tolices! Se nada aceitarmos, não estamos sujeitos a deixar de lado fatos essenciais importantes, úteis ao progresso da metapsíquica?

Felizmente, quando um médium é muito poderoso, logo falarão dele, talvez contra a sua vontade e contra a vontade dos que o cercam. Uma mediunidade evidente, fascinante não permanece em segredo por muito tempo, e não tarda a ser divulgada. É então que compete aos experimentadores e aos cientistas de levar a pesquisa mais adiante. Se pudermos fazer, como Imoda, Schrenck-Notzing e a senhora Bisson; como Crookes e Varley; como o general Noël e a senhora Noël; como inúmeros observadores, tais como A. de Rochas, Lombroso, Finzi, Morselli, Foa, O. Lodge, Dariex, Maxwell, Schiaparelli, Ochorowicz, Botazzi que experimentaram com Eusapia; como Ochorowicz com S. Tomczyk, então nada melhor.

O que torna particularmente difícil a história das materializações experimentais é que, de todas as experiências, elas são as que mais solicitam a fraude e, ao mesmo tempo, as que são mais aptas à fraude. Diante da ideia que elas estão relacionadas a um fantasma, as pessoas crédulas perdem seu sangue frio, estão dispostas a tudo aceitar, e se indignam com as precauções que são tomadas para que não haja trapaça. Mas tanto pavor não convém à ciência. De minha parte, embora tendo visto inúmeros fenômenos de materializações, declaro nunca ter tido nenhum sentimento de terror, por menor que seja. Minha única preocupação (intensa, aliás, e angustiante, e que invade todo o meu pensamento) foi sempre não ser enganado. Eu não pensava em outra coisa. Assim, tenho um pouco de dificuldade em compreender a emoção dos assistentes quando eles são testemunhas de um belo fenômeno de materialização.

Já que o grande perigo dessas experiências é a fraude, precisamos tomar todas as precauções possíveis contra ela, cercarmos o médium de uma vigilância estreita, rigorosa, da qual nada nos desvie, revistarmos com um cuidado extremo todas as suas roupas, todos os objetos que estão ao seu alcance, não experimentarmos com médiuns pegos em flagrante delito de fraude, possuirmos máquinas fotográficas que possam a um momento dado indicar exatamente todas as condições nas quais a aparição se manifestou, repetirmos frequentemente a experiência, não nos cansarmos nos controles, termos sempre presente na mente a ideia dominadora, obsedante de que o médium faz esforço para nos enganar.

De fato, a única prova objetiva, decisiva, quando estamos absolutamente certos de que nenhuma pessoa estranha pôde introduzir-se na sala de sessões, é a de podermos ver, tocar, sobretudo fotografar simultaneamente o médium e a pretensa aparição. Raras, raríssimas são as experiências desse gênero. Portanto, seria desejável que algumas ainda fossem produzidas; mas, infelizmente, a materialização é um fenômeno excepcional que bem poucos médiuns são capazes de apresentar com bastante nitidez e intensidade para que possamos obter na mesma foto o médium e o seu fantasma.

Todavia, mesmo quando não é possível, por razões múltiplas, obtermos essa confirmação – (pela fotografia) – que dá a certeza, podemos, ao que parece, encontrar ainda excelentes provas, que excluem a dúvida.

E eu citarei entre outras, esta que me parece, após longas reflexões, absolutamente decisiva.

Na ilha Ribaud, com Eusapia, vigiada por sir Oliver Lodge, Fred. Myers e J. Ochorowicz, três observadores dos quais não poderemos contestar nem a lealdade nem a sagacidade, eu segurava fortemente com uma das mãos a mão de Eusapia e, com a outra mão, também bem fortemente, a outra mão dela. Então, senti uma terceira mão tocando-me o ombro, a cabeça, o rosto. A escuridão não era completa; havia na sala uma vela acesa.

E então, devemos eliminar várias hipóteses extraordinariamente absurdas. Primeiramente, a de que fui vítima de uma alucinação (não, pois o barulho do tapa que John King me dava no ombro foi ouvido por todos os assistentes); em segundo lugar, a de que Myers, Lodge ou Ochorowicz fizeram-me uma brincadeira de mau gosto batendo-me no ombro; e, finalmente, a de que eu havia soltado uma das mãos de Eusapia (não, pois meus amigos viam as mãos de Eusapia seguras separadamente nas minhas, e eu mantinha minhas mãos separadas uma da outra). Aliás, o mesmo fenômeno de materialização de mão, enquanto as duas mãos de Eusapia estavam seguras e seguras separadamente pela mesma pessoa, foi observado por Oliver Lodge, por Ochorowicz e por Myers.

Citarei mais adiante outros casos de materialização, também muito probantes; eu quis narrar esse, que me parece desafiar qualquer crítica.

As condições nas quais se produzem as materializações são interessantes para estudo.

Primeiramente, é a obscuridade. Por uma causa ou outra,

em plena luz, nada se forma, ou quase nada. Não é verdade para Home que produzia em plena luz materializações surpreendentes. Mas, geralmente, é necessário que haja a escuridão. Em certos casos, com uma lâmpada vermelha, como aquela empregada para a revelação de chapas fotográficas, podemos ainda obter materializações. Até mesmo quando os médiuns são muito poderosos, podemos tirar fotografias a magnésio; entretanto, em geral, a escuridão é tão indispensável que o médium tem necessidade, sobretudo para os esboços iniciais, de ser protegido por uma cortina. É somente atrás da cortina, mesmo quando o cômodo já está escuro, que os fenômenos podem ser preparados. Eis uma afirmação que vai fazer os céticos sorrirem. Entretanto, para dizer a verdade, que importa a escuridão? Será que a escuridão vai criar uma figura viva e produzir um véu branco?

Quanto às condições psicológicas necessárias, não poderíamos indicá-las, pois elas são fugazes, inconstantes, irregulares. Antes que a sessão comece, não podemos jamais saber se o médium está bem ou mal disposto. Mesmo operando nas mesmas condições que na véspera, quando os resultados foram excelentes, por vezes obteremos um resultado nulo.

Acrescentemos que um tempo considerável, por vezes bastante longo, é necessário para a produção dos fenômenos. Muitas vezes, é preciso esperar uma, duas ou três horas antes que haja uma manifestação qualquer. Por vezes, todavia, mas excepcionalmente, é em seguida, imediatamente após o fechamento das cortinas, que o fenômeno aparece.

O objeto materializado tem quase sempre uma forma de ser humano. Dizendo de outra maneira, é um fantasma que se forma. Algumas vezes, como com Eusapia, desse fantasma não há senão a mão; outras vezes, com Katie King e Marthe B., são indivíduos completos. Entretanto, embora a presença de um fantasma seja mais dramática que a de um coto que se esboça atrás de uma cortina, no fundo o fenômeno é idêntico. Uma mão articulada, quente, flexível, móvel, resistente, absolutamente e em todos os pontos idêntica a uma mão humana, não é mais extraordinária do que uma pessoa humana que olha, anda e fala. A dificuldade é a mesma. O abismo entre a ciência atual e a metapsíquica é tão grande quanto crermos que haja atrás da cortina a grande mão informe de John King ou, diante da cortina, Bien Boa saindo do assoalho.

E eu não perderei meu tempo a enumerar os absurdos, quase as impossibilidades psicofisiológicas desse fenômeno. Um ser vivo, uma matéria viva que se forma sob nossos olhos, que tem um calor próprio, uma circulação, certamente, uma combustão fisiológica (como eu constatei ao fazer respirar a forma de Bien Boa em um frasco contendo água de barita), uma espécie de personalidade psíquica, uma vez que ele tem sua vontade distinta da vontade do médium, em uma palavra, um novo ser humano aparecendo, é o cúmulo do maravilhoso!

E, entretanto, o fato existe. As críticas que lançaram contra as experiências de Crookes, contra as minhas e contra as de Stainton Moses são completamente inoperantes. Tudo o que possamos de mais sério contra essas experiências é que o fenômeno é tão raro que, se nesses casos excepcionais pensamos tê-lo constatado, é porque fomos vítima de uma ilusão.

Mas não creio que a objeção seja fundamentada. Crookes observou por muito tempo Katie King; durante vinte e cinco anos Eusapia, com uma admirável complacência, prestou-se a todas as investigações científicas, mesmo as mais absurdas. Há mais de trinta cientistas, cuja incredulidade era muito grande, que foram convencidos (após longas provas) de que havia fora do corpo de Eusapia formação de matérias com aparência de vida (o que descreverei mais adiante com o nome de *ectoplasmas*). Marthe Béraud, não menos complacente do que Eusapia, experimentou com o general Noël, G. Delanne e eu, em Alger, com Schrenck-Notzing, J. Maxwell, senhora Bisson, Geley, doutor Bourbon e ainda muitos outros. Home, sem nunca ter sido pego em flagrante delito de fraude, produziu, durante vinte anos, fenômenos extraordinários de materialização, constatados pelas mais ilustres personalidades.

É preciso, pois, admitirmos ou que os fenômenos são verdadeiros ou que são devidos a fraudes. Bem sei que os fenômenos são extraordinários e tão monstruosamente extraordinários que, a princípio, estamos tentados a concordar com a hipótese de uma enorme fraude, repetida, constante. Mas essa fraude é possível? Realmente, eu não creio. Quando penso nas precauções que todos nós tomamos, vinte, cem, mil vezes é inadmissível que todos nós nos tenhamos enganado vinte, cem, mil vezes.

É verdade que muitos pesquisadores dizem: "Eu não quero olhar, não quero estudar, pois sei, de antemão, que não é possível. Portanto, *a priori*, vós todos fostes enganados por impostores".

Ora, há aí duas proposições inadmissíveis. Primeiramente, não basta dizer: "Fostes enganados", é preciso dizer: "Eis como vós fostes enganados". Quando seguro as duas mão de Eusapia e uma terceira mão toca-me a testa, a cabeça e o ombro, como esse milagre pôde acontecer? Que me digam e talvez eu mude de opinião. Até que isso aconteça, sou inabalável.

Em segundo lugar, eles estão errados em dizer *a priori*: "É impossível!". Os conhecimentos dos insignificantes humanos são bem incertos, bem limitados para que a palavra impossível possa ser, um dia, pronunciada.

Eu digo: em certas condições excepcionais – e reconheço que essas condições são prodigiosamente excepcionais – forma-se uma espécie de mão viva que tem todas as propriedades de uma mão viva, e que parece pertencer a um ser análogo a um ser humano (!!). Esse dado *novo* não contradiz, absolutamente em nada, aquilo que a ciência nos ensina. É um fato estranho e desconcertante, mas não há nele nada de absurdo, é apenas inabitual.

Seguramente, é possível que com Crookes, A. de Rochas, Aksakoff, Myers, William James, Schiaparelli, Zöllner, Fechner, Oliver Lodge eu tenha me enganado e grosseiramente. É possível que todos nós tenhamos sido enganados. É possível que, um dia, alguma experiência inesperada justificará muito simplesmente nosso engano prolongado... Que seja! Mas até o momento em que alguém me explicar como todos nós fomos vítimas de uma prestigiosa ilusão, eu sustento que é preciso admitirmos a realidade das materializações.

No fundo, refletindo, o absurdo não parece tão grande quanto, de início, pudemos acreditar. Quando coloco a mão diante de um espelho, a imagem da minha mão é refletida: reflexão de luz. Diante de um termômetro, reflexão de calor. Diante de um galvanômetro, reflexão de eletricidade. É verdade que diante de uma balança, não há nada. Mas é desarrazoado supormos que essa projeção de luz, de calor e de eletricidade poderia ser acompanhada de uma projeção de força mecânica?

Definitivamente, é a apenas a isso que se conduz o problema. Se a mão, à distância, puder agir sobre uma balança, da mesma forma que ela age sobre um termômetro, um galvanômetro, um espelho, ela poderá produzir uma sensação de contato na pessoa próxima. A materialização é uma projeção mecânica. Ora, nós já temos projeção de luz, de calor, de eletricidade. Não estamos indo muito longe quando encaramos como possível, além das projeções de calor, de luz e de eletricidade, uma projeção de força mecânica. As memoráveis demonstrações de Einstein estabeleceram a que ponto a energia mecânica aproxima-se da energia luminosa.

É preciso possuir um espírito científico muito elevado para admitir que o inabitual tem direito de existir.

Foram citados muitos fatos curiosos sobre a gênese dessas materializações, pois não devemos supor que elas se produzam bruscamente (a não ser em certos casos raríssimos). É por uma progressiva concentração de matéria ao redor de um núcleo central que elas se formam; da mesma forma que os planetas se formam por concentração de uma nebulosa; da mesma forma que as células, por concentração de matérias protoplasmáticas.

É provável ou, antes, é certo que a gênese das materializações varia de acordo com o médium e de acordo com as condições que conhecemos mal. Tentarei fazer um esquema analítico, referindo-me às materializações produzidas pela senhorita Goligher, por Marthe Béraud e, sobretudo, por Eusapia, cujos processos, por diversas vezes, durante muito tempo, eu acompanhei.

É, inicialmente, uma massa confusa, mais ou menos informe, que até pode não ser visível, mas cujo contato podemos perceber, e que parece capaz de uma ação mecânica. Porém, não podemos nos impedir de supor que os movimentos da mesa são devidos a essa força mecânica, a essa mão semi-invisível que faz inflar as cortinas, cuja resistência nós sentimos, e que se obstina a permanecer no escuro. Quando a mesa se ergue totalmente, há sempre uma das pernas que permanece no escuro. São a essas formações difusas que denomino ectoplasmas, pois elas parecem sair do próprio corpo de Eusapia.[6]

Essa observação – pois é uma constatação e não uma hipótese – foi confirmada recentemente, em todos os pontos, pelos admiráveis trabalhos de Crawford.

Por vezes, vemos esses ectoplasmas se organizarem paulatinamente; eu vi um prolongamento quase retilíneo sair do corpo de Eusapia e, em sua extremidade, agir como uma mão viva. Da mesma forma, para a formação de Bien Boa, no início, os membros apareciam delgados, rígidos, como hastes estreitas; mas, pouco a pouco, eles se inflavam para adquirir a forma de membros mais ou menos espessos, semelhantes a membros normais.

Pude também, como Geley, Schrenck-Notzing e a senhora Bisson, ver os primeiros lineamentos das materializações que se formam. É uma espécie de geleia líquida, pastosa, que sai da boca ou do peito de Marthe, e se organiza pouco a pouco, adquirindo as formas de um rosto ou de um membro. Vi, em muito boas condições de visão, essa massa fluida espalhar-se sobre o meu joelho e, paulatinamente, organizar-se de modo a mostrar-me um rudimento do rádio, do cúbito, do metacarpo, cuja pressão eu sentia aumentar sobre o meu joelho.

Em geral, as materializações são progressivas e se iniciam por um esboço, ao passo que as formações completas de formas e de figura realmente humanas só acontecem posteriormente.

Na maioria das vezes, no início, essas formações são bastante imperfeitas. Por vezes, elas não têm relevo, parecendo ser, antes, imagens do que corpos, de modo que, involuntariamente, somos tentados a supor uma fraude, já que temos a materialização de uma imagem e não a materialização de um ser. Mas em certos casos a materialização é perfeita. Na Vila Carmen, vi, diante dos meus olhos, sair do assoalho uma forma bem organizada. De início, era apenas uma opacidade branca, como um lenço colocado no chão diante da cortina, depois, esse lenço assumiu, bem rapidamente, uma forma de cabeça de homem, ao nível do piso, e alguns instantes depois, essa cabeça elevava-se do chão, em linha reta, e tornava-se um homem, de baixa estatura, vestido com uma espécie de albornoz branco, que, clau-

6 Sir Oliver Lodge acaba de publicar, sobre isso, uma observação realizada há muito tempo, bem interessante (*Light*, 27 abril de 1921).

dicando, deu dois ou três passos diante da cortina, e então, de repente, caiu no chão e desapareceu como se lá houvesse um alçapão... Mas não havia alçapão.[7]

E agora, é preciso concluir, e, após ter indicado as condições necessárias a uma boa experiência, resolver formalmente a questão perturbadora e urgente:

Existe uma metapsíquica objetiva?[8]

Provas bem fortes podem ser invocadas para que se diga: "Não! Não existe metapsíquica objetiva, não são produzidos fenômenos físicos desconhecidos da física normal".

E seguem os argumentos que podemos imaginar para apoiar essa opinião:

1 – Quanto mais extraordinário é um fato –, já dizia Laplace –, mais rigorosa deve ser a demonstração. Ora, aqui os fenômenos extraordinários desaparecem à medida que as condições se tornam mais severas.

2 – Quanto mais as possibilidades de fraude aumentam

7 Faço questão, aqui, de dissipar uma lenda absurda: não fui, absolutamente, iludido, como pretenderam alguns jornaizinhos de Alger. Na memória em que relatei os fatos, eu havia feito ressalvas formais, expondo algumas das sérias objeções que eu fizera a mim mesmo. Mas não levaram em consideração minhas afirmações nem minhas objeções, de modo que as críticas que fiz a mim mesmo subsistem. Mesmo assim, elas não me parecem decisivas. Quanto às objeções que me apresentaram, elas não contam.
E concluirei, como concluíra meu ilustre mestre, sir William Crookes, que não tenho nada a retratar ao que eu disse em 1904 e que, bem ao contrário, as belas experiências feitas ulteriormente com a mesma Marthe, pela senhora Bisson, Schrenck-Notzing e Geley, dão uma evidente confirmação às nossas experiências na Vila Carmen.
Quanto a Eusapia, embora muitas vezes tenha sido suspeita de fraude, ninguém nunca pôde nada provar. Ao contrário. Depois que fizeram algumas experiências em Cambridge, que eram duvidosas, pedi a Fr. Myers que voltasse a vê-la. Ele foi a minha casa, e houve uma sessão memorável, na qual os fenômenos produzidos eram tão nítidos que solenemente adjurei a Myers a declarar que não havia ardil e que o movimento dos objetos à distância, sem contato, era autêntico e incontestável. Meus saudosos amigos, os professores Boirac e Flournoy, ambos cientistas experientes, assistiam a essa sessão, e ficaram completamente convencidos da existência de movimentos sem contato, ou seja, de materialização, já que, segundo toda probabilidade, os raps e os movimentos de objetos são devidos a um primeiro estágio das materializações ainda invisíveis.

8 Vide o notável estudo de Petrovo Solovovo, ***Les phénomènes physiques du spiritisme, quelques difficultés***, *P. S. P. R.*, 1911, 413-447, com uma resposta de O. Lodge, ***A priori arguments against physical phonomena***, Ibid., 447-454. Mas é permitido pensar que Petrovo Solovovo foi muitíssimo influenciado pela decepção que sentiu quando foi provado, em suas experiências com Sambor, que um dos seus amigos pessoais o enganara, o que é desagradável e raro. Na maioria dos casos, não há cúmplices.

(mãos livres, escuridão, ausência de exame), mais os fenômenos físicos se intensificam.

3 – Todos os médiuns enganaram (até, talvez, Home). Em todo caso, se todos não enganaram conscientemente, eles enganaram da mesma forma, em consequência de sua inconsciência durante o transe. Logo, todas as fraudes são sempre admissíveis.

4 – Os prestidigitadores, mesmo os de habilidade mediana, produzem fenômenos muito mais notáveis do que os médiuns mais poderosos. A menos que se sejamos muito versados em prestidigitação, não podemos adivinhar como um mero produtor de passes nos ilude completamente.

Nenhuma das experiências de escrita direta realizadas com os médiuns é válida, devido às múltiplas fraudes, muito fáceis, que são cotidianamente cometidas, e que enganaram grosseiramente muitas pessoas, mesmo desconfiadas.

5 – Não há observadores capazes de manter, durante duas ou três horas, uma faculdade de atenção e observação contínuas.

6 – É necessário eliminarmos todas as maravilhas atribuídas às irmãs Fox, à senhora d'Espérance, a Florence Cook, a Eglinton, a Slade, a Bailey, a Eldred, a Miller, a A. Roth, pois com eles as fraudes foram evidentes. Só restam, portanto, as experiências de Home, de Stainton Moses e de Eusapia. Ora, as experiências de Eusapia foram energicamente contestadas (em Cambridge e na América). Os fatos relatados sobre Home foram observados apenas por Crookes, e as alegações de Stainton Moses derivam unicamente dele e do senhor e senhora Speer, seus amigos íntimos, muito predispostos a seu favor.

Em última análise, nada resta. E, entretanto, tudo é tão estranho e improvável que múltiplas provas, superabundantes, seriam necessárias. Ora, à medida que o controle avança em severidade, o fenômeno avança em incerteza.

Conclusão – Em termos de metapsíquica objetiva, os improváveis fenômenos de telecinesia, de ectoplasmia, de aportes nunca ainda foram provados. Se alguma coisa foi demonstrada é que eles não existem.

Tais são as objeções que podemos fazer à metapsíquica objetiva. E me farão a justiça de reconhecerem que não tentei diminuir sua importância. Certo, semelhantes dúvidas atravessaram minha mente cem, mil vezes, e compreendo, ***melhor do que ninguém***, a força dessa argumentação. Todavia, decididamente, não a creio fundamentada, e estou convencido de que existem, realmente, fenômenos físico-metapsíquicos.

Eis minhas razões:

1 – Os fatos negativos nada podem estabelecer. Certos fatos positivos, caso sejam evidentes, acarretam a prova formal. Quando Crookes vê, em plena luz, um lápis levantar-se e escrever; quando Ochorowicz vê, em plena luz, uma cadeira aproximar-se dele; quando seguro as duas mãos de Eusapia e uma terceira mão acaricia-me o rosto, não há mais dúvida possível, e a demonstração é válida *per se.*

Cito apenas três fatos: existem centenas de outros fatos. Nós os leremos mais adiante.

2 – Os médiuns não são, salvo exceção, hábeis prestidigitadores. Movimentos de objetos e *raps* foram constatados em condições irrepreensíveis, tão numerosas e irrepreensíveis que Petrovo Solovovo, apesar de seu ceticismo, diz (p. 415): "um pesquisador verdadeiramente imparcial, não pode rejeitá-los". Ora, a partir do momento que não há telecinesia e *raps*, pode haver outros fenômenos físicos.

3 – Mesmo que houvesse apenas Home e Eusapia, a telecinesia deveria ser admitida. Possuímos, graças a esse dois médiuns admiráveis, tamanho conjunto de documentos, de provas, de experiências rigorosas, repetidas pelos mais diversos pesquisadores, que nenhuma dúvida prevalece. Myers, Feilding, Carrington, que inicialmente duvidaram desses fatos, aceitaram-nos a seguir após um exame atento. Não há, em toda a física e em toda a fisiologia, fenômeno que tenha sido submetido a um controle mais repetido e mais severo.

E há muitos outros fatos incontestáveis de telecinesia. Por exemplo, para rejeitarmos tudo o que escreveram o senhor e a senhora Speer, a respeito de Stainton Moses, precisamos supor que eles foram não somente iludidos, mas também impostores: e isso é absurdo.

4 – Há alucinações coletivas, registradas com tamanho cuidado, e tão numerosas e atestadas com tanta precisão por pessoas honestas, que não é possível rejeitá-las mais do que as

alucinações não coletivas. Ora, a partir do momento em que há uma alucinação coletiva, há uma objetivação.

5 – Os casos de materializações experimentais (ectoplasmias) foram com muita frequência, bem corretamente observados, para que possamos todos rejeitar.

A questão está mal colocada: as pessoas dizem "Cabe a vós provar que houve materialização". Eu responderei: "Cabe a vós provar que houve uma fraude". Não basta dizer: "A fraude é possível, logo houve uma fraude". É preciso comprovar que houve fraude, o que quase nunca é provado. O *onus probandi* está a vosso encargo.

6 – É absurdo, porque em tal ou qual experiência tal ou qual fenômeno físico é completamente incompreendido, dizer: "Todos os fenômenos físicos são falsos". Cícero já dissera, tomando o exemplo do ímã que atrai o ferro, sem que se possa compreender por qual mecanismo: ***Fiat, necne fiat id quaeritur... si rationem cur id fiat afferre nequeam, fieri omnino neges.***[9] Devemos negar um fenômeno por que não o compreendemos? Isso me parece contrário a qualquer bom método científico.

7 – Porque há na metapsíquica objetiva fenômenos duvidosos e falsos, não é uma razão para que sejam todos rejeitados. Pode haver telecinesia sem que haja ectoplasmia. Pode haver ectoplasmia sem que haja aportes. Não há nenhuma necessidade de considerar esses fenômenos como irrevogavelmente ligados entre si. A hesitação a respeito de um deles não acarreta de modo algum a infirmação do outro. Ora, as provas da telecinesia, no meu entender suficientes, e mesmo superabundantes, existem. Os fatos de ectoplasmia parecem demonstrados com o mesmo rigor (embora se trate de fenômenos mais dramáticos e mais extraordinários). Ao contrário, os aportes, as levitações, as bilocações são fenômenos bem duvidosos. A escrita direta (com as ardósias) é produzida quase sempre pelo hábil ardil de prestidigitadores. As fotografias de fantasmas e as modelagens

9 N. T. – A citação de Cícero é: *Cur fiat quidque, quaeris. Recte omnino; sed non nunc id agitur; fiat necne fiat, id quaeritur. Ut, si magnetem lapidem esse dicam qui ferrum ad se adliciat et attrahat, rationem cur id fiat, afferre nequeam, fieri omnino neges.* ("Vós me perguntais a razão dessas coisas; pois bem. Mas não é essa a questão. Elas existem ou não? Eis a verdadeira questão. É como se eu vos dissesse que o ímã é uma pedra magnética que atrai o ferro, e que, não podendo compreender esse fenômeno, vós vos considerasses autorizado a negar o fato".).

merecem ainda um estudo aprofundado.

Finalmente, na ciência metapsíquica, existem fenômenos físicos incontestáveis.

No momento atual, negá-los é passar ao lado de fenômenos fundamentalmente novos que abrem uma via fecunda ao futuro científico; é afundar-se na velha rotina na qual com tanta frequência se chafurdou uma ciência oficial cega.

E, então, uma conclusão definitiva pode ser tirada. Já que a prova de muitos dos fenômenos da metapsíquica objetiva (mas não de todos) não é suficiente, é preciso retomar *ab ovo* toda a experimentação. Façamos como o nosso grande Descartes, tábula rasa de tudo o que foi dito e escrito até aqui. A telecinesia e as ectoplasmias são certas; mas seu mecanismo é ainda prodigiosamente misterioso: em consequência, experimentemos, experimentemos ainda mais. Certamente seremos compensados por esse duro labor.

Um dos fenômenos mais característicos, aquele que, quando pode ser bem analisado por um observador que tenha guardado todo o seu sangue-frio, leva à convicção absoluta, é o da mão do fantasma que *funde* na mão (do observador) que a segura.[10]

Damiani, segurando as mãos de Eusapia, sentiu as mãos (fluídicas) de John se fundirem e se dissolverem.[11]

"Certa vez –, diz Crookes –, segurei uma das mãos de Katie na minha, bem decidido a não deixá-la escapar. Nenhuma tentativa, nenhum esforço foi feito para me fazer largá-la, mas pouco a pouco essa mão pareceu se transformar em vapor, e foi dessa forma que ela se liberou do meu aperto".[12]

Quanto a mim, infelizmente não pude constatar esse admirável e decisivo fenômeno. Com Marthe Béraud e com Eusapia, muitas vezes fiz esforços para obtê-lo. Sempre foi em vão. Mas isso não é uma razão para negar o fato, demonstrado por W. Crookes, Damiani e outros.

Morselli, experimentando com Eusapia, diz: "Se seguramos as mãos (fluídicas), sentimos a pele, o calor, os dedos móveis, e temos a impressão de mãos que se fundem".

10 Vide, sobre esse assunto, um capítulo interessante do livro de G. Delanne, *Les Mains fantomales qui fondent*, II, 695.
11 Delanne, *Apparitions matérialisées*, II, 163.
12 Delanne, *Ibid.* 167.

Venzano (também com Eusapia), diz que se trata de membros inteiramente análogos aos membros humanos, mas que desaparecem sob o aperto sem deixar vestígios.

F. Bottazzi, o sábio fisiologista cujo testemunho é o de um observador habituado às análises mais delicadas de todas as condições experimentais, diz que uma mão (de Eusapia) fundiu-se, dissolveu-se, materializou-se entre as suas. Um pouco mais tarde, outra mão, colocada sobre sua cabeça, desfez-se, desapareceu ao ser apertada por ele. Ainda com Eusapia, o senhor Barzini o eminente jornalista do *Corriere della Sera*, diz: "Suas mãos não escaparam, elas, por assim dizer, fundiram-se. Elas faltaram-me entre os dedos, como se estivessem murchando. Dir-se-ia que são mãos que amolecem e esvaem-se". O senhor Falcomer, observando um médium chamado Rostagno, segurou uma mão fluídica que murchou. Em uma experiência que Crookes fazia com Florence Cook, o senhor Tapp segurou o punho de Katie."Seu punho –, diz ele –, cedeu sob a pressão que fiz, como um fino pedaço de papelão ou de papel, e até mesmo meus dedos se tocaram através de seu braço que se transformava em fluido".

Em uma sessão relatada por A. de Rochas,[13] as pessoas formavam a corrente ao redor do médium F. Montorgueil, pegando uma mão que lhe esfregava o rosto com um pano, agarrou essa mão e pediu luz. A mão agarrada fundiu na de Montorgueil, e todos nós –, diz A. de Rochas –, acreditamos ter visto um rasto luminoso, que partia para voltar ao corpo de F. Se estivéssemos absolutamente certos da observação de Montorgueil, seria uma prova de primeira ordem.

Esses fenômenos são bem extraordinários, não apenas sob o ponto de vista da própria teoria das ectoplasmias, mas também porque eles fornecem uma prova irrefutável da realidade das ectoplasmias. Uma mão viva, que funde na mão que a segura, eis algo que nenhuma prestidigitação pode dar. Eu vi fundir, sob meus olhos, a forma de Bien Boa que se afundava no assoalho, mas uma sensação visual está longe de ter a precisão de uma sensação tátil.

Muitos outros observadores viram desmaterializações. A

13 *Les mains fluidiques, A. S. P.,* 1908, XVIII, 280.

mais célebre, a mais bem constatada, é ainda (e sempre) a de Katie King.

O senhor Oxley, experimentando com uma médium chamada senhora Firmin, teria visto a aparição de um fantasma materializado (Bettie) que pareceu se fundir. Primeiramente, os pés, depois, pouco a pouco o corpo e a cabeça desapareceram, deixando apenas uma pequena mancha branca que logo se desvaneceu.[14]

Em uma série de experiências dignas de nota, o doutor P. Gibier viu a forma de Lucie, que havia se constituído gradualmente diante de seus olhos, ruir aos seus pés como um castelo de cartas (foi exatamente assim que diante dos meus olhos Bien Boa desapareceu):

> Lucie desaparecia progressivamente, em dois segundos, no máximo, como ela havia chegado, mas dessa vez a cerca de 50 centímetros das cortinas, junto das quais eu permanecia de pé, e que continuaram imóveis... No momento em que o último ponto branco, vestígio daquela forma, ia se apagar sobre o tapete que cobria o assoalho, abaixei-me para colocar a mão sobre ele, mas não pude sentir nenhum vestígio: não havia mais nada.

É insensato supormos uma alucinação. Então, a única explicação possível, não metapsíquica, é que se tratava de uma imagem refletida por um espelho. Mas essa hipótese é absurda, pois a forma de Lucie respirava, falava: ela fazia até o leve véu que se formara, como uma nuvem, ao redor de sua forma, tocar os assistentes (P. Gibier e o doutor L.).

Os fantasmas que se materializaram desaparecem, pois, exatamente como os fantasmas unicamente subjetivos, que se manifestam no mais das vezes por monições de morte. Seriam eles constituídos por substâncias análogas? Se é que podemos aqui falar de substâncias para os elementos que desaparecem sem deixar traços materiais.

Mesmo assim, a diferença fundamental (não constante, aliás) entre as ectoplasmias acidentais e as ectoplasmias experimentais, é que nestas últimas, há verdadeira matéria que parece

14 Delanne, *loc. cit.*, II, 268.

formada, exercendo sobre as coisas uma ação mecânica, ao passo que nas ectoplasmias acidentais (monições de morte), parece que não há, ao menos na imensa maioria dos casos, senão uma imagem, um reflexo, ***uma sombra***, na acepção popular da palavra. Mas as materializações experimentais não são absolutamente sombras.

As pessoas já se perguntaram como pode haver materializações de roupas. Mas esse escrúpulo demonstra alguma ingenuidade, pois a materialização de uma mão não é nem mais fácil nem mais difícil de compreender que a da luva que a cobre.

Assim, a materialização não se dá somente com o corpo humano, mas também com objetos inanimados. Há a formação não somente de um corpo humano, mas ainda de roupas ou objetos diversos. Em geral, as roupas são véus, vestimentas (geralmente brancas), musselines leves que se produzem pela gradual transformação da nuvem esbranquiçada, mais ou menos luminescente, que marca o início da aparição. As belas experiências da senhora Bisson e de Schrenck-Notzing dão-nos preciosas informações sobre essa formação ectoplasmática: há uma espécie de embriogenia dos fantasmas.

Bem parece que essa materialização de roupas encerra um pouco a hipótese de um ser humano falecido que se materializa. Já é bastante improvável que houve reconstrução total de um corpo que é agora dissolvido pela putrefação ou desagregado pela incineração. Ainda, indo ao limite do aceitável, poderíamos levantar a insana hipótese de um *corpo astral* (!). Mas que as roupas, o chapéu, o ***lorgnon***, a bengala de um defunto tenham também um corpo astral (!), eis o cúmulo da loucura. Parece-me mais simples e mais razoável constatar sem compreender e reconhecer que qualquer explicação está condenada ao ridículo.

No lugar de pretendermos que forças desconhecidas, pertencendo à humanidade póstuma, são capazes dessas produções, é melhor reconhecermos que são fatos inexplicáveis aguardando uma explicação ulterior.[15] Mas, porque um fato é inexplicável, isso não é uma razão para negá-lo. Será que poderíamos ter

15 A humanidade, em seus primórdios, acreditava que os eclipses da lua eram devidos a um dragão que a devorava. Nossa concepção de seres sobrenaturais que produzem as materializações não é muito mais razoável.

a indesculpável presunção de dar uma explicação adequada a todos os fenômenos da natureza? A todo momento, em metapsíquica, deparamo-nos com o inexplicável. Mas não acontece o mesmo na física, na química, na fisiologia? Por que, então, desejarmos sempre apresentar uma teoria que de antemão está condenada ao absurdo? É preciso esperarmos que novos fatos, bem observados, nos permitam adotar alguma interpretação nova, provavelmente imprevista.

Relativamente à substância das materializações, encontramo-nos em uma terrível e dolorosa ignorância. Certos fatos, muito raros, aliás, para autorizar uma conclusão definitiva, permitem supor que essa substância das materializações, vaporosa, úmida, gelatinosa, pode sobreviver à materialização. Katie deu uma mecha dos seus cabelos a Crookes. Eu guardei os cabelos que Phygia permitiu-me cortar de sua cabeça, exatamente como Katie permitira a Crookes. A senhora d'Espérance deixou que os assistentes cortassem pedaços das vestes com que estava envolta.

Também bastante obscura é a questão dos *aportes.* Ou há a passagem da matéria através da matéria ou houve criação de matéria: e ambas as afirmações são quase igualmente extraordinárias.

Em relação à passagem da matéria através da matéria, a experiência mais impressionante é a de P. Gibier que, trancando a senhora Salmon em uma gaiola construída por ele, viu-a sair da gaiola. Poderíamos citar, ainda, diversas experiências do mesmo tipo relatadas nos jornais espíritas assim como no livro da senhora Frondoni Lacombe. Elas são bem duvidosas. Possíveis, certamente, mas não provadas até o presente, apesar dos relatos de Stainton Moses.

Mesma incerteza, maior ainda, talvez, em relação aos aportes. Não há, atualmente, nenhum aporte cuja realidade tenha sido comprovada. Ao contrário, na maioria das vezes, quando analisamos um pouco severamente o relato das experiências, verificamos que houve fraude, como com Bailey, como com Anna Roth.

Eu não nego os aportes. É preciso ser de uma temeridade indesculpável para negar qualquer coisa em metapsiquismo:

digo apenas que ainda não pudemos demonstrá-los.

A materialização das mãos é absolutamente certa, assim como a dos rostos e dos corpos, embora tenhamos visto com mais frequência mãos materializadas do que corpos inteiros. Mas quanto à passagem da matéria através da matéria e aos aportes, nenhuma prova satisfatória foi dada, e parece-me prudente reservar, hoje em dia, seu julgamento.

O que parece estar provado – e ficamos satisfeitos de ter, finalmente, um fato positivo em meio a tantas incertezas – é que, na maioria dos casos, os ectoplasmas saem do corpo do médium, o que justifica plenamente esse neologismo. As experiências da senhora Bisson e de Schrenck-Notzing comprovam esse fato importante. Expansões gelatinosas saem da boca e dos ombros de Marthe. Eu vi organizar-se, por assim dizer, o braço de Bien Boa. De início, era como uma haste rígida e delgada, coberta de panos. Mas pouco a pouco, sob os panos, a haste se espessava, tornava-se um braço estendido. Com Eusapia, o fenômeno da ectoplasmia simples foi também muito nítido. De seu corpo parecia sair um prolongamento, uma espécie de braço supranumerário. Certa vez, eu vi uma haste rígida e longa sair de seu flanco que, após ter-se alongado desmesuradamente, trazia uma mão em sua extremidade, uma mão viva, quente, articulada, absolutamente idêntica à mão humana.

Com os outros médiuns, as formações ectoplasmáticas ocorriam, provavelmente, quase da mesma maneira.

Russel Wallace,[16] experimentando com o doutor Monck, viu um leve vapor esbranquiçado aparecer do lado esquerdo do terno de Monck. A densidade aumentou. Era como se flocos brancos se agitassem no ar e se estendessem do assoalho até a altura de seus ombros. Depois, essa nuvem separou-se do corpo do médium, o suficiente para assumir a aparência de uma mulher vestida de drapeados brancos, flutuantes. Enfim, tudo voltou ao corpo do médium...

Com Eglinton, observado pelo senhor Mitchiner, um vapor branco saiu de seu flanco, envolveu seus pés, depois, pouco a pouco, formou-se em uma coluna que assumiu o aspecto de um corpo humano, um alto e belo homem, vestido de branco, com

16 Delanne, *loc. cit.*, 644.

uma negra barba. Durante todo esse tempo, Eglinton estava completamente visível. Uma espécie de cordão umbílico-astral o unia à forma nebulosa. No fim de algum tempo, estando Eglinton sentado, a forma pareceu fundir-se em seu corpo e se unir a ele na altura do peito. A. de Rochas viu, experimentando com a senhora d'Espérance, um vapor luminoso (algo como *uma via láctea*) sair de seu peito.

Não é necessário que o processo de materialização seja sempre o mesmo. Talvez existam diferentes graus de poder entre os médiuns. Com aqueles que são excepcionalmente fortes, como Home e Florence Cook, a formação é rápida, completa e, desde sua origem, o ectoplasma é independente do médium. Com médiuns, muito poderosos também, como Eglinton, a senhora d'Espérance, Marthe Béraud, a independência do ectoplasma não é obtida imediatamente, e o fantasma tem apenas uma existência muito passageira. Com Eusapia e Stainton Moses, as formas são muito mais vagas: é raro que possamos ver uma aparição independente, separada por muito tempo do médium e mantendo sua autonomia.

Provisoriamente, podemos admitir a seguinte progressão dos fenômenos de materialização, tal como eles se apresentaram com Eusapia. Com frequência e muito facilmente, são toques e *raps*; é o primeiro estágio, durante o qual não há aparentemente nada de visível, pois a força material que emana do corpo de Eusapia é informe. No segundo estágio, a mão já está formada, mas ainda não se deixa ver. Entretanto, essa mão pode executar ações mecânicas, bem nítidas, pegar uma sineta, um livro, tocar na cabeça com os dedos que são quentes e articulados. Finalmente, no terceiro estágio, ao qual muito raramente, segundo minhas próprias experiências, chega Eusapia, essa mão é visível e fotografável. Em um quarto estágio, mais raro ainda, há não apenas a mão, mas também um corpo inteiro que se *ectoplasmatizou.*[17] Vassallo, Porro, Morselli e Bottazzi puderam presenciar essas materializações completas.

Os fenômenos luminosos são relativamente frequentes. Certamente, eu não ignoro que eles se prestam à simulação, ao menos quando se apresentam em forma de fogos-fátuos que,

17 N. T. – O grifo é nosso.

como vaga-lumes, aparecem diante dos assistentes para fazer algumas piruetas e desaparecer. Sei que os fenômenos podem ser imitados com pequenas projeções fosforescentes, mas após a produção dessas luzes, nunca se pôde sentir o odor fosfórico, e, aliás, não é um embuste fácil quando as mãos do médium estão seguras, como no caso de Eusapia, e quando ela continua a falar, o que exclui a hipótese (que ousaram levantar) que ela tinha na boca pequenas partículas de fósforo (??). De fato, esse emprego do fósforo é impossível quando o médium foi revistado, despido, quando lhe seguram as mãos e quando ele não tem, como Eusapia na ilha Ribaud, nenhum fósforo à sua disposição. Repetidas vezes (mas não com muita frequência), Ochorowicz e eu vimos pequenos clarões verdes, semelhantes a olhos, de forma oblíqua, flutuar e oscilar no ar. Em Paris, em Milão, em Roma, em Montfort-l'Amaury outros observadores constataram o mesmo fenômeno.

Eu o constatei recentemente, em Varsóvia, com diversos médiuns e experimentando em condições irrepreensíveis.

Quase todos os grandes médiuns produziram fenômenos luminosos: Eglinton, a senhora d'Espérance, Florence Cook.

Eis como o senhor Livermore, experimentando com Kate Fox (aliás, bastante suspeita), descreve o fenômeno:[18]

> Uma luz esférica, oblonga, elevou-se do assoalho até nossas frontes e colocou-se na mesa diante de nós. A meu pedido, em certo momento, a luz tornou-se tão brilhante que ela iluminava toda uma parte do cômodo...

18 Aqui se produziu um fato muito singular de criptestesia que devo assinalar. Eu interrompera meu manuscrito na palavra fenômeno, na segunda-feira, 9 de fevereiro, às 16h30. Então, deixando o papel sobre minha mesa de trabalho, eu saí para fazer uma experiência com Stella, que nunca tinha vindo à minha casa. Ela sabia muito vagamente que eu me ocupava de um tratado de metapsíquica, mas, bem entendido, ela nunca lera uma linha do mesmo. Naquele dia, eu a interroguei por meio da prancheta para obter algumas informações sobre um testamento perdido (o resultado, aliás, foi completamente nulo). No lugar de obter uma resposta sobre esse testamento, obtive, imediatamente, a seguinte frase que, curiosamente, se aplica à frase que eu acabara de escrever em minha casa: "Helios eu faço por radiação".
Ainda que possa se tratar de uma coincidência (mas eu não creio em uma coincidência), é um fato interessante para ser anotado. Eu não estava com as mãos na mesa, e a palavra ***Helios*** surpreendeu-me extremamente. Stella não conhece o grego; entretanto ela sabia o que quer dizer ***Helios***.
A frase dita pela prancheta parece ser a sequência lógica da frase que eu interrompera no meu gabinete de trabalho, em meu manuscrito.

> Vimos perfeitamente a forma completa de uma mulher segurando a luz em sua mão estendida.

Livermore não disse se, naquele momento, Kate Fox estava visível.

Com Home, os fenômenos luminosos foram frequentemente observados. Ora era uma pequena bola luminosa flutuando no ar,[19] ora pequenos clarões fosforescentes, por vezes, um clarão mais vivo: ***a bright beam of Sunshine floading us with light, and a beautiful rainbow appeared in the heavens***;[20] por vezes luzes errantes, fosforescentes, tocavam o corpo dos assistentes e davam a sensação de contato com um corpo estranho. Em um caso notável, Lindsay e Charlie viram algo parecido com línguas de fogo saírem da cabeça de Home.

Com Stainton Moses, as luzes eram frequentes, por vezes muito intensas,[21] em forma de luzes refletidas (de que fonte?), colunas de fumaça, fosforescências ou luminosidade difusa, parecendo, ora cometas, ora estrelas, em suma, assumindo os mais diversos aspectos. Essas luzes foram constatadas por Stainton Moses, como também pelo senhor e senhora Speer. Ora, é impossível, como já dissemos, negar a boa-fé desses observadores, ainda que possamos, quando Stainton Moses estava sozinho, supô-lo capaz de alucinações visuais.

Hyslop constatou que Anna Burton[22] produzia luzes quando estava em transe. Essas luzes não poderiam ter aparecido a quatro pés de distância, mesmo que ela tivesse tido à sua disposição fósforos ou óleo fosforado. Aliás, ela fora cuidadosamente despida e vestida com roupas especiais antes da experimentação. Foi notado uma vez, entretanto, que a saliva da senhorita Burton estava fosforescente, o que diminui um pouco a autenticidade do fenômeno, ainda que seja bem difícil admitirmos, tendo em vista a extrema toxicidade do fósforo, que alguém possa guardar fósforos na boca. No entanto, mesmo se admitirmos

19 *Experiences on spiritualism by viscount Adare,* s. 1, n. d. (London, 1869), pp. 13, 38, 52, 60, 65, 76, 83, 88, 114, 124.
20 N. T. – Em tradução livre: "um feixe brilhante de raio de sol a inundar-nos com a luz, e um belo arco-íris apareceu nos céus".
21 Consultar, sobretudo, *The experiences of W. Stainton Moses, P. S. P. R.,* XI, 1895, 24-114.
22 *Amer. J. S. P. R.,* 1912, 190.

essa hipótese, não vemos bem como, tendo os pés e as mãos bem seguros, luzes com as características das luzes vistas poderiam ter se produzido.

E. Bozzano constatou[23] estreitos filamentos fluídicos, de cor esbranquiçada, que partiam de cada uma das falangetas de uma das mãos de Eusapia.

J. Ochorowicz[24] insistiu sobre os raios luminosos que desprendia a senhora Tomczyk, com a qual ele realizou belas experiências. Ele lembra que MacNab também obteve a mesma coisa. Com Eusapia, observamos muitas vezes fogos-fátuos, pequenas luzes verdes (que vi algumas vezes, mas raramente). É provável que essas luzes não sejam semelhantes à auréola luminosa, mais ou menos análoga à auréola luminosa dos santos, que emana do corpo de alguns médiuns. O comandante Darget estudou, por muito tempo, essa produção de claridades que ele tentou fotografar; porém, como bem o demonstrou G. de Fontenay, é possível que tivesse havido erros fotográficos. O mesmo é válido para as fotos de H. Baraduc.

Em todo caso, o estudo fotográfico das emissões luminosas vindas dos médiuns, seja em forma de nuvens, seja em forma de raios, ou em forma de uma vaga neblina, é muito incerto ainda para que possamos nos autorizar a emitir uma conclusão definitiva.

Parece-me, contudo, sobretudo após o belo trabalho de Ochorowicz, que há uma série de importantes pesquisas a serem empreendidas sobre o assunto. Mas existem duas condições difíceis e necessárias: primeiramente, um médium poderoso, já que foi provado que apenas os médiuns têm esse poder luminoso e, em segundo lugar, um experimentador que seja ao mesmo tempo um bom psicólogo e um fotógrafo experiente.[25]

---

23 *A. S. P.,* 1909, XIX, 82.

24 *Des phénomènes lumineux et la photographie de l'invisible, A. S. P.,* 1909, XIX.

25 Para que compreendamos a dificuldade extrema de uma boa experiência fotográfica, bastará lembrar as infrutíferas e laboriosas tentativas de G. Le Bon, fotógrafo muito hábil, com o que ele chamava luz negra. Da mesma forma, os raios N, embora estudados e descritos por físicos eminentes, não puderam ser demonstrados. Em tais assuntos, *experientia fallax, judicium difficile* [Experiência falaciosa, julgamento difícil – Hipócrates]. Não consideraremos, portanto, embora talvez elas sejam verídicas, as fotografias que recebeu A. de Rochas de um de seus parentes, pessoa muito sincera, M. de B. (*A. S. P.,* 1905, XV, 582). Estamos certos de que o cunhado de M. de B. não imaginou uma fotografia do gênero espírita, que é

Em certos casos, os ruídos, certamente objetivos, são de uma violência e de uma estranheza extraordinárias. Ao lado do reverendo Stainton Moses, que foi um médium muito poderoso e do qual todos os fenômenos foram devidamente constatados pela senhora Speer e pelo doutor Speer, sons intensos eram ouvidos. Os sons que Grocyn – era o pretenso guia de Stainton Moses – tirava de seu instrumento invisível eram tão sonoros, tão profundos, tão potentes que se poderia dizer que era um gigante que tocava um violoncelo monstruoso: por vezes eles aterrorizavam... Em certos momentos, os sons tinham tal grau de intensidade, que eles produziam o terror... Poder-se-ia dizer que era um contrabaixo colocado sobre um grande tambor de infantaria, formando um conjunto harmonioso, e tocado como um violão... Em certo momento, o doutor Speer disse: "Até o presente não havíamos ouvido o som dos instrumentos de sopro. Então, a seguir, ressoou um grande estrondo de clarim entre o senhor Moses e eu. Esse som foi repetido várias vezes... Certa noite, ouvimos o som repetido de sinos ressoando no jardim, em toda parte aonde íamos... No quarto, sem que lá houvesse instrumentos musicais, o carrilhão continuou com força até conseguir o efeito de um brilhante concerto de piano".[26]

Stainton Moses obteve outros fenômenos objetivos bem dignos de nota, que podem ser considerados genuínos, a menos que se suponha o enorme absurdo da má-fé de três pessoas eminentemente honradas, o doutor Speer, a senhora Speer e Stainton Moses, que, com a publicação desses relatos arriscaram-se a perseguições, a zombarias, a hostilidades e que apenas obtiveram como vantagens injúrias e calúnias.

Por vezes, perfumes transudavam da cabeça de Stainton Moses: quando mais os enxugavam, mais eles apareciam abundantes e odoríficos.

Escrita direta foi obtida. O doutor Speer, sozinho no aposento, tomou uma folha de papel para música, colocou-a em

---

tão fácil de fazer? Relativamente às fotografias adulteradas, consultar A. de Rochas, *Mes expériences avec M. de Iodko en 1896*, *A. S. P.*, 1908, VIII, 9-15; Darget, *Les photographies de la pensée et des effluves humaines*, *ibid.*, 1909, XIX, 20-26 ; Julia Rosenkrantz, *Un rébus photographique* (*A. S. P.*, 1909, XIX, 361-365) ; E. Morselli publicou a esse respeito, um artigo espirituoso e erudito, com divertidas fotografias (*Médiumnisme et prestidigitation*, *A. S. P.*, 1908, XVIII, 150.

26 Bozzano, *Pour la défense de Stainton Moses*, *A. S. P.*, 1905, XV, 76-129.

uma escrivaninha com um lápis, e retirou-se, fechando a porta à chave. Ele não perdeu a porta de vista; ninguém pôde entrar no cômodo. Porém, quando ele voltou, a folha estava coberta de escrita. "Esse exemplo de escrita direta –, disse ele –, é uma das mais satisfatórias provas que jamais obtivemos".

Houve, também, luzes, inicialmente fracas, mas que pouco a pouco se tornavam extremamente vivas, resplandecentes, semelhantes a tochas. A senhora Speer disse que um desses núcleos luminosos chegou à mesa, roçou a cabeça dos assistentes, bateu no teto, foi até a parte de cima da porta e, à medida que tocava um corpo qualquer, dava pancadas. Por vezes, via-se uma mão segurando a luz, mas completamente diferente da mão do senhor Moses. Certo dia, uma dessas luzes atravessou a mesa, elevando-se do assoalho, como se a mesa não lhe fosse um obstáculo. Em outro caso, uma dessas luzes permaneceu visível por meia hora.

O senhor Podmore, firmemente convencido de que não existem fenômenos objetivos e que não pode existir nenhum, tentou – sem nunca trazer a mínima sombra de prova – sustentar que o senhor Stainton Moses era doente, neuropata, histérico, enganando pelo prazer de enganar, movido por uma espécie de dissimulação meio mórbida, meio inconsciente. Mas essas insinuações contra a honestidade e a lealdade de Stainton Moses não se mantêm de pé. Fr. Myers lhe testemunhava uma grande admiração. O doutor Johnson, médico de Moses, constatou que este possuía uma forte capacidade intelectual, espírito metódico, ponderado, equilibrado, grande trabalhador. E depois, era também preciso incriminar o doutor Speer, a senhora Speer e as respeitáveis testemunhas que assistiram aos fenômenos, sempre muito íntimos, que se produziam ao redor de Stainton Moses.

Em suma, no geral, não podemos supor que esses fenômenos de luminosidade sejam explicáveis pela alucinação ou pela fraude.

A alucinação é uma dessas hipóteses ridículas, que não pode se sustentar nem em metapsíquica como tampouco em outras ciências. Nunca um observador é alucinado. Quando ele lê 38,55° no termômetro, é porque são 38,55°. Se ele vê uma luz, se ele ouve um barulho, se ele sente um odor, é porque há um fenômeno objetivo, que provoca uma luz, um barulho, um odor.

Quanto à fraude, ela é sempre possível; mas bolas fosforescentes (que não exalam odor de fósforo), luminosidades ao redor de uma cabeça, ou mãos luminosas, eis o que é impossível ser produzido por um médium quando ele foi cuidadosamente examinado e revistado.

E, no entanto, a luminosidade é um fenômeno tão estranho que é impossível não exigirmos ainda novas provas. São necessárias metódicas pesquisas. Esperemos conseguir médiuns que, como Home, Eusapia, Eglinton, Moses sejam capazes de produzir fenômenos luminosos, e tratemos de examinar mais severamente ainda as condições do que o fizeram nossos ilustres antecessores.

A produção de ruídos e vapores odorantes entra no grupo dos fenômenos físicos ligados à ectoplasmia. Foram ainda Home e Eusapia que deram mais exemplos, e se impõe a mesma necessidade de repetir, controlar por meio de novas experiências, verificar e intensificar os fatos obtidos por esses médiuns célebres e poderosos.

Teria sido importante obter a constatação desses fenômenos luminosos pela fotografia, mas os resultados até o momento são bem medíocres (salvo as experiências de Crookes, da senhora Bisson e de Schrenck, de Imoda e de Ochorowicz).

Podemos perceber a cruel imperfeição das antigas fotografias espíritas, ao estudarmos o livro que foi publicado pelo doutor Foveau de Courmelles, sob inspiração de um excelente homem, o senhor Emmanuel Vauchez.[27] Apesar de toda a minha boa vontade, é-me impossível considerar autênticas a maior parte dessas figuras. Assim, é preciso que sejamos terrivelmente ingênuos para aceitarmos as fotografias do doutor Th. Haumann, de Washington. Em quase todas as fotografias que consistem em mostrar duplos sobre a chapa, trata-se ou de um erro fotográfico ou de um truque, um truque bem fácil. A dupla exposição que os menos astuciosos fotógrafos podem produzir dá a perfeita ilusão de um fantasma ou de uma figura materializada.

Todas as outras são fotografias nas quais é fotografado um fenômeno que foi visto pelos assistentes. A menos que não te-

27 *La Photographie transcendentale,* 1 vol., 8°, Paris, *Libr. nationale.*

nha havido fraude grosseira, como no caso de Ofélia Corralés, na Costa Rica, as fotografias têm a grande vantagem de fixar o fenômeno observado e de precisar alguns detalhes que a observação visual, por vezes muito rápida, não pôde captar. Entretanto, em certos casos, a observação simples, metódica, prolongada, conscienciosa, tem quase tanto valor que uma fotografia. A espera de um clarão de magnésio muitas vezes bloqueia o desenvolvimento dos fenômenos e não podemos, então, como pude fazer com Marthe, acompanhar todos os pormenores da evolução de uma materialização.

Mas relativamente aos duplos, eflúvios, fotografias póstumas, fantasmas invisíveis aos assistentes e visíveis apenas pela imagem fotográfica, não creio que nenhuma coisa que os comprovem tenha sido fornecida. De fato, o que o olho não vê, a chapa fotográfica registra bem raramente. Toda a questão dos eflúvios humanos, das fotografias do pensamento (como o comandante Darget acreditou ter mostrado) deve ser examinada de cabo a cabo. É necessário, apesar do que pretende o senhor Conan Doyle, dizer que, apesar das múltiplas tentativas, não há absolutamente nada de sério.[28]

As provas fotográficas estão sempre sujeitas à caução, quando não conhecemos exatamente as condições em que a fotografia foi tirada. O senhor Arthur Hill[29] relata, segundo *Occult Review* de março de 1910, um caso extraordinário. E, no entanto, com alguma razão, ele levanta dúvidas. Um fotógrafo de S. (Lincolnshire), chamado Binns, que não era absolutamente espírita, e não aspirava a nada de semelhante, ao revelar a fotografia de um de seus clientes, um fazendeiro chamado Warren, viu uma forma superposta que correspondia exatamente a certo Ground, primo do senhor Warren, cuja existência o senhor Binns ignorava, e que, a 25 quilômetros dali, morria em um hospital. A chapa fotográfica fora retirada de um pacote novo. Nunca o senhor Ground foi fotografado, a não ser outrora, na infância. Enfim, tudo parece provar que se trata de um fenômeno autêntico. Mas temos o direito de concluir sem termos novas provas?

28 Para julgar a dificuldade extrema das fotografias transcendentais, deve-se ler com proveito, o livro de G. de Fontenay, *La photographie et l'étude des phénomènes psychiques*. Paris, Gauthier Villars, in-12º, 1912.
29 *New evidence in Psychical Research,* 1911, II.

Após um estudo aprofundado, um verdadeiro modelo de discussão metódica, o senhor Walter Fr. Prince concluiu que, nas inúmeras fotografias, pretensamente espíritas representando o senhor Bocock houve fraude: e, bem justamente, ele acrescenta que ainda não houve, para representar uma cabeça ou uma pessoa, fotografia espírita totalmente satisfatória.

É difícil contestar essa asserção,[30] mas é evidente que ela só se aplica aos casos em que as cabeças e as formas não estão visíveis aos assistentes, pois, então, a crítica não deve recair sobre a própria fotografia, mas sobre as condições de experimentação (controle do médium).

Na sequência das ectoplasmias, é preciso situar certos fatos singulares que dificilmente se enquadram no contexto das ectoplasmias comuns.

São, em primeiro lugar, e talvez mais do que todas as outras constatações, as que foram feitas com Home.

As mais surpreendentes experiências de Home, anteriores às suas experiências com Crookes, foram descritas em um livro extremamente raro, com uma tiragem de apenas 50 exemplares, e do qual devo o conhecimento a J. Maxwell.[31]

Trata-se de experiências particulares que o visconde Adare pôde realizar em sua casa com Home, de 1867 a 1868. O visconde Adare não destinou à publicidade esses relatórios que eram cartas endereçadas ao seu pai. "Omiti –, diz o visconde Adare em sua introdução –, mencionar todas as precauções que tomei contra as trapaças, as colusões e outras operações fraudulentas, pois estava convencido de que as precauções eram inúteis; e tive que constatar invariavelmente que os fenômenos não podiam ser produzidos senão por uma inteligência invisível, mas ativa e provida de raciocínio".

Essa ausência de indicações das precauções tomadas contra uma fraude, consciente ou inconsciente, de Home, não deixa de perturbar um pouco. Todavia, como os pormenores foram bem cuidadosamente anotados pelo visconde de Adare, podemos reconstituir essas admiráveis sessões, supondo que fraudes

30 *P.Amer. S. P.R.*, março 1920, 585.

31 *Experiences in spiritualism with M. D. D. Home, by viscount Adare, with introductory remarks by the Earl of Duranven* (s. l. n. d.). London, Thomas Scott, 1869 (?).

difíceis, quase impossíveis, não foram praticadas, e admitirmos que, a não ser que estivessem terrivelmente cegos pela credulidade, o visconde Adare, lorde Duravem, o senhor Jencken, o major Blackburn e os outros respeitáveis e instruídos assistentes, não tivessem sido capazes, em dois anos, de descobrirem fraudes enormes. Sobretudo, é preciso pensarmos que, quando Crookes tomou com Homes precauções múltiplas e rigorosas, quase os mesmos fenômenos se produziram.

Se quiséssemos nos limitar estritamente à organização desse livro, tratado de metapsíquica, precisaríamos indicar em capítulos separados os movimentos de objetos (telecinesia), os *raps,* as levitações e os outros fenômenos singulares, relatados pelo visconde Adare. Mas talvez seja melhor, sob o risco de alterar por um momento a ordem lógica das coisas, citarmos aqui sumariamente todos os principais fatos relatados nos extraordinários relatórios do visconde Adare.

Os movimentos de objetos sem contato foram frequentes. Um acordeão, do qual Home segurava apenas uma parte, tocou uma melodia extremamente bela. Havia luz. Ouvia-se, ao mesmo tempo, *raps* em todo o cômodo (p. 2-4).

Em uma sala completamente escura (p. 13), Home sentou-se ao piano, e o piano ergueu-se do chão, a uma altura de cerca de 3 centímetros, depois 25 centímetros, aproximadamente. Naquele dia, Home *alongou-se* (??): não houve erro possível –, disse o visconde Adare. Sua altura é 1,73 m e ele alongou-se até chegar a 1,97 m.

A mesa elevou-se no ar muitas vezes (17 vezes), como testemunha o índice dos principais fenômenos, situado no início da obra (XXIV-XXV). Certa vez, ela elevou-se a 0,45 cm de altura e permaneceu assim por algum tempo (p. 109). Na excelente experiência de 12 de março de 1869, uma mesa de quatro pernas, colocada a 0,55 cm da cadeira em que Home estava sentado, elevou-se no ar, sem que ninguém a tocasse, e pousou suavemente, sem hesitação, sobre outra mesa na qual se encontravam vários objetos que não foram tocados por nenhuma perna da mesa. Durante todo esse tempo, ouviam-se barulhos estranhos, como vozes e, simultaneamente, a mesa era animada por vibrações muito fortes. Em 29 de março, com iluminação, a mesa levantou-se, oscilando, e elevou-se no ar até atingir 60 centímetros e, depois, permaneceu no ar por alguns segundos, elevou-se até atingir, no mínimo, 1,52 m, descendo, a seguir, com um ruído vibratório como o de um trem.

Fenômenos de levitação foram frequentes: mais frequentes ainda os *alongamentos*, fatos singulares, prestando-se, aliás, facilmente ao erro, e a respeito do qual não temos *nenhuma analogia a apresentar.*

Home estava contra a parede, o senhor Adare na sua frente. Conta Adare:

> Então, os braços de Home pareceram alongar-se e seu peito dilatar-se. Home me disse: "Adare, está vendo, a extensão vem do peito". Colocou-se ainda contra a parede e estendeu seus braços no seu comprimento natural. Fiz sobre a parede uma marca a lápis, para indicar a extremidade de seus dedos. Então, ele alongou seu braço esquerdo e eu fiz uma nova marca para indicar a extremidade de seus dedos. Alongou, em seguida, seu braço direito, e novamente fiz marcas. O alongamento total, constatado dessa maneira, foi de 24 centímetros (9,5 polegadas).

Sinceramente falando, essa experiência está longe de ser tão concludente quanto parece à primeira vista, pois a extensão do braço à vontade é bastante variável, de modo que o alongamento de Home está longe de ser um fenômeno autêntico e, a meu ver, é mais prudente não falarmos mais disso.

As aparições de mãos, os toques, as luminosidades ao redor da cabeça apresentaram-se frequentemente.

Mencionarei somente com alguns pormenores, segundo os relatos do senhor Adare, uma levitação e a experiência do fogo (abreviarei um pouco).

Em 16 de dezembro, em Buckingham Gate (p. 82), em presença do visconde Adare, do capitão Charlie Wynne e de Master of Lindsay, Home alongou-se e elevou-se no ar. Então, ele disse: "Não tenham medo e a nenhum preço abandonem seus lugares". Então, Lindsay disse: "É horrível. Ele passou pela janela para o outro cômodo e voltou pela janela". Então ouvimos –, disse o visconde Adare –, Home que estava no cômodo vizinho; ele voltou pela janela, sentou-se e começou a rir. "Eu rio porque se um policial me tivesse visto, ele teria ficado surpreso de ver um homem passar pela janela, passear no ar ao longo da parede. Adare –, acrescentou ele – venha comigo". Passamos para o cômodo vizinho, abri a janela e então ele se precipitou pela mesma, a cabeça na frente, horizontal e rígida (***his body being nearly horizontal and apparently rigid***). Depois, ele voltou e fomos para o cômodo contíguo (os cômodos estavam no terceiro andar).

Viram, a seguir, outros fatos estranhos, como a forma de um pássaro que piava e voava no aposento, línguas e jatos de fogo que saíam da cabeça de Home, depois uma espécie de sopro de vento extremamente violento, e ruídos indefiníveis (***the most weird thing I ever heard***).[32]

O ***fire test*** [prova do fogo] talvez seja mais surpreendente ainda. Em Norwood, na casa da senhora Hennings (p. 68), Home, primeiramente, deu ao senhor Adare o poder de levantar um livro, mantendo a mão aberta sobre o livro. Em certo momento, havia uma distância de mais de 6 centímetros entre a mão do senhor Adare e o livro. Depois, ele foi até a lareira, pegou um carvão incandescente, duas vezes maior que uma laranja, colocou-o sobre sua mão e assim caminhou pelo aposento, mostrando-o: ele fez cheirarem suas mãos, que, em vez de ter um cheiro de queimado, estavam perfumadas; ele recolocou o carvão no fogo e, ajoelhando-se, colocou o rosto sobre o carvão incandescente (***placed his face among the burning coals, moving it about as though bathing it in water***)!![33] A seguir, manteve suas mãos algum tempo acima da chama de uma vela. Pegou novamente o carvão em brasa e assoprou-o para atiçá-lo. "Ele me perguntou se eu queria tocar nesse carvão: eu o toquei, coloquei-o entre minhas duas mãos, e, a seguir, ele colocou suas mãos em cima, e seguramos o carvão em brasa encerrado entre nossas quatro mãos; mal senti um pouco de calor".

Essa mesma terrível experiência foi repetida no dia 03 de

---

32 N. T. – *A coisa mais estranha que já ouvi.*

33 N. T. – *Colocou seu rosto sobre as brasas, movendo-o como se o estivesse banhando na água.*

abril em Astley Hose (p. 147). Essa sessão foi extraordinária: ela foi corroborada pelo testemunho do senhor S. C. Hall. Um carvão em brasa foi colocado na cabeça do senhor Hall. Ele dispôs os cabelos brancos do senhor Hall ao redor do carvão e deixou os cabelos (que não queimavam) em contato com o carvão durante quatro a cinco minutos, aproximadamente (p. 178): um instante depois, esse carvão, que não queimara os cabelos do senhor Hall, estava tão quente que não dava para dele aproximarmos o rosto.

Que esses fatos inauditos sejam verdadeiros, devemos duvidar até que novas provas tenham sido dadas. Mas já houve em metapsíquica tantas negações ilegítimas que devemos fazer restrições em negá-las.

Essa experiência não é nada comparável ao célebre teste do fogo que certos faquires[34] expõem à admiração pública, pois falta qualquer constatação, e não sabemos bem em quais condições precisas esse teste ocorreu. Quem sabe, talvez após uma marcha rápida, se a transpiração for abundante, podemos escapar de uma queimadura (??).

Em todo caso, para Home, se o relatório de lorde Adare (corroborado pelos testemunhos da senhora Hennings, do senhor e da senhora Jencken, do senhor Saal, do senhor Hart) for exato, não vemos explicações naturais plausíveis.

Está fora de dúvida que com os médiuns poderosos, observamos fenômenos singulares, quase únicos, que dificilmente podem ser classificados no âmbito das descrições habituais.

Eis um exemplo que Eusapia me apresentou, fenômeno para o qual não encontrei nenhum análogo.

Em uma sessão realizada em Paris, na casa de C. Flammarion, a mão direita de Eusapia era segurada por mim e a esquerda por Flammarion. Por diversas vezes, com minha mão direita, eu percebia por trás da cortina a mão forte e resistente de John. Então, disse a Eusapia: "Vou picar esta mão para saber se é realmente uma mão viva". Estávamos à meia-luz. Passaram-me um alfinete e logo, segurando o mesmo com a mão direita, eu piquei a mão de John através da cortina. Então, de súbito, senti

34 Ou os Aissawas. Vide J. Davane, *Les Aissaouas charmeurs de serpent*. Paris, Dentu, 1862, 2ª ed., e Davyl, Paris, 1882.

no meu ombro esquerdo, atravessando minhas roupas, uma espécie de alfinete afundando e atingindo minha pele, picando-a realmente, sem me causar muita dor, mas, no entanto, com força suficiente para que eu fosse obrigado a parar: tive que cessar de picar através da cortina a mão fluídica, hipotética, de John. A picada que eu sentia no ombro não era, absolutamente, uma hipótese.

Evidentemente, devemos abster-nos de qualquer tentativa de explicação.

Como outro fenômeno estranho e, até o presente, único, citarei o caso daquela carta que anunciava um acontecimento grave e que, colocada sobre a lareira, dava pancadas, bastante fortes para chamar a atenção.

Aliás, para a constatação desses fenômenos, únicos e isolados, nada é mais útil do que conhecer minuciosamente a vida desses ou daqueles médiuns poderosos. As hagiografias, certamente, não são sempre erros, ilusões ou imposturas. Mas a distinção do falso e do verdadeiro é impossível. Seria uma loucura aceitarmos sem discussão os fatos contados nas *vidas dos santos*: mas talvez fosse imprudente negarmos todos eles. Quando há fenômenos raros, únicos ou quase únicos, como a constatação é sempre mais ou menos falha, é melhor esperarmos antes de emitirmos uma opinião firme. Mais do que qualquer outra ciência, a metapsíquica nos reserva muitas surpresas.

Em suma, é preciso concluir, não segundo os fatos excepcionais, mas segundo os fatos de alguma forma comuns, que a metapsíquica nos dá sobre as ectoplasmias.

Telecinesias ou ectoplasmias são variações do mesmo fenômeno, ou seja, a objetivação, a projeção de uma força mecânica (que é inteligente) fora do organismo. Essa força mecânica é ora invisível, como quando um acordeão move-se sem, aparentemente, estar sendo tocado, ora visível, como quando essa força assume a aparência de uma mão animada de movimentos. Mas tanto em um caso como no outro, é sempre, de acordo com a excelente expressão de A. de Rochas, a exteriorização da motricidade.

Ora, o fato de haver fora do organismo a projeção de forças inteligentes que agem mecanicamente, movendo objetos e produzindo sons, é um fenômeno tão certo hoje em dia quanto os fenômenos da física já bem reconhecidos. A única diferença entre a telecinesia (traduzindo-se por movimentos e *raps*) e as ações mecânicas comuns, banais, é que a telecinesia é um fenômeno excepcional, só podendo ser produzida por um pequeno número de indivíduos – uma ínfima, muito ínfima minoria – e mesmo assim, só se manifestando em casos excepcionais e dificilmente.

Mesmo assim, a certeza da existência da telecinesia é absoluta, como pôde ser grandemente provado pelas observações feitas com Home, Eusapia, Stainton Moses, a senhorita Goligher. E, com toda certeza, é cruel para a ciência constatar que existem fenômenos excepcionais. Mas como: o ímã atrai o ferro! É um fenômeno excepcional, porém, ninguém pensa em negá-lo.

A materialização de uma mão, de um corpo com aparência de vida, de um rosto, de um fantasma é um fato tão certo quanto a telecinesia; e, então, temos ainda mais dificuldade em compreender, pois bem parece que essa mão, essa cabeça, esse corpo têm todos os atributos da vida. As formas materializadas são inteligentes; elas têm, ao menos aparentemente, uma personalidade. A mão é quente, viva, os olhos olham e rolam nas órbitas, a voz fala, a respiração emana ácido carbônico, as pernas se movem, as mãos pegam objetos.

Pudemos ver essas formas que parecem vivas nascerem; elas se formam como vindas de uma nuvem, consolidam-se pela mesma via, assim como uma nebulosa se concretiza em um astro. Ao mesmo tempo em que a forma viva, roupas, véus, ***acessórios*** que, aliás, na maioria das vezes, têm apenas uma existência transitória, nascem também, e se esvaem tão nebulosamente quanto nasceram, ***ceu fumus in auras***.[35]

Já estamos indo muito longe ao afirmarmos tudo isso. Podemos ir mais longe ainda? Algum dia, alguém o fará, certamente, mas hoje, seria imprudente irmos além. Tenhamos algum medo do Além.

Em consequência da facilidade e da frequência da fraude, as fotografias, as escritas diretas, os aportes, as produções de sons musicais e de luz, não puderam ser estabelecidos. Tendo

35 N. T. – Em tradução aproximada: *passaram como fumaça no ar.*

em vista a estranheza da metapsíquica, esses fenômenos, reconheço, são possíveis e até, em grande parte, admissíveis. Nunca se teria pensado em simulá-los se, às vezes, eles não tivessem realmente se apresentado. Não hesito em acreditar que eles são bem prováveis: mas eles não estão provados. Devemos parar por aqui, pois já entramos no domínio da ciência estrita, no limite do mistério e só podemos garantir as telecinesias e as materializações.

Falando da lucidez, nós dissemos que as experiências de lucidez eram por si só insuficientes para provar cientificamente a sobrevivência, pois o conhecimento das coisas inabordáveis aos nossos sentidos é uma hipótese mais simples do que a sobrevivência de um morto. Examinemos, agora, se as materializações nos forneceriam essa prova de sobrevivência que apenas a lucidez não pode dar.

E, em primeiríssimo lugar, declaramos que a afirmação de o fantasma ser esse ou aquele personagem não significa grande coisa, ou antes, não significa nada. Quando o fantasma de Bien Boa aparece, dizendo que é um príncipe indiano, ainda que a realidade objetiva desse fantasma, nas condições em que ele aparece, seja bem certa, nada prova que é a consciência desse príncipe indiano falecido que, lembrando-se do seu passado, veio animar esse fantasma. Helen Smith diz que é Maria Antonieta, mas não é o suficiente para me fazer crer que Maria Antonieta volta à Terra e fala pela laringe de Helen Smith. A afirmação do fantasma Bien Boa tem o mesmo valor, assim como a de John King por Eusapia.

Até o presente, as ideias, as palavras, os gestos das formas materializadas não nos permitem dizer que sua personalidade difere da personalidade do médium, como tampouco as personalidades provocadas pela sugestão em Alice hipnotizada não diferem da personalidade de Alice. Assim, é bem imprudente ousarmos dizer que são as consciências de Bien Boa, de Maria Antonieta ou de John King que voltaram.

Infelizmente para a doutrina espírita, a prova é impossível de ser dada; ou, ao menos, até o momento, ela não foi dada. O caso de Georges Pelham, no qual entretanto, não havia qualquer materialização, é imensamente mais probante do ponto de vista da sobrevivência, do que todas as materializações conhecidas até agora. Nem mesmo vejo como a prova decisiva poderia ser dada. Mesmo se – o que não é o caso – pudéssemos fotografar um fantasma, cuja forma seria idêntica à de um indivíduo falecido, eu não compreenderia como esse indivíduo morto há duzentos anos, e cujo corpo está reduzido ao estado de esqueleto, poderia reviver, com seu corpo desaparecido, mais do que com qualquer outra forma material.

Em suma, as materializações, por mais perfeitas que sejam, são incapazes de provar a sobrevivência: a prova que elas parecem dar por vezes é muito menos impressionante do que a prova dada pela metapsíquica subjetiva.

Não devemos nos assustar quando nos falam da materialização completa de um fantasma. No fundo, quer se trate de uma mão ou de uma pessoa inteira, o problema é o mesmo: é tão difícil compreendermos a materialização de uma mão viva, quente, articulada, móvel, ou mesmo de um simples dedo, quanto compreendermos a materialização de uma pessoa completa que vai e vem, anda, fala, agita os véus que a envolvem. É exatamente a mesma improbabilidade.

Esses personagens que se movem têm uma existência psicológica pessoal?

Se tivéssemos apenas as materializações experimentais para responder a essa questão, estaríamos tentados a dizer não, pois as personalidades desses fantasmas que aparecem ao longo de uma experiência não parecem ser mais conscientes de si mesmas do que as personalidades que se manifestam pela escrita automática, e parecem depender mais ou menos da fantasia, consciente ou inconsciente, do médium.

Mas não podemos isolar as materializações experimentais das materializações acidentais. Há as casas assombradas, nas quais uma forma aparece, que parece ser independente da vontade ou da fantasia das pessoas presentes. Há as monições, que não são unicamente subjetivas, já que são percebidas por várias pessoas (monições coletivas), de modo que a existência de entes independentes dos seres humanos, se não pode ser provada, tampouco pode ser negada.

Por certo, é penoso termos sempre a incerteza como última

conclusão. Mas felizmente, só há incerteza para a teoria, pois o próprio fato, ou seja, a materialização (com a telecinesia), não pode ser contestado.

Em todo caso, nós podemos, graças às experiências de Crawford, de Ochorowicz, da senhora Bisson e de Schrenck-Notzing formar alguma ideia sobre a gênese desses fenômenos, esboçar uma espécie de embriogênese das materializações. É possível que essa embriogênese não seja idêntica em todos os casos, mas, em alguns casos observados com precisão, e ilustrados pela fotografia, uma espécie de massa gelatinosa, nebulosa, emana do corpo do médium, e paulatinamente se transforma em uma forma viva, móvel. A nuvem ectoplasmática tornar-se-á substância viva, ao mesmo tempo em que, ao seu redor, organizam-se véus que servem para cobri-la e para esconder da vista dos presentes o mecanismo de sua condensação em tecido vivo.

O senhor P. Lecour comparou os fenômenos de materialização com as formações das nebulosas.[36] Há, primeiramente, uma espécie de condensação da matéria cósmica, que se aglomera em massas mais ou menos compactas, ou em espirais, por vezes em anéis, depois em massas compactas que se tornam sóis ou, se são arrastadas ao redor de um centro, planetas de uma nebulosa cuja massa é maior. No que se refere às formações ectoplasmáticas, há uma grande analogia com essa condensação de nebulosas, e o senhor Lecour reproduz as imagens fotográficas obtidas tanto por Ochorowicz quanto por Aksakoff. Nuvens similares, que se condensaram, apareceram na Vila Carmen. O mesmo ocorreu nas experiências de Linda, Eusapia, da senhora d'Espérance, de Florence Marryat, de Gibier, de Stainton Moses. A identidade nos processos de condensação dessas nuvens esbranquiçadas e vapores luminosos é impressionante. Venzano viu ao lado de Eusapia uma massa de contornos vaporosos agitada por um rápido movimento de rotação. Um dos observadores de Alger viu flocos de vapor branco com brilho variando por partes, que se condensavam gradualmente. Imoda descreveu, ao redor de Linda, uma nuvem branca flutuando como um vapor. Courtier, no Instituto Psicológico, viu ao redor de Eusapia clarões fosforescentes errando na cabine, que avançavam

36 *A. S. P.*, junho 1913, p. 162.

em direção à fenda da cortina e que pareciam, se condensando, elevar-se verticalmente. O senhor Lecour observou, em torno de um médium, cujo nome não divulgou, massas luminosas que, pouco a pouco, tomavam a aparência de uma forma corporal um pouco vaga, que desaparecia para depois reaparecer.

Compete à ciência futura levar as coisas mais adiante e, sem dúvida, a ciência metapsíquica futura nos reserva grandes surpresas.

Principais ectoplasmias experimentais

Reuniremos neste capítulo diversos casos de materializações.[37]

As experiências certamente mais célebres, certamente mais decisivas são as de sir William Crookes, das quais parece ser impossível duvidar.

Experimentando com Home, sir William Crookes viu materializações. Com frequência ocorreram toques simples, mas as materializações constatadas foram menos comuns. Entretanto, em casos relativamente numerosos, mãos foram vistas em plena luz.[38]

> Uma pequena mão, de belo formato, elevou-se de uma mesa de sala de jantar e deu-me uma flor. Ela apareceu, depois desapareceu por três vezes diferentes, propiciando-me a oportunidade de me convencer que aquela aparição era tão real quanto minha própria mão; e tudo isso se passou em local claro, em minha própria sala, e eu segurava os pés e as mãos do médium durante todo o tempo.
>
> Eu e outras pessoas vimos uma mão pressionando as

37 Quando a experiência é descrita com pouquíssimos detalhes para permitir que alguém que não a tenha testemunhado forme uma opinião autorizada, eu tomo o cuidado de indicá-la e, com mais razão ainda, quando por qualquer motivo a experiência me pareça manifestadamente imperfeita, não hesito em expressar minha opinião. Se, ao contrário, a experiência me parece probante, não hesito também em dizê-lo. Mas, na maioria das vezes, eu cito os fatos e as indicações bibliográficas, deixando o julgamento ao leitor.

38 Home desejava que os fenômenos se passassem em plena luz. "Seu poder era bastante grande –, disse Crookes –, para superar essa influência contrária. Exceto em duas ocasiões, tudo aquilo de que fui testemunha foi produzido por ele em plena claridade".

teclas de um acordeão, enquanto víamos as duas mãos do médium, que algumas vezes eram seguradas por aqueles que lá estavam.

Foram vistos um dedo e uma forma arrancando as pétalas de uma flor que estava na lapela do senhor Home. As mãos e os dedos sempre me pareceram sólidos e vivos. Algumas vezes eles têm, antes, a aparência de uma nuvem de vapor condensada: uma nuvem luminosa parece se formar ao redor de um objeto; depois, ela se concentra, adquire uma forma e se transforma em uma mão perfeitamente formada, a carne parece ser tão humana quanto a das pessoas presentes. No punho ou no braço, ela se torna vaporosa e se perde em uma nuvem luminosa.[39]

Segurei uma dessas mãos na minha, bem decidido a não deixá-la escapar; nenhuma tentativa foi feita para que eu a deixasse escapar; mas pouco a pouco essa mão parecia se dissolver em vapor, e foi assim que ela se libertou do meu aperto.[40]

Outra vez, em minha casa, vi se agitarem as cortinas de uma janela que estava a, aproximadamente, oito pés de distância do senhor Home. Uma forma escura, semitransparente, semelhante a uma forma humana, foi vista por todos os assistentes, de pé, perto da janela, e essa forma agitava a cortina com a mão. Enquanto nós a olhávamos, ela desapareceu, e as cortinas pararam de se mexer.

Outro dia, uma forma de fantasma avançou de um canto do aposento, foi pegar um acordeão e, a seguir, deslizou pelo apartamento tocando esse instrumento. Essa forma foi visível durante vários minutos por todas as pessoas presentes. Ao mesmo tempo, todos viam o senhor Home. O fantasma aproximou-se de uma senhora que estava sentada a alguma distância. Esta soltou um gritinho, e, logo, a sombra desapareceu.

---

39 Foi exatamente o que pude observar nas materializações ocorridas na Vila Carmen: uma nuvem luminosa cujos contornos tornam-se paulatinamente distintos e que ganha consistência e forma humanas, que ela não possuía de início. Em certas fotografias que Aksakoff fez, talvez as únicas, entre as fotografias espíritas antigas, que tenham algum valor, vemos uma nuvem luminosa que acaba por se organizar e constituir um esboço de forma humana.

40 Essa experiência, verdadeiro ***experimentum crucial*** [experimento crucial], comigo não teve êxito nem com Eusapia nem com Marthe. É verdade que, contrariamente ao que diz Crookes sobre Home, as mãos fluídicas de Eusapia e de Marthe faziam grandes esforços para se libertarem (vide o que é dito mais acima, p. 651, sobre as mãos que se fundem).

Em uma carta memorável (março de 1874) sir William Crookes diz:

> Finalmente obtive a prova absoluta que eu procurava: No dia 02 de março, durante uma sessão em minha casa, Katie (a aparição), depois de ter caminhado entre nós, foi para trás da cortina, e, um instante depois, chamou-me, dizendo: "Entre na biblioteca e erga a cabeça da médium". Katie estava de pé diante de mim, trajando seu vestido branco habitual e portando o seu turbante. Dirigi-me à biblioteca para erguer a senhorita Cook e Katie deu alguns passos ao meu lado para me deixar passar. Realmente, a senhorita Cook escorregara, e tive a satisfação de constatar que ela não estava vestida com as roupas de Katie, mas sim com sua roupa habitual de veludo negro... Não se passara mais do que três segundos entre o momento em que eu vira Katie à minha frente e o em que eu erguera a cabeça da senhorita Cook no canapé... Então, o gás foi apagado, e Katie pediu-me a lâmpada de fósforo Depois de se ter mostrado à sua luz durante alguns segundos, recolocou-a em minhas mãos, dizendo: "Agora entre e venha ver minha médium". Entrei e vi a senhorita Cook sobre o sofá. Outro dia, Katie disse-me que poderia mostrar-se simultaneamente com a senhorita Cook... Vi-a vestida de veludo negro, tendo toda a aparência de estar adormecida. Não se mexeu quando lhe peguei a mão. Erguendo a lâmpada, olhei ao meu redor e vi Kate que se mantinha de pé, atrás e perto dela. Trajava uma veste branca e flutuante. Segurando uma das mãos da senhorita Cook, e ainda ajoelhado, ergui e abaixei a lâmpada, tanto para iluminar todo o corpo de Katie quanto para me convencer plenamente de que eu realmente via a verdadeira Katie. Ela não falou, mas moveu a cabeça. Por três vezes diferentes, examinei cuidadosamente a senhorita Cook para me assegurar de que a mão que eu segurava era realmente a de uma mulher viva, e por três vezes diferentes eu movi minha lâmpada em direção de Katie para examiná-la com uma atenção redobrada. Por fim, Katie fez-me sinal para sair. Retirei-me para outra parte do escritório e não mais pude vê-la, mas não deixei o cômodo até que a senhorita Cook acordasse e que dois dos assistentes tivessem entrado com a luz.
>
> Katie tem seis polegadas a mais do que a senhorita

> Cook. Ontem, com os pés descalços, tinha quatro polegadas e meia a mais. Ela estava com o pescoço à mostra, sem a cicatriz que a senhorita Cook possui no pescoço. Suas orelhas não são furadas, sua tez é muito branca e seus dedos são muito mais longos do que os da senhorita Cook.

Mais tarde, sir William Crookes diz (p. 193):

> Frequentemente eu levantava um lado da cortina e, então, não era raro que as sete ou oito pessoas que estavam no laboratório pudessem ver, ao mesmo tempo em que a senhorita Cook, Katie, sob a plena claridade da luz elétrica. Não podíamos, então, ver o rosto da médium por causa do xale, mas percebíamos seus pés e suas mãos: nós a víamos mexer-se penosamente e ouvíamos suas queixas.

Katie King, anunciara, havia muito tempo, que só poderia ficar pouco tempo perto de sua médium e que iria despedir-se dela para sempre. A última sessão realizou-se na quinta-feira, 21 de maio de 1874. Houve, então, uma cena dramática, à qual William Crookes pôde assistir. Kate deu suas últimas instruções, foi até a senhorita Cook, que jazia inânime no chão. Katie tocou-a e lhe disse: "Acorde, Florence, agora preciso deixa-la". A senhorita Cook acordou e debulhando-se em lágrimas suplicou a Katie ficar mais um pouco. Mas foi em vão. Katie, com seu vestido branco desapareceu. A senhora Crookes precipitou-se para a senhorita Cook desfalecente, e Katie King nunca mais tornou a aparecer.

Além do ilustre William Crookes, outros experimentadores fizeram experiências interessantes com Florence Cook. Eis o que conta Fl. Marryat.[41]

> Katie King (ou, melhor dizendo, a aparição que se desprendeu de Florence Cook) colocou-se ao longo das paredes da sala de visitas, os braços erguidos, como se estivesse crucificada. Foram acesos três grandes bicos de gás que projetaram uma viva luz. O efeito foi estupeficante. Kate permaneceu aproximadamente um

41 Citado por A. Erny, *loc. cit.*, 145.

> segundo como estava, depois, gradualmente, começou a se desagregar. Primeiramente, os traços tornaram-se nebulosos, os olhos entraram em suas órbitas, o nariz desapareceu, bem como o osso da testa. Depois, parecia que os membros se decompunham e caíam em pedaços no chão. Por último, só restou uma parte da cabeça e um monte de roupas brancas e, finalmente, tudo desapareceu.

Em uma sessão realizada na casa do senhor Luxmore, certo senhor Volemann, levantando-se, agarrou Katie King pela cintura, gritando: "É a médium". O senhor Henry Dunphy notou que Kate perdia seus braços e pernas. Ela escapou do senhor Volemann, deslizou do seu braço e desapareceu sem deixar traços. Imediatamente após, encontraram a senhorita Cook, atada com os nós intatos.

Fig. 18 – Fotografia de William Crookes e de Kate King (tirada, aproximadamente, em 1872).

O senhor Varley, experimentando com Florence Cook,[42] uniu seu corpo a um galvanômetro, de tal modo que o mínimo movimento devia traduzir-se por um desvio do galvanômetro. Ora, enquanto houve aparição de Katie (a metade superior do corpo, apenas, o que não impediu o senhor Varley de apertar a mão daquele ser estranho), o galvanômetro não deu qualquer indicação.

As materializações dadas por Eusapia Paladino são diversas, frequentes. Elas foram copiosamente observadas por muitos experimentadores competentes. Falarei disso com alguns pormenores, pois assisti a quase duzentas sessões com Eusapia.

As materializações *vistas* são muito raras, e, de minha parte, apesar das longas e múltiplas tentativas, *nunca vi* uma. Não me recordo de algum dia ter visto uma forma humana, total ou

42 Citado por A. Erny, *loc. cit.*, 139.

parcial. Certa vez, observei uma espécie de prolongamento do corpo de Eusapia, semelhante a uma haste que vinha tocar meu flanco, mas foi muito fugitivo e na penumbra.

Em revanche, por duzentas vezes, talvez ainda com maior frequência, fui tocado, como por uma mão viva, nos flancos, nas mãos, no rosto, na testa, na nuca, nos ombros, embora o controle tenha sido excelente.

A seguinte experiência, que me parece, sob todos os aspectos, perfeita, foi realizada no Instituto Psicológico de Paris. Comigo, estavam apenas a senhora Curie, uma polonesa sua amiga e P. Courtier, secretário geral do Instituto Psicológico. A senhora Curie, à esquerda de Eusapia, eu à direita, a amiga da senhora Curie, mais afastada, tomando notas, e Courtier, um pouco mais longe, na extremidade da mesa. Courtier colocara atrás de Eusapia uma cortina montada em uma escada dupla. A luz era fraca, mas suficiente. Sobre a mesa, víamos distintamente a mão da senhora Curie segurando uma das mãos de Eusapia e a minha mão esquerda segurando a mão direita de Eusapia. Obviamente, uma longa experiência me ensinara a segurar firmemente a mão. Aliás, eu podia distinguir os dois punhos brancos das duas mãos de Eusapia.

Vimos a cortina inflar-se, como se estivesse sendo empurrada por um grande objeto colocado atrás dela. Alguém disse que era a mão de John. Pedi para tocar aquela mão. E então, com minha mão direita que estava livre, fui tocar através da cortina aquela mão que se projetava muito alto, acima da cabeça de Eusapia. Senti uma resistência e agarrei uma mão, uma *verdadeira mão*, que peguei totalmente. Mesmo através da cortina, o contato foi bastante nítido para que eu sentisse bem os dedos e a forma daquela mão que, sem que eu possa afirmar, pareceu-me bem maior que a pequenina mão de Eusapia. Segurei-a fortemente e *contei vinte e nove segundos*, durante os quais eu tive a oportunidade de observar as duas mãos de Eusapia sobre a mesa, de interrogar a senhora Curie para saber se ela estava segura do controle, de chamar a atenção de Courtier para o fenômeno e, ao mesmo tempo, de apalpar, de apertar, de identificar como uma mão verdadeira a mão atrás da cortina que eu segurava. Findos esses vinte e nove segundos, eu disse:

"Preciso de alguma coisa: quero um anel nesta mão" e logo a mão fez-me sentir que havia um anel: ***adesso uno braceletto*** e senti no punho as duas partes de um bracelete de mulher que se fechava com um fecho. Então, pedi que aquela mão fundisse na minha, mas um violento esforço desprendeu a mão de John, e nada mais senti.[43]

É difícil, parece, realizar uma experiência mais precisa e mais convincente, pois em vinte e nove segundos toda surpresa é eliminada.

Nesse caso, não há somente a materialização da mão, mas também a de um anel. Com efeito, ao mesmo tempo em que houve a materialização de um corpo humano, houve, como todas as experiências o estabelecem, a materialização de objetos, roupas, tecidos. As formas dos fantasmas nunca aparecem nuas; elas estão envoltas em véus, que primeiramente são nuvens brancas, semiluminosas, e que acabam por tomar a consistência de tecidos reais.

Como já descrevi longamente os movimentos de objetos sem contato, não tenho necessidade de voltar ao assunto, mas é preciso notar que os movimentos de objetos são paralelos às materializações. Tudo se passa como se esses movimentos de objetos fossem devidos a ***materializações invisíveis***, por mais paradoxal que seja a expressão. Durante o desenrolar de uma sessão, somos tocados dez, vinte vezes, e, entretanto, embora a escuridão não seja absoluta, nada distinguimos.

Em Milão, foi constatado que se ouvia o ruído de duas mãos que, no ar, batiam palmas. Pôde-se sentir, levantando a mão, bem alto, a presença de um rosto humano e, em três ocasiões diferentes, um dos observadores contatou que esse rosto humano tinha cabelos e barba; os cabelos eram duros e crespos e a barba parecia fina, a pele parecia a de um homem. Uma folha de papel enegrecido com fumaça, foi colocado sobre a mesa: ora, encontrou-se, iluminando o local, impressões digitais, embora as mãos de Eusapia permanecessem totalmente brancas. A experiência foi repetida três vezes: na terceira vez obteve-se a impressão de uma mão esquerda completa.

Eis como eu relato uma das minhas observações em Milão:

---

43 Reuni aqui duas experiências que foram realizadas em diferentes ocasiões.

> Eusapia disse: "Segurem-me bem forte". Schiaparelli à direita, Finzi à esquerda, apertaram-na fortemente. Eu disse ao senhor Finzi: "Está segurando a mão esquerda?" – Sim! – ao senhor Schiaparelli: "Está segurando a mão direita?" – Sim! – ao senhor Finzi: – "Está segurando os dois pés?" – Sim! – Então, virando a cabeça ligeiramente para a esquerda, vi a cortina inflar-se, fui tocado no ombro direito por uma mão que pareceu ser uma mão direita, supondo que fosse a da médium. Quase ao mesmo tempo, fui tocado por dois dedos puxando-me fortemente, mas sem me machucar, os cabelos de trás do pescoço, de modo que tive certeza de que uma mão tocou-me o ombro e o pescoço.

Em Agnelas, J. Maxwell viu, perfilando-se contra a parede da sala de estar, uma silhueta que lembrava o contorno de um crânio com uma saliência curva, semelhante a cabelos encaracolados. Ele também viu, no mesmo dia, ainda perfilando-se contra a parede, uma mão e um braço que estavam acima da cabeça do senhor Sabatier, que sentiu alguns toques naquele momento. O antebraço era longo e fino, e sua raiz perdia-se no escuro.

Nas sessões da Ilha Ribaud e de Paris, estando a atenção dos observadores voltada principalmente para o movimento de objetos, as materializações visíveis foram mais raras. Elas foram frequentes em Gênova.

Morselli expressa-se assim (p. 255, t. I): "Eu estava sentado em uma pequena poltrona, cerca de 2 metros à direita de Eusapia. O ***invisível*** chegou! Duas vezes me senti tocado; lucidamente senti uma mão que tinha todas as características de vida. Meus sentidos estavam muito despertos, posso dizer que a consistência do objeto que me tocou era sólida: não era um estereoplasma, um estereofantasma, era uma massa resistente, impenetrável, em suma, ***material***".

Na décima oitava sessão de Gênova, a mais bonita,[44] na presença de Morselli, Porro, L. Ramorino, L. Vassallo e do doutor Venzano, no Círculo Minerva (23 de dezembro de 1901), na escuridão, duas formas invisíveis surgiram, as quais, a seguir, pudemos ver sob uma luz fraca. Primeiro, foi a filhinha (morta) de Porro, que pôde sentir uma forma de menina sob um tecido.

44 Morselli, *loc. cit.*, II, 120-160.

Ouvimos a criança falar com voz infantil, ela beijou Porro. Essa forma não pôde ser vista. Então, veio outra forma, a do filho de Vassallo, morto aos dezesseis anos. Então, a entidade tornou-se visível. Um ovoide, quase fosforescente, mostrou-se à direita de Eusapia, moveu-se da esquerda para a direita, lentamente, percorreu 30 centímetros e desapareceu. À luz vermelha, vimos um braço e uma mão saírem do gabinete e irem em direção a Vassallo. A terceira entidade apareceu, depois uma quarta. A terceira – cuja identificação foi, no mínimo, questionável, – foi vista claramente. "Na sala iluminada por uma lâmpada e cinco velas, nós todos vimos as duas cortinas pretas da janela, perto de Eusapia, estirar-se, inflar, e *avanzarsi verso me e verso Porro come se dietro vi fossero due persone vive agenti con intelligenza e com volonta propria e distinta*".

Estas duas formas não saíram da cortina, mas da cortina vimos sair mãos e membros bem formados. Morselli foi capaz de distinguir uma mão direita visível até a segunda falange, que fazia movimentos de flexão e extensão; mão curta, gorda, acinzentada.

Em outra sessão (XXII), também muito importante, que teve lugar na casa do senhor Avellino, Eusapia foi amarrada em uma cama instalada atrás da cortina. Então vimos uma aparição, uma forma de moça, da qual só podíamos ver a cabeça, os ombros e a parte superior do tórax, talvez um pouco fosforescente (?). Um turbante escondia suas orelhas, queixo, cabelos: a aparição manteve-se imóvel por cerca de vinte segundos. Então, houve uma segunda aparição, a de um homem de grande estatura, barba hirsuta e curta, cabeça volumosa, pescoço encorpado, poderosa estatura. Quatro outras aparições ainda aconteceram: primeiro, uma mulher jovem, com roupas orientais, da qual vimos apenas a cabeça; a quarta aparição não estava totalmente formada: parecia incompleta do lado direito: "Vejo, disse Morselli, seus olhos olhando para mim. Embora eles sejam brilhantes o suficiente para que vejamos o reflexo da luz na córnea, eles parecem estar cobertos por um véu. Quando me aproximo dela, ela não tenta dar recuar, faz alguns movimentos, como saudações com o braço, e se retira. A quinta e a sexta aparições simultâneas foram as de uma mulher de, aparentemente, quase

50 anos, e de uma criança que apareceram juntos".

É preciso mencionar, também, as experiências feitas anteriormente por Eusapia na casa da senhora Peretti; mas eram formas muito imperfeitas, silhuetas escuras como larvas, *umane, antropomorfe*, cuja cabeça mal estava formada.

Talvez somente essas experiências, embora rigorosamente controladas por observadores muito experientes, seriam suficientes, se fossem isoladas, mas os movimentos de inúmeros objetos sem contato que Eusapia produziu dificilmente podem encontrar outras explicações senão a de uma materialização invisível. Então podemos, esquematicamente, atribuir três fases sucessivas a essas matérias exteriorizadas, ou melhor, a esses *ectoplasmas*, para utilizar a palavra que fui o primeiro a empregar para designar as formas que saíam do corpo de Eusapia.[45]

Em uma primeira etapa, eles são invisíveis; na segunda etapa, eles começam a se tornar visíveis, mas ainda amorfos, em uma terceira fase, eles tomam consistência mais nítida, e se revestem da aparência de um organismo vivo, resistente, cercado por véus que escondem, primeiramente, a imperfeição das formas, mas que diminuem de importância à medida que a forma subjacente se torna mais densa.

As experiências de F. Bottazzi, professor de fisiologia na Universidade de Nápoles, são as mais demonstrativas. Elas iriam fornecer, se necessário, a prova conclusiva das materializações e dos movimentos sem contato.[46]

Foi na presença de cientistas experientes, os professores de Amicis, Scarpa, Pansini, que F. Bottazzi fez essas experiências memoráveis. Cercou-se, como para um experimento clássico de fisiologia, de todo o equipamento instrumental moderno.

"Então vimos (p. 684) as esplêndidas levitações, a 60 centímetros aproximadamente do chão, da mesa mediúnica, que acompanhou o nosso deslocamento, pairando no ar sem ser tocada pelas mãos de Eusapia".

Sem o conhecimento de Eusapia, e até mesmo de todos os presentes, Bottazzi tinha disposto uma mola em contato elé-

45 Com Lodge, Myers, Ochorowicz cada vez que éramos tocados, nós dizíamos, meio brincando, "mais um ectoplasma".
46 *Dans les régions inexplorées de la biologie humaine, A. S. P.,* 1907, XVII, 645-664, 749-771. – *Fenomeni medianici,* 1 vol., 12°, Napoli, Perella, 1909.

trico de tal modo que, se a mesma fosse tocada, uma lâmpada se acenderia. Eusapia então, com suas mãos reais muito bem controladas, em vários momentos, com sua mão fluídica, tocou a mola e acendeu a lâmpada.

Contatos elétricos colocados no gabinete contíguo, atrás da cortina, foram acionados ao mesmo tempo em que Eusapia dava golpes na mesa com a mão.

Em outra sessão, as mãos e os braços de Eusapia estavam amarrados com cordas fortes, seladas com lacres de chumbo, e fixadas ao chão por aros de ferro. Então a mão fluídica estendeu vários objetos para Bottazzi: um trompete, um vaso de flores.

Nessas belas sessões, houve também muitas materializações brilhantes. Enquanto Eusapia estava amarrada com grossas cordas, o senhor Gallotti viu nitidamente dois braços esquerdos, o braço normal e o braço fluídico, saindo do ombro.

Bottazzi realizou a prova mais decisiva: a da mão ectoplasmática que estava segura e que, gradualmente, fundiu-se, desapareceu. "Eu vejo –, diz ele –, e eu sinto ao mesmo tempo, uma mão humana, de cor natural, e eu sinto com a minha os dedos e o dorso de uma mão quente, nervosa, rude. Eu prendo a mão que desaparece ao meu aperto: ela não se retira produzindo sobre a minha mão uma sensação de constrição, mas se funde, se desmaterializa, se dissolve".

Não somente houve, em condições irrepreensíveis de controle, inúmeros toques, mas vimos frágeis e diáfanos dedos e mãos, às vezes muito nítidos e fortes; várias figuras, sombras que desenhavam atrás da cortina.[47]

Bottazzi, que havia abordado esse estudo com ceticismo, conclui: "A certeza que adquirimos (desses fenômenos) é da mesma ordem que aquela que adquirimos da realidade dos fenômenos naturais, físicos, químicos ou fisiológicos que nós estudamos". Para que o professor de fisiologia na Universidade de Nápoles seja tão categórico, é preciso que ele tenha uma certeza absoluta.

A senhora Bloch descreve também as mãos fluídicas origi-

47 "Eu vi a aparição, Bottazzi diz (p. 691), tive um estremecimento em todo o meu corpo".
De minha parte, apesar de muitas vezes ter experimentado com Eusápia, eu nunca vi uma forma nítida esboçar-se.

nadas em Eusapia.[48] Além das mãos de Eusapia que víamos e que, aliás, estavam controladas, vimos uma mão sair do lençol branco que estava atrás de Eusapia; era um braço sem ombro que tocava a cabeça de Eusapia. Em seguida, o fenômeno acentuou-se: a mão veio por baixo, lançando sobre a mesa trechos de música retirados do piano. Não era uma mão luminosa, mas uma mão de carne, como a nossa. Teríamos tido tempo suficiente para fotografá-la. O antebraço estava coberto com uma manga colante de tecido cinza, ao passo que Eusapia tinha mangas largas. Essa mão, chegando por baixo e saindo da saia de Eusapia, não podia ser um prolongamento de seu ombro. Durante o tempo todo, as duas mãos de Eusapia, seguras por seus vizinhos, estavam também perfeitamente visíveis.

Eis como o senhor Venzano[49] descreve a formação de fantasmas.

> A 20 centímetros do meu rosto, é formada uma massa globular, vaporosa, esbranquiçada, que se condensa em uma forma mais decisiva, um oval que gradualmente assume a aparência mais definida de uma cabeça humana: são reconhecidos distintamente o nariz, os olhos, os bigodes, a barba pontuda. Essa forma aproxima-se do meu rosto: sinto uma testa viva e quente apoiar-se em minha testa: com uma pressão de carícia, e a impressão de um beijo e, em seguida, a massa se dissolve, vaporosa, em direção às cortinas. Os assistentes não veem senão uma vaga luminosidade, mas ouvem o barulho do beijo.

A. de Rochas narrou as experiências realizadas em Choisy, em presença do general Thomassin, de J. Maxwell, de Watteville e de A. de Gramont. Este último viu a sombra, escura, em forma de mão, desenhar-se na janela, e, durante esse tempo, constataram que as mãos estavam bem seguras. Um instante depois, A. de Gramont sentiu uma mão acariciada por dedos mornos que ele não pôde pegar.

Aliás, as mãos fluídicas de John (ou de Eusapia) foram fotografadas em boas condições. G. de Fontenay, fotógrafo espe-

48 Exp. de Tremezzo, 1896, *A. S. P.*, VII. 1897, 2-6.
49 *A. S. P.*, 1907, XVII, p. 514.

cializado e perspicaz estudioso, pôde em Paris, em 1908, obter fotografias impressionantes, incluindo uma em que vemos as duas mãos de Eusapia em acima de sua cabeça[50] (vide p. 657).

Nessa experiência, as mãos reais Eusapia estavam perfeitamente seguras. "Eu não deixei por um momento –, disse Cartier, um dos controladores –, de segurar a mão direita de Eusapia".

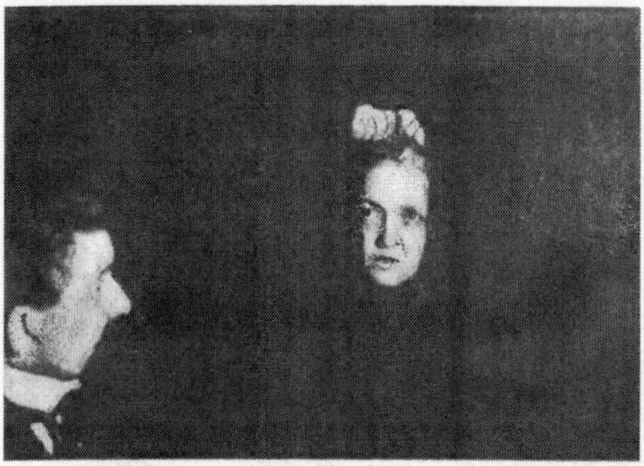

Fig. 19 – Eusapia Paladino. Fotografia feita por G. de Fontenay.
As duas mãos de Eusapia estão bem seguras e, no entanto, vemos duas mãos sobre sua cabeça. É possível que sejam as duas mãos materiais de Eusapia e que as mãos seguras pelos observadores sejam as mãos fluídicas.

"Eu posso afirmar –, disse P. Drubay, o outro controlador –, de maneira mais formal, que durante toda a sessão eu não deixei de segurar a mão esquerda de Eusapia". É, pois, completamente impossível que Eusapia pudesse ter liberado simultaneamente, no momento em que o controle deveria ser mais rigoroso, suas duas mãos. Fazendo um cuidadoso estudo das fotografias, vemos que essas mãos são significativamente maiores do que as de Eusapia.

Além dessas fotografias de mãos, houve fotografias de uma espécie de massa luminosa (do tipo visto em quase todas as fotografias metapsíquicas). Sem insistir na impossibilidade de Eusapia, segura como estava, colocar um lenço na cabeça, e também de pegá-lo novamente, é preciso notar que os contornos dessa mão luminosa são vagos, imprecisos, e com muito mais luminosidade –, diz G. de Fontenay –, que poderia dar um simples lenço.

As materializações de Eusapia não foram somente demonstradas pela fotografia, mas também pelas moldagens metapsíquicas.[51]

Morselli constatou, certa vez, em uma moldagem a im-

50 *Annals of psychical science*, abril 1908, VII, nº 40, p. 190.
51 Vide A. de Rochas, *À propos d'Eusapia Paladino, Les séances de Montfort-l'Amaury, A. S. P.*, 1898, VIII, 148. - G. de Fontenay, *Les séances de Montfort l'Amaury, Soc. des édit. scientifiques*, Paris, 1897

pressão do rosto (mas muito leve) em condições impecáveis de controle.[52] Outra impressão muito mais nítida das mãos é reproduzida por ele,[53] mas ele supõe que houve uma fraude inconsciente.

Em contrapartida, as impressões obtidas por G. de Fontenay são excelentes. Em uma experiência, em que C. Flammarion constantemente controlava a cabeça e o tronco de Eusapia, uma impressão do rosto foi tomada sobre a massa. Manifestamente, esse rosto é o de Eusapia.

Em Nápoles, E. Chiaia também obteve muitas impressões na argila.

No entanto, apesar de tudo, essas experiências de impressões e de moldagens ainda são passíveis de discussão. Mas as experiências que fizemos no Instituto Metapsíquico com Kluski parecem mais precisas. Voltaremos a elas.

Muitas vezes distinguimos os lineamentos de um tecido leve de gaze que protegeria os dedos e o rosto do médium contra o contato direto com argila ou massa de vidraceiro. Não podemos ver nisso uma objeção. Pelo contrário, é antes uma prova da autenticidade das experiências, pois a materialização de tecidos inertes, sempre acompanha a materialização de tecidos vivos. E, depois, como manejar e remover a gaze nas rigorosas condições de controle experimental que nós conhecemos?

As materializações apresentadas por Marthe B. são de extrema importância.[54] Elas trouxeram muitos fatos que permitem rastrear o processo geral do fenômeno das materializações e introduzem na ciência metapsíquica dados absolutamente novos e inesperados.

Depois que fatos estranhos foram constatados, durante uma série de experimentos que durou quase dois anos, pelo general e a senhora Noël,[55] fui convidado pelo general Noël a assistir a

52 *Loc. cit.*, I, 430.

53 *Loc. cit.*, II, 348-349.

54 A bibliografia a respeito já é bastante longa, pois essas experiências causaram muita controvérsia. Encontraremos todas as indicações necessárias (*prós e contras*) relatadas cuidadosamente no livro de Grasset (*L'occultisme hier et aujourd'hui*, 2ª édit., Montpellier, 370-374). Há dezesseis anos de distância, parece-me que as objeções feitas na época são bem miseráveis e merecem o meu desprezo.

55 Um oficial da Marinha, o Comandante Demadrille, e um médico, o doutor Decréquy foram testemunhas dessas experiências e as corroboraram. Seus relatos foram publicados em parte nos *A. S. P.* Suas notas e desenhos apoiam nossos

essas experiências, como também para ir a Argel, juntamente com G. Delanne, diretor da ***Revue du spiritisme***. As primeiras experiências às quais assisti muito me impressionaram, mas sempre desconfio da minha primeira impressão. Assim, no ano seguinte voltei a Argel, decidido a examinar com mais rigor as condições das experiências.

A médium era Marthe Béraud, filha de um oficial superior, noiva do filho do general, que havia morrido no Congo antes do casamento. Era uma menina de baixa estatura, morena, de olhos vivos, de cabelos curtos, muito inteligente e muito animada. Ela mostrou, após as experiências de Argel, muitas evidências de uma mediunidade muito forte, pois foi ela que, sob o nome de Eva, foi a pessoa observada pela senhora Bisson e Schrenck-Notzing.

A sala onde os experimentos foram realizados situava-se em um pequeno pavilhão isolado, sobre uma cocheira, abaixo do sótão. A janela estava condenada, e mantinha-se constantemente fechada. A única porta era trancada no início de cada sessão. Era a única peça do pavilhão. ***Antes de cada sessão, tudo era minuciosamente inspecionado por Delanne e por mim***. No fundo do cômodo, duas cortinas esticadas isolavam do resto da sala uma espécie de gabinete completamente escuro, triangular, cuja hipotenusa era representada pela cortina de aproximadamente 2,50 m de comprimento. (Vide a figura 20, p. 666). Os assistentes estavam sentados a 50 centímetros da cortina, e às vezes sentavam-se ainda mais perto. Esses assistentes eram o general e a senhora Noël, a senhorita X., Marie e Paule, as duas mais jovens irmãs de Marthe (ambas estavam longe da cortina), Delanne e eu. A luz foi dada por uma lâmpada vermelha, como aquelas usadas para a revelação de fotografias. Havia uma cadeira no gabinete, cuidadosamente examinada, para Marthe, e outra para a negra Aischa.[56]

Todos podiam, pois, ver perfeitamente tudo o que estava acontecendo na sala. Então, posso afirmar com ***absoluta certe-***

---

experimentos subsequentes, de uma maneira interessante.

56 O papel da Aischa parece ter sido absolutamente nulo. Mas a esposa do general fazia questão de sua presença. As melhores experiências ocorreram na ausência de Aischa.

za que nenhum estranho lá poderia entrar durante as sessões.[57]

Certamente, como Marthe não estava amarrada, nem segura pelas mãos, as condições de controle foram menos rigorosas do que para Eusapia, mas, no entanto, suficientes para que pudéssemos formar uma opinião.

Após um período variável de tempo, às vezes imediatamente, às vezes após uma ou duas horas, as cortinas se entreabriam e podia-se ver Marthe e Aischa, cada qual sentada em uma cadeira, e, aparentemente dormindo profundamente. É desnecessário acrescentar que após a sessão, tudo era por nós inspecionado com o mesmo rigor. Marthe não estava sem roupas, mas devido a essa temperatura anormalmente elevada, ela só estava com um vestido muito fino, e, como eu estava fazendo alguns passes magnéticos para acordá-la de seu *transe*, eu poderia ter certeza, em lhe apalpando o corpo inteiro, que ela não vestia nada além daquela roupa muito fina.

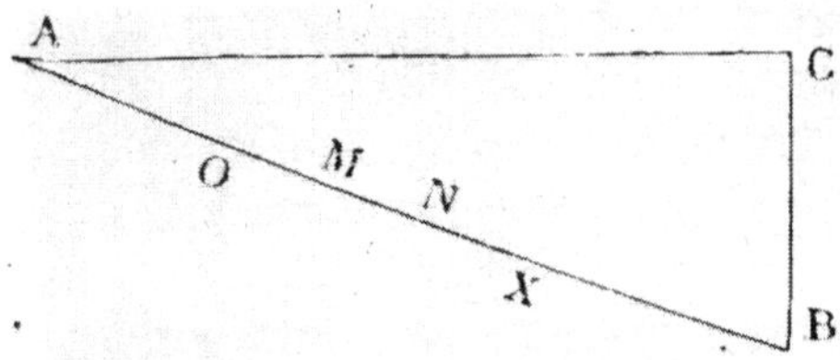

Fig. 20. – Esquema do gabinete da Vila Carmen
Em AB, cortina que se entreabre em MN. M – local onde Marthe se encontra. N – local onde está Aischa. Estamos diante da cortina. Em X, nascimento da materialização que se move para ir a O.

É inútil culpar Aischa, criatura ininteligente e passiva sentada ao lado de Marthe, para grande desgosto desta última, pois, devido àquela temperatura tropical, o odor da mulher negra era insuportável. Aliás, nas experiências mais importantes,

57 Que isto seja dito para responder, sem que eu me digne a voltar ao assunto, às afirmações de Areski, um cocheiro árabe, despedido por roubo pelo general, e que contou que era *ele o fantasma*. Certo médico famélico de Argel, o doutor R. para chamar sobre si a atenção do público, teve a infelicidade de acolher suas palavras, e exibiu perante o público de Argel o próprio Areski, que se cobria com um manto branco e que, como em *Cloches de Corneville,* fazia o papel de fantasma para o espanto dos espectadores. Isto é tudo o que foi dito de mais sério contra as experiências da Vila Carmen.

E o público em geral, cego pelos jornais ignóbeis, imaginou que a fraude tinha sido descoberta. Foi provado, simplesmente, que um empregado árabe ladrão pode: 1° - mentir impunemente; 2° - embrulhar-se em um lençol; 3° - aparecer em um teatro com esse lençol; 4° - fazer com que um doutor em medicina endossasse suas mentiras.

Acrescentemos que Marthe teria feito as pretensas confissões de fraude a um advogado de Argel que usou um pseudônimo. Mas, se as palavras desse anônimo são verdadeiras, nós sabemos qual importância dar a essas revelações, que indicam, sobretudo, a instabilidade mental dos médiuns.

Aischa não estava presente.

Consequentemente, foi comprovado que lá não havia nenhuma instrumentação, nenhum acessório – em estilo de teatro – que pudesse ajudar a médium e, por outro lado, que nenhum estranho poderia intervir.

As materializações que ocorreram foram muito perfeitas, muito completas. Embora o fantasma de Bien-Boa tenha aparecido várias vezes, cinco ou seis vezes, e isso em condições absolutamente satisfatórias, no sentido de que não se poderia supor que era Marthe, fantasiada com um capacete e um lençol. Teria sido necessário a Marthe não só levar, mas também retirar esse capacete, esse lençol, esse albornoz. E depois, em muitas circunstâncias, vimos simultaneamente Marthe e o fantasma. Quanto a pretender que era um manequim, a hipótese é ainda mais absurda. Esse fantasma ia, andava, deslocava-se; podíamos ver seus olhos que olhavam lentamente ao seu redor; podíamos ver, quando ele tentava falar, seus lábios se moverem.

Ele possuía tamanha aparência de vida, que imaginei a seguinte experiência: tomei um frasco cheio de água de barita, e tentei descobrir se, ao respirar (pois podíamos ouvir sua respiração) o fantasma produziria, como os seres vivos, ácido carbônico, de forma a turvar a água de barita. A experiência foi bem-sucedida, eu não abandonei o frasco de vista a partir do momento que o coloquei nas mãos de Bien-Boa que, no canto esquerdo da cortina, parecia flutuar no ar, mais alto e maior do que Marthe poderia ser, mesmo em pé. Enquanto Bien-Boa soprava dentro do tubo, e podíamos ouvir o gorgolejar do ar que se agitava, eu dizia e repetia para Delanne: "Está vendo Marthe?". Ele me dizia e respondia: "Eu estou vendo inteiramente Marthe". Quanto a Aischa, ela estava longe, do outro lado do gabinete, e podíamos vê-la claramente, imóvel e adormecida. Quanto a mim, eu podia ver muito bem a forma de Marthe sentada na cadeira, mas eu não podia ver nem sua cabeça nem o seu ombro direito.[58]

58 Um incidente cômico – porque às vezes o grotesco intervém em coisas sérias – aconteceu então. Quando vimos, após o borbulhamento de ar expirado no tubo com água de barita, a barita esbranquiçar, (o que, aliás, mostra que havia uma excelente claridade), gritamos: *bravo*! Então Bien-Boa desapareceu; depois, como um ator que interpretou bem o seu papel, ele reapareceu três vezes, afastando e abaixando a

Por mais impressionante que seja essa experiência, existe outra que me parece ainda mais convincente.

Estando tudo disposto como de costume (a senhorita X., enferma, estava ausente), após uma espera bastante longa, eu vi, bem ao meu lado, diante da cortina, sem que esta se movesse, como um vapor branco, apenas a 40 centímetros de mim. Era como um véu branco, um lenço no chão. Essa brancura ergueu-se, arredondou-se. Logo, era uma cabeça que estava perto do chão; levantou-se mais ainda, cresceu e tornou-se algo parecido com uma forma humana, um homem de pequena estatura, com um turbante e um manto branco, com uma barba, e que foi, mancando um pouco, da minha direita à minha esquerda diante da cortina; e que então, chegando perto do general, caiu bruscamente no chão, produzindo o ruído *clac, clac* (como o som de um esqueleto que caísse subitamente), estendendo-se diante da cortina. Três ou quatro minutos depois (mas dessa vez mais perto do general, e não de mim) reapareceu a forma, erguendo-se do chão em linha reta, *nascendo* do chão, por assim dizer, e então reentrou no chão com o mesmo barulho *clac clac*.

A única explicação não metapsíquica possível, pareceu-me logo a existência de um alçapão abrindo-se e fechando-se. *Mas não havia alçapão*, como eu constatei na manhã seguinte, e como um registro do arquiteto pode atestar.

G. Delanne viu o mesmo fenômeno,[59] mas como ele estava um pouco mais afastado, não conseguiu distinguir tão claramente quanto eu a emergência de um fantasma acima do chão.

Parece-me inteiramente impossível que, por mais flexível, por menor que seja Marthe, ela tenha sido capaz de rastejar por sob a cortina, sem agitá-la, e me dar a ilusão de uma cabeça humana que se eleva em linha reta. E depois, como explicar aquela cabeça que, como uma cabeça decepada, estava ao nível do solo, e seu desaparecimento súbito, em linha reta, muito embora, pouco tempo depois, tenhamos visto Marthe tranquilamente sentada, adormecida na poltrona?

Várias fotografias foram tiradas, tanto por mim como por Delanne, estereoscópicas ou não. Elas mostram detalhes inte-

---

cortina, e saudando o público.

59 Ele fez uma descrição detalhada do fenômeno.

ressantes, das quais Oliver Lodge fez uma crítica penetrante, declarando que eram as melhores fotografias metapsíquicas que ele conhecia.

O que é curioso é a *imprecisão* das mãos, que parecem ter contornos indecisos, como vaporosos. O véu que envolve o fantasma tem também contornos indeterminados, o que os faz contrastar fortemente com os contornos nítidos e precisos do ombro de Aischa. Uma barba espessa e negra, como se fosse postiça, parece colocada sobre a boca e o queixo. Nós também podemos notar uma massa fluídica esbranquiçada, na frente da cortina, que não pode ser um erro fotográfico, embora só a tenhamos observado na fotografia. Ela se encontra em duas fotografias tiradas com máquinas diferentes. O plano em que está o fantasma está à frente do plano em que está Marthe. Parece que Bien-Boa possui apenas um busto que flutua no espaço, diante de Marthe, da qual vemos o corpete. Embaixo, entre a cortina e o vestido preto de Marthe, duas espécies de bastões retos esbranquiçados, servindo de sustentação ao estranho personagem de Bien-Boa.

Fig. 21. – Fotografia de Bien-Boa. Vemos Marthe sentada. Notar o capacete envolto em panos, a posição elevada da forma, que está à frente de Marthe, em um plano anterior, sem parecer sustentada pelos membros inferiores. A fotografia estereoscópica é muito melhor do que esta reprodução.

O único lado falho da experiência, analisado pela fotografia, é que a manga esquerda de Marthe, que parece apoiar-se na poltrona de Aischa, parece vazia, embora a vacuidade não seja completa. Mas vemos tão bem o corpete, os joelhos e corpo inteiro de Marthe, que essa vacuidade aparente da manga esquerda não me parece ser uma objeção muito séria, ainda que eu tenha tido o cuidado de chamar a atenção sobre esse ponto.

É absolutamente impossível que o fantasma seja uma pessoa estranha que tivesse entrado no gabinete, e é impossível que Marthe tenha sido capaz de usar um capacete, um lençol, e dispor de um manequim que a substituísse em sua cadeira, ao mesmo tempo em que provocasse uma nuvem branca diante da cortina. Tudo se passa como se vapores fluídicos saíssem de sua cabeça e de seu lado direito, para esconder a cabeça e lado direito, e para se elevarem no ar, sem outra sustentação além da cabeça e o corpo de Marthe.

Pude ver, na Vila Carmen, outra materialização bem precisa.[60]

Na véspera do dia em que eu devia voltar, após uma longa estada, a Argel, Bien-Boa, falando através da voz de Marthe,[61] tentando me deter, disse: "Fica! Tu verás aquela que desejas!". É compreensível que eu tenha ficado.

Ora, no dia seguinte, muito pouco tempo, quase imediatamente, depois que a cortina foi fechada, ela se abriu, e na fresta entre os dois lados, apareceu a figura de uma mulher jovem, muito bonita, ou antes, bela, com uma espécie de fita dourada, de diadema, cobrindo seus cabelos loiros e o topo da cabeça. Ela riu abertamente, quase às gargalhadas, por assim dizer, e parecia se divertir muito; eu ainda creio ver seu sorriso e os dentes deslumbrantes. Ela apareceu assim duas ou três vezes, mostrando sua cabeça e, depois, escondendo-a, exatamente como fazem as crianças brincando de esconde-esconde. De repente, ela não quis reaparecer. Então o general disse: "Coloque sua mão por trás da cortina, e tocará seus cabelos", o que eu fiz. Então o general acrescentou: "Eles são macios como seda, não?" – "Desculpe-me, meu general –, respondi –, eles são mais parecidos com uma crina". Foi a sensação que me deu, de fato, os pretensos cabelos. Imediatamente recebi uma tapinha no dorso da mão. A crina retirou-se, e uma voz por trás da cortina me disse: "Amanhã traze a tesoura". No dia seguinte eu levei um par de tesouras. A rainha egípcia voltou, só me mostrou o topo de sua cabeça, uma cabeleira muito loira, muito longa, muito abundante. Sua grande preocupação era de saber se eu tinha levado a tesoura. Tomei, então, um punhado daqueles cabelos longos. Eu mal podia distinguir a figura que ela fazia questão de esconder atrás da cortina. No momento em que eu queria cor-

60 Esses pormenores são inéditos.

61 A voz de Bien-Boa é então entrecortada, gutural; eu a compararia facilmente à voz saída de uma laringe de madeira, uma voz de Polichinelo.

tar uma mecha longa, bem no alto da cabeça, eis que uma mão através da cortina abaixou fortemente a minha mão, de modo que eu só tinha a ponta do cabelo, aproximadamente 15 centímetros. E como, talvez, eu demorasse um pouco nessa operação, ela sussurrou: "Rápido!... Rápido!". Depois, ela desapareceu.[62]

Parece que o objetivo dessa princesa egípcia era o de fazer cortar uma mecha de seus cabelos (?); pois, a partir daquele momento, eu não mais a revi. No dia seguinte, no quarto da esposa do general Noël, que estava acamada e doente, eu vi vagamente uma forma fugaz no banheiro, uma forma que se desvaneceu quando me aproximei. Mas essa última lembrança é bastante confusa.[63]

Antes de 1905, com outros médiuns poderosos houve, na casa do general Noël manifestações espíritas importantes. Assim como o general e a senhora Noël, o senhor Demadrille, hoje capitão-de-mar-e-guerra, viu claramente o fantasma do pretenso Bien-Boa, e, simultaneamente, ao lado dele, a médium Vincente. O doutor Decréquy, que também participou dessas experiências, testemunha o fato. Os croquis feitos estão reproduzidos na revista *Annales des sciences psychiques*. "A cortina se entreabre –, disse o comandante Demadrille –, e eu vejo primeiro sair Vincente: vejo sua forma completa, depois B. B. sai do gabinete, parecendo apoiar seu braço direito. As cortinas tornam a se fechar atrás dele, e ambos ficam ali, de pé... Peguei a mão de B. Eu sinto a pele dura e fria, o braço está gelado, e a rigidez e a frieza são cadavéricas".

O senhor C., oficial de cavalaria, viu, com outros médiuns além de Marthe B., uma forma bem viva, da qual era possível distinguir os traços, a poucos centímetros de seus olhos, enquanto uma forte luz vermelha iluminava a sala (ao mesmo tempo em que os médiuns adormecidos que eram vistos sentados em suas cadeiras). Era a forma do senhor de Quillac, cuja viúva assistia à sessão.[64]

---

62 Eu guardei essa mecha de cabelos, finos, sedosos, não tingidos, que a análise microscópica revelou ser de cabelos verdadeiros. Parece que uma peruca semelhante custaria um milhar de francos. Marthe é muito morena e seus cabelos são bem curtos.

63 Ler em *Psychische Studien* de 1906, várias notas críticas, relativas a essas experiências. L. Deinhard. *Die Materialisationssitzungen in Alger*, p. 74 e 137. – Bormann, *Bien Boa und der Wascheposantz*, p. 200, col. 9.

64 *A. S. P.*, 1906, 255. *Les dernières séances de la villa Carmen.*

A história das materializações de Marthe enriqueceu-se, recentemente, de um conjunto significativo de observações muito bem feitas simultaneamente por A. de Schrenck-Notzing e a senhora Bisson.[65] Numerosíssimas fotografias, mais numerosas, mais instrutivas do que jamais houve em qualquer publicação, são anexadas ao texto, e permitem seguir os processos singulares desses belos fenômenos. Eva é a mesma pessoa que Marthe Béraud.[66]

Nesses experimentos, conduzidos ao longo de quatro anos, com uma admirável prudência e paciência, precauções minuciosas foram tomadas contra a fraude. Em cada sessão, o gabinete era rigorosamente inspecionado, Eva era totalmente despida, e diante dos experimentadores, vestida com uma malha que a cobria do pescoço aos pés. A cabeça é coberta com um tule costurado à malha. Examinávamos o cabelo, as axilas, o nariz, a boca, os joelhos, às vezes até o exame retal e o exame vaginal eram feitos. Como muitas vezes as formas materializadas saem da boca, fizemos Eva ingerir geleia de mirtilo, cujo poder colorante é extremo; entretanto, saíram, então, da boca, nuvens de materialização completamente brancas. Às vezes aumentamos o rigor experimental (um pouco demais, talvez), dando-lhe um vomitório antes da sessão.

A iluminação instalada diante da cortina permitia a leitura de letras grandes. Atrás da cortina, no interior do gabinete, havia uma lâmpada vermelha e uma lâmpada branca que podiam ser ligadas à vontade. Três câmeras fotográficas (incluindo uma estereoscópica) foram dirigidas para as cortinas, e prontas para entrar em ação ao menor sinal; às vezes sua quantidade chegava a nove. Eva, despida em plena luz do dia, depois vestida pelos experimentadores, era conduzida ao gabinete. Fechávamos as cortinas, ficávamos na semiobscuridade, e então, começava a sessão.

Nestas condições, parece realmente impossível que a frau-

---

65 *Les phénomènes dits de matérialisations*, por Juliette Alexandre Bisson, com prefácio de J. Maxwell, in-8 «, 1 vol, Paris, Alcan, 1914 – Schrenck-Notzing, *Materialisalionsphaenomene*, E. Reinhardt, München 1914 – Esta obra foi traduzida para o Inglês em 1919.

66 Grasset, em seu livro de 1908, admite, sem qualquer prova de apoio, que foi Areski que entrou no gabinete, uma hipótese mil vezes absurda. Mas o senhor Grasset não podia saber que Marthe devia produzir, cinco anos mais tarde, belos fenômenos, confirmando brilhantemente o que eu vi em Vila Carmen, embora a mediunidade de Marthe tenha assumido, em Vila Carmen e em Paris, formas muito diferentes.

de pudesse ocorrer. A hipótese de um cúmplice ter entrado na sala é absurda. A hipótese de vários objetos, levados por Eva, é igualmente ridícula. Acrescentemos que Eva permanecia com a senhora Bisson, e esta raramente a deixava. Essas duas senhoras faziam todas as refeições juntas, dormiam no mesmo quarto. Mesmo supondo o enorme absurdo que a senhora Bisson agia de má-fé, ser-lhe-ia impossível enganar durante três anos Schrenck-Notzing , Geley, J. Maxwell, o doutor Bourbon, Chevreul, C. de Vesme, G. de Fontenay e eu, assim como outras pessoas que participaram das sessões. Acrescentemos que houve sessões em Paris, Biarritz, Munique, e que tudo durou quatro anos.

Os fenômenos de materialização que então se produziram são notáveis.

Essencialmente, eles consistem em uma espécie de emanação luminosa, plástica, que na maioria das vezes sai da boca do médium, às vezes, do seu umbigo (no caso em que, a sós com a senhora Bisson, Eva estava completamente nua), às vezes do peito, às vezes das axilas. É uma substância esbranquiçada, rastejando como um ser vivo, com prolongamentos protoplasmáticos, úmidos, gelados que, diante dos olhos dos assistentes, transformam-se em mão, dedos, cabeça, por vezes um corpo inteiro.

Cito, não podendo tudo indicar, a reunião de 15 de abril de 1912, (na presença de C. de Vesme e P. Bisson).

> As manifestações começaram imediatamente. Podíamos pode ver a substância branca no pescoço da médium: depois, uma cabeça é formada, anda da esquerda para a direita, e se colocou sobre a cabeça da médium. Fotografamos.[67] Após o flash do magnésio, cabeça reaparece ao lado da cabeça de Eva, a 40 cm aproximadamente. Está ligada a Eva por um feixe longo de substância branca. Ela tem a aparência da cabeça de um homem, e parece animada de movimentos de cima para baixo que parecem ser saudações. Contamos umas vinte aparições da mesma cabeça que avança, recua até o fundo do gabinete, e desaparece. Uma cabeça de uma mulher mostra-se, então, à direita, apresenta-se perto das cortinas e recua até o interior do gabinete. Ela voltou várias vezes e desapareceu.

67 Fig. 73-74, pp. 108 e 109.

Cito outra experiência (30 de agosto de 1912) realizada em Munique, na presença do senhor e senhora de Schrenck e do doutor Klapka. Ela é interessante, porque uma brusca tentativa foi feita para determinar se houve ou não fraude.[68]

> Imediatamente, a substância branca apareceu no ombro esquerdo da médium, e depois em seu ventre. O doutor Klapka constatou que as mãos de Eva seguravam constantemente a cortina e estavam à vista o tempo todo. Vemos a massa branca, amarronzada nos joelhos de Eva. A um sinal, Schrenck entrou bruscamente no gabinete com uma lâmpada que ele acendeu e tomou as mãos de Eva, enquanto o doutor Klapka tentava pegar a massa branca, mas não conseguiu pegar nada, porque ela desapareceu imediatamente. Ainda assim, apesar do terror que inspirou a Eva essa tentativa, a experiência recomeçou, e vimos diante da figura de Eva aparecer a figura de um homem que desapareceu depois de um ou dois segundos.

Reunião de 03 de junho de 1913 (na presença do doutor Bourbon e da senhora Bisson, p. 208):

> A substância saiu da boca da médium, e na extremidade encontrava-se um dedo materializado. O senhor Bourbon pegou esse dedo no momento em que ele saía da boca, e constatou a sua ossatura, e também que ele é móvel. Esse dedo atravessou de lado a lado o véu de tule (que envolvia a cabeça da médium), o qual não apresentou nenhum vestígio de um rasgão.[69] A aparição inteira (um homem, com bigodes muito longos), muito maior do que Eva, saiu do gabinete, começou a falar, veio até a senhora Bisson, que beijou na face. O ruído dos lábios foi ouvido.

A experiência de 30 de novembro de 1912[70] é particularmente interessante. As mãos de Eva segurando a cortina são vistas todo o tempo. Então, a matéria branca desprendeu-se, saindo do ombro esquerdo, e caindo no seu peito. Essa matéria

68 Schrenck-Notzing, *loc. cit.*, 329.
69 Schrenck-Notzing, prancha XXI.
70 Schrenck-Notzing, p. 370, fig. 107 e prancha XI.

tornou-se cada vez mais consistente, e, finalmente, tomou a forma de uma figura humana. Schrenck, que vira ou segurara até então as mãos de Eva, abandonou-as a pedido desta última, e logo depois a forma ficou mais nítida: é essa forma que mostra a fotografia da página 676.

Deve-se notar que esses vultos (assim como muitos outros), tais como foram fotografados, não têm relevo. Eles parecem desenhos, imagens, e – o que é mais notável ainda – distinguimos algo semelhante a dobras do papel da imagem. É como se um desenho qualquer tivesse sido dobrado três ou quatro vezes e então desdobrado para ser, então, fotografado, de modo que se trata de materializações *planas*, ou se preferirmos, de desenhos materializados.

Essas dobras de imagens sem relevo motivaram a presunção *enorme* de fraude. Mas seria preciso supor, então, uma extrema estupidez de Eva, pois ela sabia que iríamos tirar fotos dessas imagens. Como, ao lado de sua extraordinária habilidade, ela teria sido inconsequente o suficiente para fazer fotografar imagens semelhantes?

Seria também assumir que Eva levara esses desenhos fotografados, fazendo-os, a seguir, desaparecer. Mas a hipótese de desenhos levados e retirados é insustentável, por que: 1° – em alguns casos, o desenho apareceu, embora as mãos não deixaram de ser vistas; 2° – devido ao extremo rigor com que eram praticados os exames de Eva antes e depois das sessões, não vemos como ela poderia trazer consigo desenhos grandes; 3° – os desenhos apareceram algumas vezes fora de véu de tule que cobria Eva; 4° – houve movimentos às vezes muito manifestos, e totalmente automáticos, dessas imagens que se sucediam rapidamente, e que pareciam estar vivas.

O fato de haver a aparição de desenhos e não de formas em relevo não é, absolutamente, evidência de fraude. Com efeito, imaginamos, muito erradamente, que uma materialização é necessariamente análoga a um corpo humano e que possui três dimensões. Longe disso. Não há evidências de que o processo de materialização não seja precisamente, após o período de nuvem, de nevoeiro, um período de lineamentos grosseiros, rudimentares, ao qual sucederá um período de pleno desenvolvimento.

As expansões gelatinosas, semiluminosas, úmidas, que saem da boca de Marthe/Eva, são formações embrionárias, que *tendem à organização sem sucesso imediato*. Talvez com outros médiuns, como Home e Florence Cook, a organização em forma viva seja mais rápida; em todo caso, com Eva, a formação é lenta, gradual, difícil.

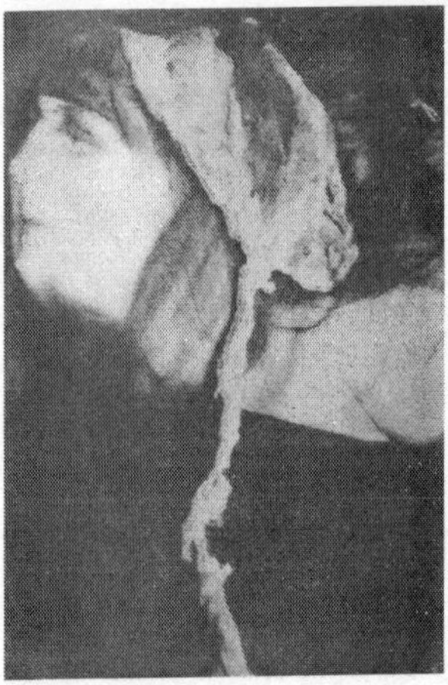

Fig. 22 – Ectoplasmia de Marthe/Eva (segundo a senhora Bisson e Schrenck-Notzing). Aumento da foto.
À direita, a cabeça de Marthe, onde vemos o pescoço desenhar-se nitidamente. Expansão branca fluídica que, parecendo partir dos cabelos e da nuca de Marthe, descia quase como as fitas de uma touca.
À esquerda, início da forma materializada, um rosto, bem imperfeito ainda, como envolto em um véu. As asas do nariz estão, ainda, mal formadas (Experiência de 30 de dezembro de 1911).

Schrenck examinou microscopicamente resíduos dessa matéria amorfa, e apenas descobriu detritos epiteliais, formas bacterianas, e uma quantidade significativa de gordura. Em certos casos, foi um tecido de aparência vegetal, enquanto em outros casos, foi encontrada uma espécie de filamento de algodão rodeado por uma substância granulosa não determinada.

Essas experiências notáveis da senhora Bisson e Schrenck comprovam, mais uma vez, o fenômeno da ectoplasmia. Após as experiências de W. Crookes, da senhora d'Espérance, de P. Gibier, de Eusapia, da Vila Carmen, parece que agora seja impossível duvidar desse fenômeno extraordinário, extremamente raro, mas real.[71]

Para a origem e formação dos ectoplasmas, os fenômenos que Schrenck-Notzing e a senhora Bisson constataram em Eva fornecem novos documentos, de grande importância

71 Na Alemanha, duras críticas (e medíocres) surgiram, em particular, da doutora Mathilde von Kemnitz. Schrenck-Notzing respondeu-lhe vigorosamente, assim como ao doutor von Gulat-Wellenbrug, *Der Kampf und die Materialisationsphaenomene, Verteidigungsschrift*, Munique, Reinhardt, 1914. Vide também *La querele des phenomènes de matérialisation*, por A. Von Schrenck-Notzing, *A. S. P.* maio, 1914. XXIV, 129-149. Schrenck demonstra que o exame atento das fotografias indica que não pode se tratar das fotografias publicadas no jornal *Le Miroir.* A senhora Barklay, que, na *Psychic Magazine*, pensara ter demonstrado a fraude, apenas provou que ela não tinha lido as atas das sessões, nem examinado cuidadosamente as fotografias. Schrenck, aliás, pagara detetives que, durante vários meses, tentaram, por todos os meios, detectar e até mesmo provocar alguma fraude: eles nada puderam obter.

teórica. A palavra *ectoplasma*, que eu tinha imaginado para as experiências de Eusapia, parece plenamente justificada, é uma espécie de protoplasma gelatinoso, amorfo primeiramente, que sai o corpo do médium, e toma forma mais tarde. Em quase todas as fotografias, vemos claramente essa *embriogenia da materialização*. No início há sempre véus brancos, manchas leitosas, e é no interior dessa pasta gelatinosa, uma espécie de musselina úmida e pegajosa, que rostos, dedos, desenhos formam-se gradualmente.

Para apresentar uma prova formal que estabeleça a verdade dos fenômenos de materialização e de embriogênese ectoplasmática apresentados por Marthe, acho que eu deveria citar aqui, quase sem abreviação, o protocolo das experiências por mim realizadas com Marthe, na casada senhora de S., em condições em que qualquer fraude era impossível (setembro, outubro, novembro de 1906).

Se eu não as publiquei em 1906, é porque elas me pareceram tão extraordinárias que eu queria esperar sua confirmação por novas pesquisas que eu desejava empreender, mas nesse momento Marthe iniciou outros estudos com a senhora Bisson.

Em certos aspectos, as minhas experiências fornecem mais detalhes do que as de Schrenck e da senhora Bisson, porque eu podia seguir todos os progressos da embriogênese ectoplasmática. Na verdade, eu não tirei fotografias; grande lacuna, talvez, mas lacuna amplamente compensada pelo fato de eu poder seguir pessoalmente os progressos da formação ectoplasmática em todos os seus detalhes, sem que tivessem ocorrido intermitências na observação durante as quais a cortina foi abaixada, o que a médium não permitia quando esperava que a fotografia fosse tirada, e quando ela mesma dava o sinal para o fotógrafo. E, além disso, sempre os médiuns têm um pouco de medo desse clarão, e eu acho que devido a esse mesmo medo, pode haver alguma lentidão dos fenômenos.

Finalmente, é provável que os poderes mediúnicos de Marthe tenham sido transformados, e que sua modalidade, variado. Na casa da senhora S., os fenômenos foram muito diferentes daqueles que ocorreram em Argel, análogos, quase idênticos aos que foram vistos, alguns anos mais tarde, pela senhora Bisson e por Schrenck-Notzing.

Seguem, *textualmente*, minhas notas de 1906.[72]

Na sala de estar (muito pequena) que eu exploro, um ângulo: as cortinas estão diante do ângulo que pode abrir ou fechar, uma poltrona de vime no meio, onde Marthe está sentada. A senhora de S. (a quem chamarei de A.) está a sós com Marthe e eu. Estamos, A. e eu, sentados ao lado de Marthe, tão perto que eu, sem me levantar, posso tocar nas mãos de Marthe. A luz (uma lâmpada elétrica coberta com um véu vermelho) é forte o suficiente para iluminar todas as partes brancas (fitas brancas em volta da cabeça) das roupas de Marthe. Depois de meia hora, aproximadamente, eu abro as cortinas e vejo uma luz fraca no chão, fraca o suficiente para que eu duvide de sua realidade. Aos poucos, a luz se torna cada vez mais forte. Ela está no chão, como um pequeno lenço luminoso. Todo o corpo de Marthe está imóvel. A mancha luminosa cresce. Seus contornos são leitosos, indecisos, enevoados, mais incertos e menos nítidos do que seria um pano. Ela aproxima-se da poltrona, cresce, toma a forma de uma espécie de serpente que tende a subir para o braço esquerdo da poltrona de A. Seus contornos estão se tornando mais nítidos. É como uma massa de tecido semicompacta. De repente, um espetáculo extraordinário. Da massa destaca-se uma ponta que sobe, se recurva, e se dirige para o peito de Marthe (cujas mãos estão sempre seguras). A ponta continua a avançar, de uma maneira assustadora, como um animal que se dirige com seu bico, e, à medida que avança, na haste rígida, existe uma espécie de tela que se desenrola (a membrana da asa de um morcego) tão fina e transparente que vemos roupas de Marthe através dela. Distinguimos bem a haste desse véu membranoso que a rodeia. Marthe está imóvel e fala por intervalos.
Eu posso me aproximar, olhar de muito, muito, muito perto, dois ou três centímetros de distância. Eu vejo uma espécie de tecido inflado, de formas cambiantes, animado por movimentos. Durante 5-6 minutos, eu o examino cuidadosamente. Eu vejo prolongamentos, como os cornos de um caracol, que se erguem à direita e à esquerda: esses cornos são como uma gelatina trans-

72 Essas notas, que me propunha publicar algum dia, pareceram-me tão importantes que eu as confiei, para o caso de ser necessário publicá-las após minha morte, ao meu caro amigo Georges Lyon. A meu pedido, ele acaba de me devolvê-las.

> parente, eles podem entrar e sair da massa principal mais nitidamente formada.
> Marthe levanta-se. Tomo suas mãos. Erguendo ou abaixando suas mãos, parece-me que atraio a ponta da massa. Logo a massa desaparece. Parece que não há mais do que uma espécie de véu suspenso em minha mão (que segura as duas mãos de Marthe). Mas eu não posso sentir nada. Fiz um ligeiro movimento com o dedo mínimo, a massa desceu alguns centímetros e depois tornou a elevar-se.

Essa experiência extraordinária, que foi a primeira, foi ainda ultrapassada em estranheza pela seguinte experiência (20 de outubro) realizada durante o dia, com luz suficiente para podermos enxergar (Exp. III). – Eu passo, ***brevitatis causa***, à experiência II, de 18 de outubro, que é a reprodução da experiência I. – Há luz suficiente, mesmo no gabinete, para que possamos ler o título de um livro.

> Depois de meia hora de espera, as cortinas se abrem. No chão, um pequeno feixe branco, que aumenta, forma uma massa ovoide, que emite um prolongamento, que sobe no braço da poltrona. Nesse momento, há nitidamente algo semelhante aos dois cornos de um caracol que parecem determinar a direção da massa, uma massa X, inferior, no chão, uma massa B, que lhe está unida, e que escalou o braço da poltrona. Eu posso enxergar de perto essa formação. A haste é de um branco-acinzentado, menos branco do que a guipure do corpete de Marthe e de contornos menos definidos. Possui protuberâncias como uma pele de serpente esvaziada, ao passo que as duas massas X e B parecem mais infladas e mais cheias. Aos poucos, a massa X torna a subir, e a massa B desce, de modo que, em determinado momento, a massa de X está sobre os joelhos de Marthe, enquanto a massa B está em posição inferior. Essa é a base sobre a qual parece repousar toda a formação, pois ela se espalha como uma ameba no chão, e tem então a forma de dois suportes (dois pés?). Enquanto esses dois pés continuam a se espalhar pelo chão, tive todo o tempo necessário para olhar de muito perto a massa X, acinzentada, gelatinosa, apenas visível. Não me é permitido tocá-la. Ela está sobre os joelhos de Marthe. Pouco a pouco ela parece se dividir, em sua extremida-

de, em dedos. É como um início de mão, informe, mas bastante nítido para que eu possa dizer: é o dorso de uma mão esquerda que vemos.

Um novo progresso é feito. O dedo mínimo se separa quase completamente, e então a seguinte aparência, muito rápida, mas muito nítida: massa acinzentada, na qual aparece uma mão com os dedos dobrados, vista pelo dorso, com um dedo mínimo nitidamente separado, um pouco mal formado, e acima, uma protuberância que parece com os ossos do carpo (uma espécie de fotografia de Röntgen dos ossos do carpo).

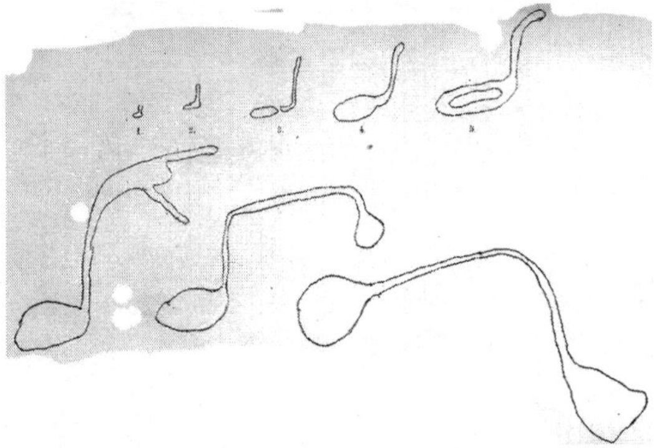

Fig. 23 – Ectoplasmias de Marthe (de acordo com meus desenhos).
1, 2, 3, 4 e 5 – fases sucessivas do ectoplasma que está no chão e cresce.
Em 6, o ectoplasma cresce mais e se desenvolve por duas expansões que parecem os cornos de um caracol.
7, 8 e 9 – formas sucessivas que assume o ectoplasma que sobe aos joelhos de Marthe e que, em 9, repousa no chão, como indica o esboço 9 ***bis***.
10, 11 e 12 – desenvolvimentos sucessivos de uma das extremidades do ectoplasma que assume, aos poucos, a aparência de uma mão informe.
12 e 13 – progresso da formação dessa mão.
14, 15, 16 e 17 – ***outra experiência***, totalmente análoga à precedente, em que são marcados os progressos sucessivos na formação de uma mão. O resultado final é um coto muito mal formado, mas suficiente para indicar, indiscutivelmente, um esboço de mão.

Logo, a massa nebulosa que envolvia essa mão desaparece, e permanece uma mão rudimentar e informe, mas de consistência muito diferente. É como um molde de gesso. Eu *creio* ver a pele e os sulcos se formarem lentamente. Eu vejo e seguro firmemente as mãos de Marthe. A mão ectoplasmática parece resistente, maior do que a mão de uma mulher. Eu posso olhá-la muito de perto e atentamente durante 10 minutos, e com uma luz muito boa. Em seguida, Marthe se levanta, e tudo desaparece.

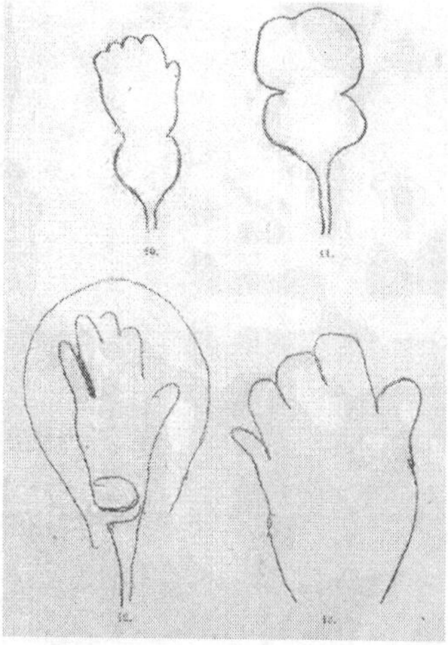

De todas essas experiências, a mais extraordinária é certamente experiência IV (20 de outubro).

Luz muito boa. A cortina permanece fechada por aproximadamente uma hora. Então, eu a abro, uma mancha branca, como um pano no chão, cresce rapidamente, há formação de dois cornos para o encaminhamento da massa X, que emite cornos muito móveis em todas as direções.

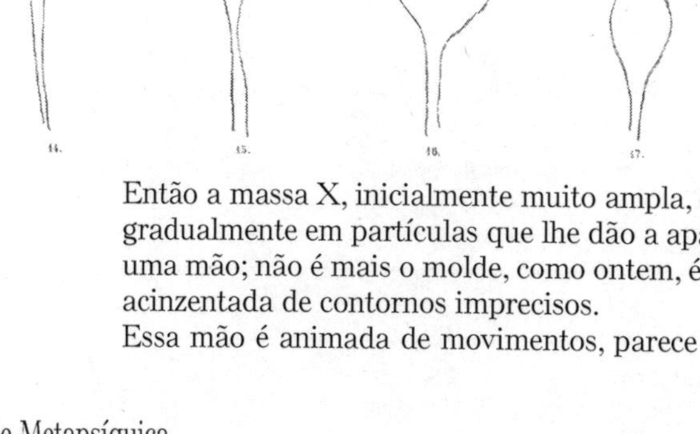

Então a massa X, inicialmente muito ampla, desloca-se gradualmente em partículas que lhe dão a aparência de uma mão; não é mais o molde, como ontem, é uma mão acinzentada de contornos imprecisos.
Essa mão é animada de movimentos, parece a mão de

> uma múmia saindo de um tecido. Ele levanta e abaixa como uma mão. As mãos de Marthe seguras firmemente por mim estão completamente imóveis. As extremidades dos dedos do ectoplasma, afiladas, alongadas em fusos parecem terminar em nuvens. Eu posso olhá-las muito de perto. Toco um desses fusos, isso dá a impressão de um líquido frio. Eu posso me apoiar nele, e tenho a sensação de um osso (falangeta), frio, coberto de pele. A mão balança-se no meu joelho, e eu sinto um leve roçar de um corpo pouco resistente. Então, a mão levanta-se por si só, balançando na haste longa que a liga ao chão e depois cai no chão, fazendo um barulho leve, e ali permanece, e eu *creio* ver os dois ossos do antebraço como se envoltos em uma nuvem de musselina.
>
> Então a mão se ergue, inclina-se, e avança em minha direção. O punho está abaixado, os dedos pendentes, eles balançam, há como um movimento de torção desse antebraço estranho. Continuo acreditando que vejo os ossos do carpo envoltos na nuvem de musselina.
>
> A mão pousa em meu joelho. Sinto o seu peso (muito, muito leve). Ela faz, como eu peço, pequenos movimentos de deslocamento no meu joelho, movimentos que sinto bem. Em seguida, Marthe me diz: "Eis os músculos que começam a se formar", e eu vejo (ou creio ver) no espaço entre os dois ossos algo preto. A mão ergue-se, move-se muito perto de mim, não tendo quase nenhuma raiz com o solo, a não ser por um pequeno rasto branco. A mão então cai no chão com um fraco ruído, depois se levanta e desaparece de repente, no momento em que Marthe se levanta.

O último experimento é certamente menos notável. Parece que houve um esforço para produzir diferentes fenômenos, que não tenham conseguido adquirir grande intensidade.

> Após uma longa espera (uma hora) Marthe abre as cortinas. Vemo-la sentada, imóvel. Em seu ombro direito aparece como uma massa esbranquiçada, talvez luminosa (sem que se possa dizer que ela possui uma luminosidade especial). Essa claridade, indistinta a princípio, gradualmente assume a forma de tecidos, depois desaparece no corpo de Marthe. Então, aparece uma espécie de nuvem que não me parece pesada (?), e que é como lançada através do pescoço e do busto de Marthe,

> mas é muito fugaz.
>
> A seguir, ocorre um fenômeno extremamente importante, infelizmente mais rápido do que os fenômenos observados até agora. A cerca de 50 cm de Marthe, parece uma espécie de boneca (sem rosto) bastante indistinta, de um metro de altura, apenas. Uma cabeça muito pequena, com duas mangas longas e quase sem pernas, tudo em uma espécie de tecido ou de luz. Isso dura meio minuto. Em seguida, toda a forma cai no chão, resta apenas a circunferência da cabeça, que permanece cerca de meio minuto, muito baixa, e desaparece.

O último fenômeno (eu transcrevo, inteiramente, as minhas notas) é extremamente nítido e claramente visível.

> Prolongamento luminoso parecendo partir da união, posterior, do pescoço com o dorso. Ambas as mãos (de Marthe) são visíveis e seguram os tecidos. O prolongamento é branco, muito brilhante; e parece-me, sem que eu tenha certeza, que é luminoso por si só. Ele é reto, muito estreito, não tendo mais, ao que parece, 0,2 cm de diâmetro. Na extremidade, é uma massa que não é arredondada, mas, antes, triangular. A parte externa dessa massa é como frisada, ou melhor, os contornos externos são imprecisos. Primeiramente, é completamente imóvel, e então, move-se aos solavancos, como se a haste entrasse no corpo. Pareceu-me que a massa luminosa, semelhante a uma espécie de maça das armas negras, mudou de dimensões, tornava-se às vezes maior, às vezes menor. Finalmente, entrou no pescoço e nas costas de Marthe, sendo que as suas mãos estavam sempre visíveis.

Estas são as experiências que fiz em 1906, com Marthe. Elas me parecem –, tendo sido corroboradas pelas fotografias ulteriores (admiráveis) feitas por Schrenck-Notzing e a senhora Bisson –, de uma importância extrema.

Em primeiro lugar, não pode haver mistificação. A luz, suficiente para ver tudo, a proximidade, extrema e o tempo, às vezes muito prolongado, que me permitia observar nos mínimos pormenores, impedem, totalmente, que eu tenha sido vítima de uma fraude mesmo admitindo – o que é absurdo-que a senhora de S., em cuja casa a experiência era realizada, teria sido cúmplice, teria sido impossível de fazer aparecer, diante de meus olhos, aquelas nuvens que se organizavam à minha frente, em massas móveis e de aparência óssea.

Marthe foi examinada, revistada, antes e após a experiência. Não a deixei, por um instante, fora de minha vista, e suas mãos sempre estavam não só seguras como visíveis.

Por isso, trata-se de fenômenos autênticos.

Ora, o que resulta dessas observações surpreendentes é o processo de formação dos ectoplasmas, uma massa nebulosa, esbranquiçada, talvez luminosa, que primeiro assume a forma de uma musselina ou gaze, no meio da qual se constituem uma mão, um punho, um braço, que gradualmente se tornam mais consistentes. Esse ectoplasma é dotado de movimentos *pessoais*. Ele rasteja como um animal, ergue-se do chão, cria tentáculos como uma ameba. Não está ligado ao corpo do médium durante o tempo todo, mas, no mais das vezes, emana dele e a ele está ligado.

Podemos distinguir nessas ectoplasmias duas fases: uma fase de *esboço*, e uma fase de *constituição*. Com toda probabilidade, com outros médiuns, a forma constituída pode aparecer de imediato, sem ter sido precedida por um período indistinto de nuvem, preparatório.

Para demonstrar a autenticidade desses fenômenos, não posso fazer melhor do que comparar as notas tomadas por mim em 1906 e aquelas que Geley publicou em 1920. Eu as reproduzo, sem nada mudar em nenhuma delas. Nós dois, sem comunicarmos mutuamente nossas notas e sem nada publicarmos, experimentávamos com Marthe, eu em 1906, Geley em 1910.

Notas de Ch. Richet (1906)

No chão, um pequeno rasto branco que cresce, forma uma massa ovoide, que emite um prolongamento, que sobe no braço da poltrona. Nesse momento, aparece, nitidamente, algo parecido com os dois cornos de um caracol que parecem determinar a direção da massa. Uma massa inferior X no chão e uma massa B, que lhe está unida e que escalou o braço da poltrona. Pude, de perto, observar essa formação. A haste é de um branco-acinzentado, com protuberâncias como uma pele de serpente enrugada. A massa X está sobre os joelhos de Marthe, enquanto a massa B espalha-se como uma ameba pelo chão. A massa X é acinzentada, gelatinosa, pouco visível. Ela está, então, nos joelhos de Marthe. Aos poucos, parece dividir-se em dedos na sua extremidade. É como uma mão incipiente, informe, mas suficientemente nítida para que eu possa dizer: é o dorso de uma mão esquerda que vemos. Novos progressos. O dedo mínimo separa-se quase completamente; então a aparência seguinte, muito rápida, mas muito nítida: a mão com os dedos dobrados, vista pelo dorso, com um dedo mínimo nitidamente separado, um polegar mal formado e em cima, uma protuberância que se parece com os ossos do carpo. Creio ver as dobras da pele.

Notas de Geley (*De l'inconscient au conscient*, 1919, p. 59).

Da boca, lentamente desce até os joelhos de Eva um cordão de substância branca, da largura aproximada de dois dedos. Esse cordão assume, aos nossos olhos, as formas mais variáveis; ele se junta e se encolhe; depois ele infla e estende-se novamente. Aqui e ali, da massa partem prolongamentos, espécies de pseudópodes, e estes pseudópodes assumem, por vezes, durante poucos segundos, a forma de dedos, esboços de mãos; depois, retornam à massa. Finalmente, o cordão se junta sobre si mesmo, alonga-se nos joelhos de Eva; a seguir, sua extremidade se ergue, desprende-se da médium e caminha em minha direção. Então eu vejo essa extremidade desenvolver-se em forma de protuberância e de um coto terminal que se desenvolve em uma mão perfeitamente modelada. Eu toco a mão, ela transmite uma sensação natural: sinto os ossos, sinto os dedos com suas unhas. Então a mão se encolhe, diminui, desaparece na extremidade do cordão.

É impossível admitir que Geley (que eu mal conhecia em 1910), e eu, estivéssemos, com cinco anos de distância, identicamente alucinados pela mesma alucinação, ou iludidos pela mesma ilusão.

Geley, após ter descrito com grande precisão essas variações da massa gelatinosa, embrioplástica, acrescentou: "*Eu não estou dizendo apenas: não houve fraude. Eu digo: não havia possibilidade de fraude*. Quase sempre as materializações se deram diante dos meus olhos, e observei toda a sua gênese e todo o seu desenvolvimento".

É exatamente assim que concluirei.

Outras observações, totalmente análogas às que foram feitas com Marthe-Eva, são indicadas por Schrenck em seu belo livro. Trata-se de uma jovem polonesa, Stanislawa P. que, por acaso, descobriu que era médium, vendo aparecer subitamente, diante dela (quando tinha 18 anos) sua amiga Sophie, recém-falecida, o que Stanislawa ignorava. Na residência de Schrenck, em Munique, Stanislawa teve ectoplasmas bucais, como Eva. Ela foi revistada, vestida com uma malha preta, e toda a cabeça estava coberta com um véu de malhas muito finas. O ectoplasma saía através do véu. Na extremidade desse ectoplasma, formaram-se esboços de três dedos. Alguns cinematogramas dessas importantes experiências puderam ser tirados.

Com Linda Gazzera, belos fenômenos de ectoplasmia e de telecinesia múltiplos foram obtidos. Meu culto e generoso amigo, o doutor E. Imoda, de Turim, publicou um livro importante, onde ele relata as experiências curiosas, sistematicamente conduzidas, que ele realizou em Turim, na casa da marquesa de Ruspoli.

Linda Gazzera, a médium que produziu esses fenômenos, é uma jovem de 22 anos, de rosto amável, muito instruída, viva e alegre. Seu guia é um certo Vincenzo, que foi, ao que parece, um oficial de cavalaria, que morreu há alguns anos, e sobre o qual faltam todos os dados precisos. Às vezes, era uma menina morta aos quatro anos, Carlotta. Em todas essas experiências, Linda foi cuidadosamente revistada, despida e vestida de novo, e o gabinete em que operava, cuidadosamente explorado. As mãos estavam muito bem seguras: aliás, Linda nunca fez esforços para libertá-las.

O único lado falho das experiências é que os pés e os joelhos não eram tão rigorosamente controlados como as mãos. Mas é impossível que os fenômenos então observados sejam devidos a movimentos dos pés, tão hábeis e tão engenhosos como podemos supor, por exemplo, para elevar uma caixa de música ou para colocar um cachimbo em minha boca. (!!)

Uma das características da mediunidade de Linda é que os fenômenos de telecinesia ou de ectoplasmia se produzem muito rapidamente. Assim que a luz é apagada, imediatamente os objetos se deslocam, instrumentos de música são acionados e formas brancas diversas aparecem. Ao mesmo tempo, os assistentes sentem toques, contato de um membro quente, úmido, móvel, vivo, sem que sempre seja possível dizer que se trata de uma mão.

Foi especialmente à fotografia dos ectoplasmas que E. Imoda dedicou-se. A preocupação com boas fotografias é excelente. Talvez, entretanto, a preocupação primordial, exclusiva, de obter a qualquer preço belas fotografias impede de se fazer minuciosas observações visuais a olho nu. Vemos nas fotografias de Imoda, mãos, rostos diversos, sempre envoltos em um véu branco. Quando Linda foi à minha casa, em Paris, G. de Fontenay também tirou fotografias irrepreensíveis (p. 175-179). Uma mão foi fotografada, outra vez foi um rosto, que parece ser a reprodução de um rosto de um possuído desenhado por Rubens em um de seus quadros que se encontra no Louvre.

Como nas fotografias de Schrenck-Notzing, essas imagens são planas: não há relevo. As mãos fotografadas parecem-se antes com luvas, do que com mãos reais.[73]

Foi também o que ocorreu com as fotografias obtidas com Caranzini.[74] Os rostos são bastante semelhantes aos rostos de bonecas, mas também, como as mãos, envoltos em um véu.

Ora, não podemos admitir que, sem o auxílio de suas mãos, depois de ter sido exaustivamente revistada e vestida com roupas especiais, Linda pudesse, em um ou dois minutos, dispor de cartões, manequins, desenhos, bem habilmente e bem prestamente para poder enfrentar a fotografia, ainda mais porque, uma vez obtida a fotografia, Linda era revistada novamente e nada foi encontrado. Como ela faria desaparecer o objeto que foi fotografado?

O fato –, eu dizia em meu prefácio ao livro de Imoda

73 *Fotografie di fantasmi*, in-8°, Torino, F. Bocca, 1912, prefácio de Charles Richet.
74 *A. S. P.*, 1912, XII, 135.

–, de os ectoplasmas não serem figuras vivas, não é absolutamente uma objeção, pois nada nos proíbe de admitir que o ectoplasma seja uma imagem e não um ser vivo. A materialização de um busto de gesso não é mais fácil de entender do que uma imagem litográfica: a formação de uma imagem não é menos extraordinária do que a de uma cabeça humana, com sangue, movimentos e pensamentos.

Vou indicar, como particularmente convincentes e decisivas, em minha opinião, as seguintes experiências que fiz em minha casa, em Paris, com a participação da senhora Charles Richet, Argentina (a ama italiana de um dos meus netos, a quem eu pedira para vir para que Linda tivesse ao seu lado uma compatriota), G. de Fontenay e eu. Eu, à direita, de Fontenay à esquerda. A sessão durou apenas 35 minutos.

O tempo todo, *sem uma única interrupção*, segurei fortemente, decididamente, admiravelmente a mão direita de Linda, e talvez 30 ou 40 vezes eu constatei, colocando a mão sobre a outra mão Linda, que de Fontenay segurava perfeitamente a mão esquerda. Ora, mesmo antes que Linda entrasse em transe, houve movimentos de objetos. A música tocou, um cachimbo colocado atrás de Linda chegou em plena escuridão e foi colocado em minha boca. Algum tempo depois, esse cachimbo foi pego – (escuridão absoluta) – e jogado com força no meio da sala. Uma coisa muito pesada desferiu-me alguns golpes violentos sobre o dorso da mão. Algo forte, grande, batendo com vigor, desferiu golpes na mesa e também bateu em de Fontenay. Uma fotografia foi tirada, na qual se vê uma mão bem materializada, a unha e todas as falanges. Estava envolta por uma fita, por um tecido. Havia um fio, que parece branco, saindo da cabeça de Linda (vide p. 572).

Essa experiência, juntamente com as que E. Imoda e a marquesa de Ruspoli, na Itália, multiplicaram, coloca acima de qualquer dúvida a realidade dos fenômenos.

O doutor P. Gibier, eminente fisiologista, diretor do Instituto Pasteur de Nova York, fez com a senhora Salmon uma bela e decisiva experiência.[75]

75 *Loc. cit.*, p. 1733, 21 abril 1909.

Ele experimentou em casa, em seu laboratório.[76] Primeiramente, construiu uma gaiola de ferro especial, cuja porta era fechada à chave, ele colocou a chave no bolso, e cercou a fechadura de selos de correio. A senhora Salmon foi encerrada nessa gaiola. Passado um tempo muito curto, depois de ter sido feita a escuridão, foram vistos mãos, braços e, depois, formas vivas que saíam da gaiola; um homem, uma mulher, geralmente uma menina, Mandy, alegre, amável. De repente, foi a própria senhora Salmon que saiu da gaiola, e caiu, quase desmaiada, no assoalho. Mas os selos estavam intatos, e a porta da gaiola não fora aberta.

Em uma segunda experiência, mais demonstrativa ainda, a gaiola de ferro foi substituída por um gabinete de madeira, especialmente construído, hermeticamente fechado, também. Além disso, a senhora Salmon foi amarrada solidamente por laços lacrados, que foram fixados nas paredes do gabinete. Logo que a escuridão foi feita, ***24 segundos depois***, apareceram, fora do gabinete, um grande antebraço e uma mão esquerda nua. Em seguida, outra forma se moveu para fora do gabinete.

Após alguns minutos de espera, um objeto branco, tão grande como um ovo, fora do gabinete, desenvolveu-se em altura.[77] Então, uma mulher, parecendo viva, saiu do gabinete. As senhoras D. e B. reconheceram-na. Essa pessoa fantasmagórica falava francês corretamente (a senhora Salmon pronuncia apenas algumas palavras... mas essa diferença não significa absolutamente nada). A aparição permanece por dois minutos. P. Gibier pôde distinguir suas feições. Ela era esbelta, aparentando de 20 a 25 anos, enquanto a senhora Salmon é forte, com cinquenta anos de idade. Então, chegou a pequena Mandy, que tem apenas um metro de altura. A seguir, um homem alto, forte, vigoroso, musculoso, muito viril cuja mão P. Gibier pôde apertar. Passado algum tempo, essa nova forma, desmoronou, precipitou-se, por assim dizer, no chão.

76 A dissertação, na qual esses fatos são relatados, deveria ser lida no Congresso de psicologia Internacional de Paris, de 1900. Mas P. Gibier foi atingido por uma morte acidental, prematura. Portanto, é uma obra póstuma, da qual citamos aqui as conclusões. ***Recherches sur les matérialisations de fantômes, la pénétration de la matière et autres phénomènes psychiques.A. S. P.***, XI, 3-16, 65-92.

77 Esse modo de formação do ectoplasma poderá ser comparado com as minhas experiências da Vila Carmen.

Após essa sessão emocionante, constatamos que tudo estava intato. A senhora Salmon ainda estava presa; a fita de seda continuava amarrada ao redor do pescoço, como antes da sessão.

Vários fatos importantes surgem a partir dessas experiências notáveis. Primeiro, elas foram conduzidas por um cientista de ceticismo esclarecido, e dirigidas de tal forma que, mesmo não se admitindo como inquestionável a sinceridade da senhora Salmon, só poderia haver fraude com a introdução na casa de P. Gibier de *vários cúmplices*, o que é manifestamente absurdo. Depois, devemos notar a velocidade e a multiplicidade das materializações.

Assim, essas experiências de Gibier confirmam de uma forma notável as outras materializações que relatamos. O que mais seria necessário para sermos mais convincentes?

Para as experiências realizadas com o médium Carancini, estudado principalmente pelo barão L. von Erhardt e a Sociedade de Estudos Psíquicos de Roma, há toda uma bibliografia.[78] Carancini foi estudado não somente em Roma, mas em Paris por de Vesme, Lemerle, M. Mangin, em Genebra por Claparède, Flournoy, Battelli. Há muitos pontos duvidosos, não sobre sua mediunidade que parece quase comprovada, mas sobre a realidade de suas fraudes, às vezes consciente, que diminui muito a autoridade das experiências que pareceram bem sucedidas, apesar de minuciosas precauções. Grande quantidade de fotografias foi tirada, porém não havia flash de magnésio senão quando Carancini dava o sinal: *Fuoco*.

Carancini era fortemente amarrado e era encontrado, ao final da experiência, amarrado como antes de sua realização.[79] Mas sabemos que, para muitos prestidigitadores ilusionistas, é bastante comum apresentar essa liberação, que parece decididamente fácil.

Os fenômenos de telecinesia ocorriam muito pouco tempo depois que ele era amarrado. As materializações eram raras; entretanto em uma fotografia vemos uma mão que parece plana, como uma folha de papel recortada em forma de mão. A

78 Vide, especialmente, Erhardt. *Étude sur la médiumnité de Carancini, A. S. P.*, abril de 1912, e *Luce e Ombra*, 1908-1913, *A. S. P.*, 1911-1913, passim.
79 *A. S. P.*, maio 1912, 130, fig. 48.

experiência mais marcante é talvez aquela em que uma placa esfumaçada, fora do alcance do médium, foi colocada em uma caixa de madeira fechada por um cadeado, que um dos assistentes segurava. (Ele a segurou o tempo todo?).

Carancini produziu fenômenos de levitação, e de movimentos de vários objetos, mas sempre no escuro.

Em suma, ainda há incerteza sobre a autenticidade dos fenômenos. Após a leitura cuidadosa das atas, estou inclinado a pensar que eles são verdadeiros, mas é porque eles se assemelham aos fenômenos, absolutamente autênticos, aos observados com Eusapia. Pois, em si, as telecinesias de Carancini são altamente suspeitas. Na verdade, apenas houve suspeitas, e não evidências de fraude, e dever-se-ia supor – como observa o senhor Erhardt – que os controladores e os assistentes nas múltiplas experiências, que pareciam irrepreensíveis, eram ***completos idiotas***.

O doutor Feijão, professor de cirurgia na Faculdade de Medicina de Lisboa, assistiu a sessões extraordinárias, que a senhora Frondoni Lacombe relatou.[80]

A médium foi a senhora de Andrade, não profissional. Feijão diz (é a sua opinião que, vindo de um eminente professor, anteriormente cético, tem um grande peso): "Outrora eu não cria em nada dessas coisas. Agora, eu vi, observei e arrependo-me da minha incredulidade".

Nessas experiências, que tiveram lugar na casa do senhor Feijão, a corrente foi formada corretamente por todos os assistentes. Em seguida, a mesa elevou-se 15 centímetros acima do solo; houve luzes, toques, movimentos de objetos.

Dois fatos extraordinários são relatados pelo senhor Feijão. É, primeiramente, um aporte, ou melhor, um transporte. Com a porta fechada a chave, uma rosa de um buquê que estava lá foi levada para a sala ao lado. Mas convém fazermos todas as reservas, pois o professor Feijão não parece estar certo de que a rosa transportada era a que estava no buquê. Mesmo após a afirmação do senhor Feijão, podemos dizer que não existe ain-

---

80 *Une série de séances de matérialisations à Lisbonne, A. S. P.*, dezembro 1918 e 1919, XXIX, 5-12, 26-29. – Oliveira Feijão, *Lettre à M. Camille Flammarion, loc. cit.*, p. 27-29.

da, como sugerido por sir Oliver Lodge, com boa razão, um único fenômeno de aporte devidamente constatado.

O outro fenômeno é a aparição de um fantasma. Todas as portas estavam fechadas. A fotografia foi tirada, e a foto mostra que se trata de um oficial francês (?). Mais tarde, a mesa indicou que essa imagem era a do lugar-tenente Catherin, morto em Vitry-le-François, em 27 de setembro de 1914. Ora, a fotografia mostrada à viúva Catherin não tem qualquer semelhança com o verdadeiro Catherin. Além disso, o uniforme não está de acordo com o uniforme dos oficiais do exército francês.

O que torna essa experiência muito importante, certamente não é a fotografia, para a produção da qual as devidas precauções não foram observadas, mas a visão de um fantasma em uma sala trancada à chave, diante de pessoas que certamente não seriam capazes de uma fraude hábil, consciente e refletida, para a qual haveria a necessidade da presença de um cúmplice.

Essas belas – e a meu ver, decisivas – observações de telecinesia e de ectoplasmia são relatadas no recente livro da senhora Madeleine Lacombe Frondoni de Lisboa. Tenho a honra de conhecê-la pessoalmente e de estimar Madeleine Lacombe, que considero uma pessoa incapaz de fraude. E, aliás, poderíamos compreender uma fraude perpetrada, sem outra vantagem além de sarcasmos e injúrias, repetida por cinco anos com obstinação corajosa, apesar das críticas? Os fatos citados são apoiados por atestações múltiplas, autorizadas, notadamente aquelas do senhor Feijão, eminente professor da Faculdade de Medicina de Lisboa, que, a princípio muito cético, foi finalmente forçado a render-se à evidência, e por outros médicos ainda, os doutores Souza Couta, X., de Lisboa, o capitão de engenharia de Abben, o capitão Silva Pinto, e outras pessoas ilustres de Lisboa.

A médium que produziu os excelentes fenômenos metapsíquicos não é uma médium profissional: foi a condessa Castelwitch (que até fez todas essas experiências sem o conhecimento de seu marido).

Eis como foi descoberta a mediunidade da senhora Castelwitch. "Em 10 de janeiro de 1913 –, disse a senhora Lacombe –, tendo ido visitar minha amiga, a condessa Castelwitch, propus-lhe fazer girar uma mesa. Éramos três: a condessa, a senhora Ponsa e eu. Essas senhoras nunca tinham posto as mãos sobre uma mesa... Naquele dia, a mesa elevou-se, e um personagem se manifestou por tiptologia, pretendendo se chamar Lemos...". A partir desse dia, a senhora Lacombe e a condessa multiplicaram as experiências, e, finalmente, obtiveram uma série de fenômenos extraordinários, em cujos detalhes eu não posso entrar, porque seria obrigado a citar todo o volume, mas exorto os leitores a estudá-los nesse livro interessante.

Contentar-me-ei em resumir os principais fatos, especialmente aqueles observados na presença do professor Feijão.

Muitas vezes, houve toques: mãos foram sentidas pelos presentes, embora todos tenham formado a corrente. Móveis grandes foram levantados, a mesa, pesando 78 kg, ergueu-se sobre as duas pernas quase sem ser tocada. Os movimentos de uma mesinha eram tão violentos que foi preciso substituir a mesinha de madeira por uma coberta com uma placa de metal. Quando a nova mesinha foi colocada em uso, ela foi transportada com violência, e depois, quebrada em duzentos pedacinhos (número exato), que foram telecineticamente, isto é, sem contato, reunidos em pilhas em um canto da sala, como uma pequena fogueira. O doutor Feijão, que assistiu a essa experiência, opinou, primeiramente, que havia falsas portas secretas e alçapões, pelos quais um estranho teria se introduzido e realizado aquele trabalho incrível. Em outras sessões, uma cadeira de 15 kg caminhava sozinha, percorrendo um trajeto de aproximadamente quatro metros. Pancadas muito fortes e ritmadas foram ouvidas em várias partes da sala.

Eis o que escreve sobre estas sessões o professor Feijão:

> Pancadas foram desferidas, sendo que as mais ruidosas foram aquelas que ressoaram nas janelas da biblioteca. Os móveis foram, por vezes, postos em movimento; cadeiras pesadas andavam pelo cômodo, as portas trancadas dos armários da biblioteca foram forçadas e terminaram se abrindo; livros pesados, volumosos, foram pegos e jogados no chão (as nossas mãos estavam sempre seguras umas nas outras), uma campainha, uma sineta, um piano entreaberto, um violão em seu estojo, ressoam fortemente... A mesa, por vezes, elevou-se a 60

centímetros... A nosso pedido, e depois que retiramos as nossas mãos, a mesa andou sozinha.

Houve também, como o senhor Feijão acredita, e como a senhora Lacombe diz ter visto muitas vezes, aportes, ou melhor, transportes de objetos através de portas fechadas... "Em uma sessão exprimimos o desejo de que uma rosa fosse transportada para a galeria adjacente. E, de fato, encontramos essa flor sobre uma mesa, embora todas as portas estivessem trancadas à chave, como sempre ocorria".

Apesar desses testemunhos, devemos fazer todas as reservas sobre esses aportes e transportes, porque são fenômenos que se prestam facilmente à ilusão, em consequência da inconsciência na qual se encontram, talvez, não apenas a médium, mas até alguns dos assistentes. Pode ser que a senhora Lacombe e a condessa Castelwitch percam, relativamente, a consciência e realizem esses movimentos de objetos. Seria preciso uma constatação rigorosa, autêntica (que faltou) que uma rosa tenha atravessado as portas devidamente fechadas, para ir ao cômodo completamente fechado.

Se faço essas reservas necessárias, é porque na ciência metapsíquica os casos de aportes e de transportes são muito excepcionais, supondo-se que eles nunca tenham sido constatados.

Mas, em todo caso, a telecinesia foi obtida de forma evidente, notadamente na experiência de 24 de abril de 1917, à qual assistiam um dos alunos do senhor Feijão, muito cético, o senhor Bianco, e o próprio senhor Feijão. As mãos de todos os presentes foram fortemente amarradas, de modo que não poderiam se soltar. Sob essas condições, os golpes foram desferidos por todos os lados, uma mão foi sentida por várias pessoas; uma corda do violão soou fortemente, a biblioteca foi aberta, um livro que estava sobre uma mesa, muito distante, foi pego e projetado com força.

Na obra da senhora Lacombe, os casos de telecinesia são tão frequentes que seria necessário citar todos.

Contentar-nos-emos em citar o seguinte fenômeno, interessante, sobretudo, porque ele se produziu em plena luz do dia. Em plena luz, uma mesa pesando 78 kg elevou-se em duas pernas e desferiu um golpe, enquanto a condessa estava a uma distância de um metro e de pé.

Houve ectoplasmias: um fantasma representando um oficial francês, mas em uniforme militar completamente fora de moda, foi fotografado. – A história é muito longa para ser contada aqui. – Outra vez, foi uma religiosa; muito frequentemente foram clarões esbranquiçados, luminescências mais ou menos informes; outra vez foi um fantasma cuja cabeça era uma caveira; outra vez foi um soldado árabe. Todas estas fotografias foram tiradas: elas são de grande interesse.

Entre as ectoplasmias, as quais eu não posso todas citar, limito-me à seguinte experiência. Na residência da senhora Castelwitch, no dia 18 de dezembro de 1914, os assistentes, a senhora Castelwitch, a senhora Ponsa, a senhora Furtado, o senhor e a senhora Lacombe, conseguiram, pela mesa, a presença do marido de senhora Furtado, que não quis ser fotografado *porque ele não mais se lembra de seu rosto*! Mas ele disse que sua companheira viria em seu lugar: essa companheira era a amante do senhor Furtado, que tinha se separado de sua esposa. E, de fato, para o grande terror de senhora Furtado, o fantasma de uma mulher foi fotografado, do qual não deu para ver o rosto, por estar coberto com um véu. Então, a senhora Furtado disse que não mais queria participar das sessões. Na sessão seguinte (27 de dezembro de 1914) o senhor Furtado voltou a anunciar a sua presença e disse: "Eu não tenho rosto, mas vou fabricar um". E, de fato, o fantasma fotografado foi um grande homem vestido de branco, cuja cabeça era uma caveira (vide p. 691).

É difícil, senão impossível, supor que tudo isso não passa de ilusões ou de fraudes. Primeiro, a fraude não é fácil; em todas essas sessões só estiveram presentes duas pessoas, de modo que é preciso supor fraudes realizadas pela senhora Castelwitch ou pela senhora Lacombe. Mas quantos absurdo isso implica! Para mostrar um oficial francês, uma religiosa, um fantasma com a cabeça de caveira, um soldado árabe, comprar em uma loja, toda uma variedade de trajes, e organizá-los durante as sessões, sempre com as mãos, senão rigorosamente, ao menos bem seguras. E, depois, por quê? Se senhora Lacombe quisesse enganar, ela poderia ter nos contado fatos muito mais extraordinários ainda, tudo o que lhe tivesse passado pela cabeça. Nós não temos nenhuma razão para suspeitarmos da boa-fé da senhora Furtado (que era muito cética) e da senhora Ponsa, amiga íntima da senhora Lacombe.

Embora seja bastante provável que a principal médium tenha sido a condessa Castelwitch, no entanto, Madeleine Frondoni Lacombe produziu fenômenos importantes (à luz do dia) estando sozinha com outra amiga, a senhora de Andrade (p. 208), que também teve algumas manifestações que pareciam autênticas.

Tendo segurado ambas as mãos da senhora de Andrade, senhora Frondoni Lacombe viu, em pleno sol (e senhora de Andrade também viu) uma sombrinha que subia, descia, avançava, rolando em ondulações sucessivas. Houve também, a pedido, pancadas nitidamente desferidas, à distância. Portanto, é razoável acreditar que a própria senhora Lacombe é também uma médium.

Então, os fenômenos de ectoplasmia observados pela senhora Lacombe são autênticos. Se eles fossem os únicos na ciência metapsíquica, certamente não bastariam para afirmar nossas convicções, pois Madeleine Lacombe não tem autoridade científica suficiente que as suas conclusões determinem as nossas, mas o que ela viu concorda, aliás, muito bem com tudo o que sabemos, com tudo o que nos ensinaram as experiências com Home, com Eusapia, com Marthe Béraud, com Stanislawa, com a senhorita Goligher, pois não há razão para negar as coisas que vi em Lisboa. Se aqui e ali, há exageros e incertezas, afinal o conjunto é exato. A condessa Castelwitch era uma médium muito poderosa. É lamentável que não tenha sido submetida a sistemáticas investigações, um pouco mais severas do que as de sua amiga, a senhora Lacombe.

É provável que essas experiências tenham terminado. Após a sessão de 14 de julho de 1920, em que houve um aporte, uma cabeça de coruja esculpida em uma pedra – é permitido contestar com veemência a legitimidade desse aporte, – houve uma sessão no dia 03 de agosto de 1920 em que o espírito disse que iria partir... ***Hoja ultimo día que poso manifestarme*** (Este é o último dia em que eu posso me manifestar). Foi assim que, sem causa conhecida, Katie King separou-se de William Crookes e lhe disse adeus para sempre.

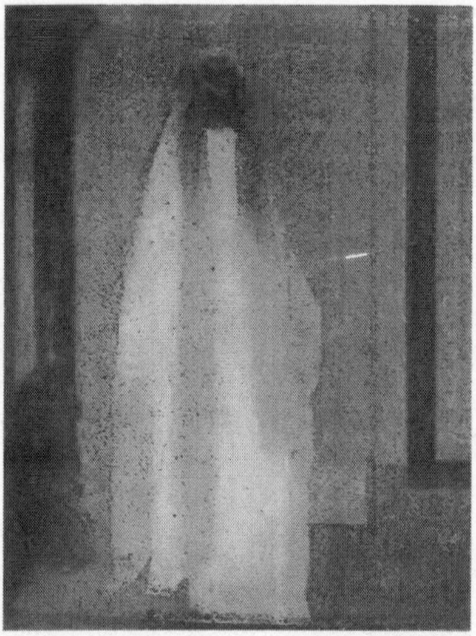

Fig. 24 – Materialização do senhor Furtado, com uma caveira (segundo a senhora Frondoni Lacombe).

Houve também alguns fenômenos de metapsíquica subjetiva, sobre os quais não insisto, porque são medíocres ao lado dos outros magníficos testemunhos de criptestesia que relatamos anteriormente, e as experiências de Lisboa pertencem, sobretudo, à metapsíquica objetiva.

Experiências de esplêndida aparência foram realizadas em San José (Costa Rica) em 1910, na casa particular de um honrado comerciante, o senhor Corralés. Sua filha Ofélia alegou possuir faculdades mediúnicas extremamente poderosas. Houve várias sessões às quais assistiram importantes pessoas de San José. Várias formas materializadas apareceram (dom Constantino, Mary Brown, que falava muito corretamente e elegantemente em inglês).

Durante as aparições, Ofélia foi vista, às vezes em plena luz, juntamente com Mary Brown, que podia ser tocada, ouvida, fotografada.[81] Mary, o fantasma parecia incorporar-se em Ofélia, da qual emanava, e animá-la.

À leitura, tudo isso parece admirável, mas, apesar da impressionante lista de pessoas que certificaram a autenticidade dos fenômenos, devemos ***negar qualquer valor*** científico a essas experiências. O senhor Corralés, pai de Ofélia, diz textualmente: "Foi provado que Mary introduziu no cômodo uma jovem desconhecida". Essas palavras enigmáticas permitem qualquer suposição.

Por isso, seria um verdadeiro atentado contra a ciência conceder a mínima autoridade a essas experiências completamente fraudulentas.[82]

81 *A. S. P.*, 1910, XX, 324.

82 Willy Reichel (***Psychische Studien***, outubro 1910 e *A. S. P*, 1911, XXI, 140)

As experiências com Lucia Sordi,[83] que inicialmente haviam dado resultados satisfatórios para o senhor Marzorati não resistiram à engenhosa experimentação de Schrenck-Notzing. Lucia estava encerrada em uma gaiola de madeira, e (no escuro) ela podia, quando estava em transe, sair da mesma, mas Schrenck pegou uma bola de madeira, exatamente do mesmo tamanho que a cabeça de Lucia, fazendo-a, facilmente sair da gaiola e voltar, graças à distância entre as barras.[84]

O coronel e a senhora Peters observaram, em Berlim, na *Lodge Psiché*, uma forma materializada surpreendente.

A sessão teve lugar em um pequeno cômodo, suficientemente iluminado por uma lâmpada vermelha. A médium (a mulher mascarada) estava adormecida em uma poltrona. Inicialmente, havia ao seu lado uma figura masculina, cujo corpo só era visível acima dos joelhos; depois, surgiu outra forma, a pretensa religiosa Cordula, alta, ultrapassando a médium de uma cabeça. Ele vestia o hábito das dominicanas. Seu rosto era totalmente humano. Seus olhos tinham um olhar brilhante. Ela balançou-se no ar, flutuando no alto do cômodo por três minutos, à altura de 2,70 m, gesticulando e falando: "Notem –, dizia ela –, como meu olhos brilham!". Depois, tudo desapareceu gradualmente, a médium ainda estava no mesmo lugar, a 1,5 m da aparição.[85]

Eglinton foi um médium muito poderoso e, embora tenha sido suspeito de fraude, ele pôde finalmente provar que as acusações de seus adversários eram caluniosas. Além disso, não se trata de provar que ele nunca fraudou (o que é bastante raro em um médium profissional), mas somente que em alguns casos, ele

---

considera os fenômenos produzidos por Ofélia Corralés como fraudes manifestas. C. De Vesme tomou a defesa de Corralés e de Ofélia. Entretanto, seja lá como for, é necessário, mesmo que sejamos muito benevolentes, ignorar completamente as experiências da Costa Rica. *A. S. P.*, 1911, XXI, 214.

83 *Luce e Ombra*, X, novembro 1910, e *A. S. P.*, XXI, janeiro 1911, 225-230.

84 Quando falamos de sessões de materialização, sempre é preciso comparar a autoridade dessas sessões com as que foram realizadas por Eusapia. Durante vinte anos, em Milão, Gênova, Roma, Nápoles, Turim, Paris, na ilha Ribaud, Carqueiranne, Agnelas, Cambridge, Montfort-l'Amaury, Washington, Eusapia foi escrutada, analisada, aprofundada por estudiosos como Schiaparelli, Oliver Lodge, Lombroso, Fr. Myers, Aksakoff, de Rochas, A. de Gramont, P. Curie, Morselli, Bozzano, Ochorowicz, Foa, Bottazzi, Vassallo, Feilding, Carrington, Maxwell. Dariex, etc. etc. É duvidoso que possamos antes de muito tempo encontrar um conjunto mais imponente de irrefutáveis testemunhos.

85 *Matérialisation de deux formes humaines* (*A. S. P*, 1907, XXVII, 25-35).

produziu grandes fenômenos metapsíquicos.[86]

A senhorita Glyn, que não acreditava nas materializações, viu Eglinton em sua casa, em uma sessão com a presença de seu pai, seu irmão e um amigo. Eglinton estava no meio deste pequeno círculo e seguraram suas mãos. Então, duas formas que podiam falar e se mover apareceram. A senhorita Glyn reconheceu-as como sendo sua mãe e seu irmão mais novo. As formas desapareceram lentamente, mas muitas vezes, ***reconhecem-se*** muito facilmente os fantasmas, e o desejo de ter esse ***reconhecimento*** diminui muito o valor dos testemunhos.

O doutor Carter Blake, com cinco pessoas da elite intelectual inglesa, contou que viu ao lado de Eglinton, que permanecia sentado em uma poltrona, uma grande forma marrom que se fundiu no corpo do médium.

O eminente Russell Wallace, em uma carta a A. Erny, contou que viu Eglinton em uma casa particular, onde ele realizava as sessões. Ao lado dele, apareceu Abdullah, forma materializada de um personagem oriental, com sandálias, um turbante, uma túnica branca, enquanto Eglinton era visto, ao mesmo tempo, sentado em uma poltrona, vestido de preto. Após a sessão, Eglinton foi despido, revistado com o maior cuidado, e não encontraram nem sandálias, nem turbante, nem albornoz.

Importantes sessões foram realizadas na casa do pintor J. Tissot, que as reproduziu em um belo quadro. Eglinton sentou-se em uma poltrona perto de J. Tissot, e lá permaneceu o tempo todo. As portas estavam trancadas. Depois de alguns momentos, apareceram duas formas ao lado do senhor Tissot. Elas eram, inicialmente, nebulosas, mas, aos poucos, tornaram-se visíveis a ponto de se poder ver todos os seus traços. A forma masculina tinha na mão uma espécie de luz com a qual ela iluminava a forma feminina. O senhor Tissot reconheceu esta última e, profundamente emocionado, pediu-lhe para beijá-lo, a forma fez isso várias vezes e podia-se ver o movimento de seus lábios.

O doutor Nichols experimentou com Eglinton trancado em uma gaiola cercada por uma rede. As portas da gaiola foram fechadas com nós lacrados; e salpicaram farinha ao redor da gaiola, o que não impediu de as formas aparecerem fora da

86 De acordo com A. Erny, *loc. cit.*, 159.

gaiola. Outra vez, na casa do doutor Nichols, em plena luz do dia, mas por trás das cortinas fechadas, houve a materialização de uma forma humana que, para ser reconhecida, aproximou-se da cortina, que ergueu, para mostrar-se à luz do dia. Em seguida, a forma desmaterializou-se lentamente. Restou apenas a parte inferior do corpo, que desapareceu de repente.

Fl Marryat e seu marido assistiram a uma sessão privada notável, onde viram uma substância esbranquiçada e nebulosa sair do quadril esquerdo do médium; a nuvem cresceu, condensou-se e tornou-se uma forma materializada que se postou diante de Eglinton.

Fl Marryat estudou as materializações do senhor Arthur Collemann que não era um médium profissional. O senhor Collemann estava amarrado com fios de algodão que se romperiam ao menor movimento. À luz de um bico de gás, apareceram até seis formas presentes (os assistentes eram apenas cinco). Enquanto isso, na sala ao lado, Collemann estava adormecido e imóvel.

O senhor Stainton Moses, que era um médium poderoso, viu, repetidas vezes, formas vivas ao seu redor. Eis o que relata, entre outros fatos, o senhor Charlton Speer, seu amigo:[87]

"Eu tinha a mão pousada sobre o papel e eu escrevia. De repente, o senhor Moses, que estava sentado exatamente do lado oposto, disse: "Há uma coluna de luz à sua frente". Logo depois ele nos diz que a coluna de luz tinha se transformado em um espírito, do qual descreveu a cabeça e as formas".[88]

Pancadas muito fortes foram ouvidas pelo senhor Speer e por Stainton Moses, que era certamente o médium, em plena luz do dia, ao ar livre, sobre os trilhos da linha de Southend. Essas pancadas (inteligentes) podiam ser ouvidas até mesmo a 50 metros de distância. O senhor Moses também observa que, por vezes, em casa, vagas formas luminosas aproximavam-se da mesa e faziam, então, com que as pancadas fossem ouvidas. Quanto ao resto, descrevemos no capítulo referente à telecinesia os belos fenômenos obtidos por Stainton Moses. As materializações só foram, excepcionalmente, produzidas por ele.

87 *A. S. P.*, 1895, V, 228.

88 É muito duvidoso que essa forma fosse objetiva. Certamente, ela não foi vista senão por St. Moses.

Em 1905, o arcediago de Cantuária, Colley, fez com Monck, pastor e médium (o mesmo médium que havia sido observado por Reiners e Oxley) experiências completamente extraordinárias.[89] A luz do gás estava completamente acesa, e o senhor Colley estava de pé ao lado do médium em transe, apoiando-o. Um vapor saía, então, das roupas pretas do médium, para formar uma nuvem, nuvem esta que, finalmente, transformava-se em tecidos brancos que envolviam as aparições. Uma criança apareceu, andou pela sala, exatamente como uma criança viva, e se fez beijar pelos assistentes e, depois, voltou até o médium, ***foi gradualmente absorvida por ele e desapareceu, fundindo-se em seu corpo***. No mesmo dia, a forma de uma mulher encantadora apareceu, que também nasceu de um filamento fluídico que saía do médium, e tornou a entrar em seu corpo. Em outra sessão, com Monck, apareceu o Mahdi, um personagem de aparência oriental. O médium estava a dois metros de Mahdi. "O Mahdi estava usando um capacete metálico, que eu pude tocar; senti um pouco de resistência. Parecia que esse objeto se fundia ao meu contato, como a neve, para retomar a sua forma original um instante depois. Esse fantasma era, aliás, muito robusto". Um dia, o senhor Colley agarrou-o em seus braços. "Uma força irresistível me levantou então, e fui atirado a uma distância de cerca de seis metros até o lugar onde o médium estava em pé. Então, eu encontrei em meus braços o médium com uma musselina branca sobre sua jaqueta preta. Eu o segurava em meus braços, como eu pensei estar segurando Mahdi".

Na verdade essa constatação feita pelo senhor Colley levou à suposição de que ele tinha sido vítima de uma fraude. Entretanto, ele viu do corpo do médium escapar como um vapor que se organizava pouco a pouco e tornava-se uma nuvem, e se constituía em vestes flutuantes cobrindo um corpo. A forma materializada chamava-se *Samuel*, e pudemos ver o médium e *Samuel* apertarem-se as mãos, cumprimentando-se fraternalmente. Eles caminharam juntos ao redor da sala... "Essas coisas –, disse o arcediago de Cantuária –, eu publico pela primeira vez, depois de ter meditado em silêncio por 28 anos. Eu afirmo que é a verdade, dando minha palavra de clérigo em declarações

89 Vide Delanne, *loc. cit.*, 521.

em função das quais coloco em risco minha posição eclesiástica e meu futuro profissional".

A esse respeito, houve um julgamento sensacional em Londres. O prestidigitador Maskelyne alegou ser capaz de repetir o mesmo fenômeno com truques de teatro. Ele apostou 25.000 francos, que perdeu. O ilustre Russell Wallace apoiou com sua autoridade o testemunho do senhor Colley.

O doutor Hirschmann, presidente da Sociedade de Antropologia de Liverpool, obteve com um médium não profissional, M. B., resultados extremamente curiosos. Muitas fotografias foram tiradas. Ele foi capaz de medir a altura, auferir o peso, contar as pulsações das várias formas que apareciam e que tinham, todas, características de vida. Essas aparições –, disse ele –, pareciam organizar-se gradualmente graças a uma massa nebulosa, e desapareciam instantaneamente, de uma maneira absoluta. Em uma das fotografias vemos, entre o peito do médium e o do fantasma, uma espécie de feixe luminoso que liga os dois corpos.

Em 1893, na casa do professor E., em Christiania, o senhor de Bergen organizou uma série de sessões com a senhora d'Espérance. homens distintos, pertencentes à Universidade, à magistratura e ao clero, tomaram parte nessas importantes reuniões.

Em uma das sessões, uma forma feminina, de adorável beleza, Nepenthès ao que parece, manifestou-se.

> Ela mostrou-se à luz, ao mesmo tempo em que a médium, que estava sentada com outras pessoas, fora do gabinete, e se materializou no meio do círculo. Ela mergulhou a mão na parafina liquefeita, que deu um molde de rara fineza, extraordinário, porque não podemos compreender como, após a moldagem, a mão pôde de lá sair. O modelador que fez disso um modelo de gesso, não podia acreditar em seus olhos, e declarou que ali havia bruxaria.
>
> Nepenthès desmaterializou-se no meio da plateia. Ela abaixou a cabeça, em que brilhava o seu diadema habitual. Gradualmente, essa Nepenthès tão bela, tão viva, tão real, foi transformada em uma pequena nuvem luminosa, como uma cabeça humana em que ainda resplandecia o brilho do diadema, que pouco a pouco se esvaneceu e desapareceu.

A respeito da senhora d'Espérance, o senhor Aksakoff[90] publicou um artigo, ao qual foi dada, ao que parece, muita importância. Pois, por falta de realidade, ao menos a grande facilidade de uma fraude é evidente, como bem o demonstrou o senhor Carrington. Aliás, muito lealmente, o senhor Aksakoff reproduziu os testemunhos de várias pessoas que assistiram a essa pretensa desmaterialização, e que não aceitaram, absolutamente, que ali houvesse uma verdadeira desmaterialização, como, por exemplo, o engenheiro Schonelz (p. 92). Podemos muito bem admitir a boa-fé da senhora d'Espérance e supormos que com um movimento para trás de suas pernas (inconsciente), ela pôde fazer acreditar (ou ela mesma acreditar) que suas pernas haviam, por um tempo, se desmaterializado.

Um médium chamado Sambor, antigo empregado dos telégrafos, realizou, de 1896 a 1902, uma série de sessões que foram relatadas no jornal espírita russo ***Rebus***. Petrovo Solovovo, experimentador qualificado e de excelente ceticismo científico, fez uma análise completa dessas sessões, especialmente daquelas a que ele tinha assistido.[91] Mas desde então, ele levantou algumas dúvidas, legítimas, sobre suas próprias experiências.

Em uma sessão de 1899, na residência da senhora A., a forma materializada de uma garotinha apareceu entre as cortinas. Sambor continuava na corrente formada pelos assistentes. Uma coluna branca pareceu sair do chão e dirigiu-se até Sambor. A forma materializada (Olia) levantou uma mesa no ar e, várias vezes, uma mão pequena (de criança) tocou os assistentes. Em outro caso, em presença apenas do senhor S. e do senhor Bonjuiski, foi outra forma que apareceu (Friedrich). Por um longo tempo, os assistentes puderam ver Friedrich ao lado de Sambor. Friedrich, bem diferente de Sambor, tanto em estatura quanto em atitudes, passeou pela sala com Sambor. A luz era bastante forte, e tudo se passava em um pequeno apartamento do senhor Bonjuiski em São Petersburgo, em 20 de junho de 1899, ou seja, em uma estação onde não há, por assim dizer, praticamente nenhuma noite. Entre outros fenômenos, Friedrich escreveu

90 A. Aksakoff, *Un cas de matérialisation partielle du corps d'un médium. Enquêtes et commentaires*, Paris. Libr. de l'Art Indépendant, 1896.

91 *A. S. P.*, novembro e dezembro 1899, IX. 105 e 109, XI, 243-256, 1902, XII, 257-302.

algo no interior do vidro do relógio da senhora S.

Na casa do senhor Erfurt, diretor de uma grande gráfica em São Petersburgo, foi preparado um cone de metal, com um pedaço de papel e um lápis. O senhor Zabasky e o senhor Eichwald, engenheiros, fecharam o cone com uma tampa de ferro, fixada com rebites especiais. O objeto foi deixado por vários dias na casa do senhor Erfurt, em um quarto onde Sambor não havia penetrado. Na sessão de 8 de março de 1902, Sambor declarou que algo tinha sido escrito. Eles abriram o cone, não sem dificuldade, e, depois de constatarem que tudo estava intato, encontraram palavras escritas no papel com o lápis.

A senhora Youdenitch enviou aos *A. S. P.* as atas das sessões com Sambor[92] realizadas na casa senhor Olchowski. A escuridão era quase completa. Formou-se a corrente, para que as mãos do médium nunca ficassem livres. Uma garotinha, Olia, apareceu ao lado Sambor. Foi possível vê-la, tocá-la; ouvi-la falar. Ela era luminosa, de uma cor branca-azulada. Ele parecia tremer o tempo todo. Os traços faciais não mostravam nada de definido; e gradualmente desapareceu, assumindo a aparência de uma *fita que tremia*. Em uma sala adjacente, onde certamente não havia ninguém, havia sido colocado um bandolim, que *começou a tocar sozinho*. Esse bandolim, branco, visível no escuro, foi visto sair do quarto e ir se colocar sobre a mesa da sala das sessões.

A hipótese de um cúmplice explica uma parte desses fenômenos, mas não todos. Ora, essa hipótese, por *mais improvável* que pareça inicialmente, foi verificada. Petrovo Solovovo soube mais tarde que uma das pessoas do círculo deixava voluntariamente Sambor livre para fazer com a mão liberada, considerada por toda a assistência, como segura, todos os movimentos que lhe agradavam fazer. Não há, portanto, nenhuma razão para insistir sobre o pretenso fenômeno da *cadeira*. A presença de um fantasma visto por todos os presentes ao lado do médium não é, entretanto, explicável, pois, a cumplicidade parece ter consistido unicamente em não segurar firmemente a mão de Sambor. Ainda assim, é bem legítimo considerar como absolutamente suspeito tudo o que Sambor fez, uma vez que não temos certeza

92 *Séances avec Sambor au printemps de 1902*, *A. S. P.*, 1904, XIV, 193

nem de sua probidade, nem da probidade da assistência.

Pouco vale a pena citar as experiências muito antigas de Dale Owen (em Nova York, em 1860). Com efeito, como se trata de uma das irmãs Fox (agora a senhora Underhill) como médium, não podemos considerar autênticos os fenômenos. No entanto, é provável que tenha havido, como tantas vezes nas experiências com Leah Fox, uma mistura de fenômenos reais e fenômenos fraudulentos. O doutor Gray, em um caso, pôde cortar um pedaço de roupa da forma materializada, mas esse pedaço gradualmente se fundiu em suas mãos.[93] Eis um fenômeno que deve ser aceito como indiscutivelmente autêntico, a menos que o doutor Gray seja o último dos impostores. Um banqueiro de Nova York, o senhor Livermore, realizou uma centena de reuniões em sua casa, com Leah Fox, e várias vezes, reconheceu sua esposa falecida, que ele ardentemente desejava rever.

Em uma sessão privada, na Austrália, o senhor Brown, experimentando com um amigo que era médium, suspendeu uma cortina em um canto da sua sala de estar. O médium se retirou para trás da cortina, e logo depois apareceram, sucessivamente, *uma dúzia de formas materializadas*. O senhor Brown pensou ter reconhecido dois de seus filhos falecidos.

O senhor Stiegler descreveu, sem grandes detalhes,[94] uma sessão espírita em Arles, dirigida por J. Bayol, eminente médico da marinha francesa, que foi governador do Alto Níger. O médium era um jovem funcionário da estrada de ferro P.-L.-M [Paris-Lyon-Mediterrâneo]. Luzes apareceram no teto. Um aro azul-esverdeado oscilou sobre a cabeça dos assistentes.

O barão Hillenbach (de Viena), realizou em sua casa, com a senhora Toeffer, sessões às quais assistia o doutor Tieber. A senhora Toeffer, sentada em um sofá, foi cercada por uma rede pregada ao chão por todos os lados. Uma forma apareceu e levantou a cortina, e a senhora Toeffer foi vista dormindo, muito pálida, com os braços pendentes ao longo do corpo, enquanto que a forma segurava a cortina erguida.

Lucy Stout assistiu, em uma casa de madeira em Kansas City, Michigan, a uma materialização. Ela notou, especialmen-

93 A. Erny, *loc. cit*, 133.
94 *A. S. P.*, 1905, XV, 641.

te, a desmaterialização. A forma, aproximando-se do gabinete onde se encontrava o médium, tornou-se nebulosa e transparente, depois se transformou em uma massa luminosa, e acabou por desaparecer.

O senhor Frémery observou em Haia,[95] na residência da senhora Huygens, enquanto o médium permanecia imóvel por trás das cortinas, uma grande forma branca, encimado por uma bola luminosa. Aos poucos essa nuvem condensou-se para formar uma mão que ***subiu até o teto***, segurando uma folha de palmeira. Depois, a mão luminosa reapareceu sobre a mesa. Somente a mão e o braço foram materializados. Eles pareciam pertencer a uma pessoa de quatorze anos.

Uma experiência[96] foi muito interessante. "Uma nuvem fosforescente desenvolveu-se –, disse Frémery –, precipitando-se para nós, elevou-se, condensou-se, caiu no chão, e desapareceu atrás da cortina. Então um braço anormalmente longo, luminoso, desprendeu-se da cortina, cercado por uma nuvem fosforescente precipitou-se para a cadeira, que se deslocou, enquanto o médium, visível para nós, permanecia imóvel, sentado no gabinete".

Um escultor americano, o senhor Brackett,[97] experimentando com a senhora F., de Boston, descreveu assim o desaparecimento do fantasma de sua esposa. "Essa forma –, diz ele –, não se parecia com ela, mas me contou coisas íntimas que só ela poderia conhecer. De repente, a forma pareceu desmoronar e desapareceu através do assoalho que estava coberto com um tapete espesso. A cabeça e os ombros foram os últimos a desaparecer". Notar-se-á que as expressões do senhor Brackett aplicam-se, rigorosamente, à maneira como eu vi, na Vila Carmen, Bien-Boa desaparecer.

O senhor Brackett viu duas formas materializadas, juntamente com o médium. Ele constatou que essas formas se modificavam, se transformavam. "Eu vi um homem alto e jovem (fantasmagórico), dizendo-se irmão da senhora X., que me acompanhava, e como esta lhe dizia que não podia reconhecê-lo, pois só o vira quando ele era criança, a forma diminuiu

95 *A. S. P.*, 1908, XVII, 256.
96 *Loc. cit.*, p. 309.
97 Citado por Erny, *loc. cit.*, p. 149.

gradualmente, até ficar do tamanho do menino que a senhora X... conhecera. Às vezes –, disse o senhor Brackett –, a forma se desmaterializou diante de mim, e imediatamente após eu ter constatado que o médium estava dormindo".

Na verdade, essas diversas experiências, que não foram repetidas, que alguns observadores, talvez sem o ceticismo necessário, foram os únicos a constatar, não me parecem capazes de abalar a convicção negativa de muitos estudiosos. Mas, não é absolutamente o caso dos fenômenos apresentados por Home, Fl. Cook, Eusapia, senhorita Goligher. Essas experiências são inatacáveis. As de Marthe/Eva, de Linda Gazzera, da senhora Salmon, de Eglinton, da senhora Lacombe assumem, assim, todo o seu valor, que é considerável. Não vejo nenhuma que deva ser desconsiderada totalmente, à exceção daquelas do senhor Corralés, de Sambor e, talvez, da senhora d'Espérance.

Acredito ter indicado quase todas as experiências de materialização experimental que parecem dignas de ser consideradas. Mas como nunca estamos certos de termos sido exaustivos, desculpamo-nos, antecipadamente, pelas omissões.[98]

Nada seria mais demonstrativo na história das materializações do que as produções de moldagens obtidas, em condições experimentais irrepreensíveis, por formas que se materializam e, a seguir, se desmaterializam.

Aksakoff[99] cita diversos casos de moldagens obtidas pelas materializações de mãos fluídicas que deixam suas impressões na farinha, no mástique, ou na parafina. Segundo ele, as primeiras experiências desse tipo remontam a 1855 (***Banner of Light***, 01 de abril). Ele também citou as de 1867 (***Banner of Light***, 10 de agosto).[100]

Os fatos alegados por Aksakoff não me convenceram absolutamente, mesmo as moldagens em mástique da cabeça de Eusapia não me pareciam conclusivas, e eu estava convencido de que nada tínhamos obtido de bom em termos de moldagem;

98 Não vou mencionar as experiências inéditas, loucamente estarrecedoras, enormes, extraordinárias, que me contaram ou me enviaram por escrito, pessoas dignas de credibilidade, em Varsóvia, notadamente. Infelizmente, não sou capaz de nelas acreditar. Entretanto...

99 *A. S. P.,* 1897, VII, 28.

100 Vide também Zöllner e Wagner (***Psychische Studien***, 1877, 401; 1878, 492; 1879, 249) e ***Spiritualist***, 1878, 134.

mas eu pude, em 1921, estudar no Instituto Metapsíquico um médium polonês, Kluski, que apresentou fenômenos notáveis de moldagem.

Geley e eu tínhamos tomado, sem o conhecimento *de todos os assistentes,* a precaução de introduzir, no banho líquido de parafina derretida colocado na frente do médium durante a sessão, uma pequena quantidade de substância fácil de reconhecer, nesse caso foi colesterol que pode se dissolver na parafina sem a colorir, mas que, com adição de ácido sulfúrico, torna-se vermelho violeta escuro, de modo que podíamos saber com certeza se a moldagem obtida tinha sido feita em qualquer parafina ou em *nossa* parafina especial. Ora, pudemos concluir que se tratava realmente da *nossa* parafina. Por conseguinte, tivemos a prova de que não era uma moldagem preparada com antecedência, mas sim uma moldagem obtida durante a própria sessão. A partir daí, a certeza foi absoluta.

Ora, durante a sessão, ambas as mãos do médium foram corretamente seguradas por Geley e por mim, de modo que ele não pôde liberar uma das mãos, e, com mais razão ainda, liberar as duas.

Uma primeira vez, a moldagem obtida foi de uma mão de uma criança; uma segunda vez de duas mãos de criança (a direita e a esquerda), uma terceira vez, houve moldagem de um pé de criança. As dobras da pele e as veias eram visíveis na moldagem.

Devido a estreiteza do punho, essa moldagem não podia ser obtida por uma mão viva, pois teria sido necessário retirar a mão e os dedos pela estreita abertura do punho. Os moldadores profissionais só chegam a esse resultado separando, com um barbante, o gesso em duas moldagens (uma dorsal e outra palmar), para juntar, a seguir, os dois segmentos. Aqui, não ocorreu nada semelhante. Trata-se, pois, de uma materialização seguida de uma *desmaterialização*, pois a desmaterialização foi necessária, com toda certeza, para que essa moldagem de uma mão com os dedos pudesse ser obtida.

A experiência – que propomos, obviamente, que seja repetida, porque ela é bastante importante para merecer essa repetição –, acarreta, pois, a prova absoluta de uma materialização seguida de desmaterialização. Mesmo que o médium tivesse tido todas as facilidades nessa operação complicada, não teria sido capaz de realizá-la. Desafiamos os moldadores mais qualificados a obter esse resultado sem usar o sistema de dois segmentos separados por um barbante e reunidos a seguir.

Portanto, temos o direito de afirmar que realmente houve materialização, depois desmaterialização de uma mão ectoplasmática (ou fluídica), e acreditamos que essa foi a primeira vez que condições de experimentação tão rigorosas puderam ser reunidas.

De qualquer forma, já há o suficiente para que a materialização experimental – ou ectoplasmia – tome definitivamente lugar na ciência. É certo que nós não compreendemos absolutamente nada disso. Tudo é ***muito absurdo*** (se é que uma verdade pode ser absurda).

Os espíritas me criticaram severamente por utilizar a palavra "absurdo", e eles não puderam entender que eu não me resignava a admitir ***sem dor*** a realidade desses fenômenos. Mas para fazer um fisiologista, um físico, um químico admitirem que saia do corpo humano uma forma que possui circulação, calor próprio, e músculos, exalando ácido carbônico, que tem peso, que fala, que pensa, é preciso pedir-lhe um esforço intelectual que é realmente muito doloroso.

Sim, é absurdo; mas pouco importa: é verdade.

E, depois, as materializações não devem ser consideradas como um fenômeno isolado. É preciso relacioná-las com as telecinesias, com as alucinações coletivas. Então, o conjunto constitui um edifício de provas irrepreensíveis diante das quais deve se inclinar nossa débil ciência de hoje, cujo papel é, primeiramente, de constatar e, a seguir, se possível, de compreender.

Capítulo 4

Levitações

Às ectoplasmias e às telecinesias, fenômenos reais, é preciso relacionar os casos, embora bem incertos ainda, de levitações.

A levitação é um fenômeno excepcional, mesmo entre os grandes médiuns.

A definição da palavra não é encontrada no *Dictionnaire* de Littré. Digamos que é um *levantamento parcial ou total do corpo, sem o auxílio de uma ação muscular mecânica aparente, seja o corpo permanecendo por algum tempo suspenso no ar, seja atingindo certa altura.*

Na história dos Santos, encontramos muitas menções às levitações. Não sei se é possível que esse fenômeno, tantas vezes relatado nas lendas hagiográficas, seja sempre inventado.

Muitos casos de levitação são contados.[1] Görres cita, principalmente, São Pedro de Alcântara, Santa Cristina, a Admirável, Santa Agnes da Boêmia, São Bernardo de Corleone, Dalmácio de Girona, São Francisco de Assis, São José de Copertino.

O abade Ribet[2] também cita inúmeros casos: São Paulo da Cruz, Santa Tereza, São Felipe de Neri, Dominique San Diego (cuja levitação é reproduzida em um maravilhoso quadro de Murillo, que se encontra no Louvre), Salvador de Horta, etc.

---

1 Görres, *La mystique divine*, trad. fr., Paris, 1894, II, 291.

2 *La mystique divine*, Paris, Poussielgue, 1883, citado por A. de Rochas, em uma excelente memória, cheia de sabedoria e de erudição. *Recueils de documents relatifs à la lévitation du corps humain*, Paris, Leymarie, 8ª, 1897.

Em tempos mais recentes, livros religiosos relatam as levitações de A. H. Fournat (1752-1834), Claude Dhière (1757-1820), o vigário de Ars (Jean-B. Vianney) (1786-1859).[3]

Só falarei, e ainda assim, muito brevemente, das levitações de José de Copertino. Não podemos afirmar que tudo o que foi dito a respeito seja absolutamente falso, pois abundam documentos e não se trata de uma época muito remota, uma vez que São José nasceu em 1603, e só morreu em 1663. Quinze anos após sua morte, isto é, em 1678, o padre Nuti de Assis escreveu sua vida, cercando-se de numerosos testemunhos. Três inquéritos sucessivos, 1711, 1722 e 1753, para sua beatificação foram empreendidos por vários papas. *A vida de São José* foi publicada em 1753, ou seja, há apenas um século e meio, mas neste livro são relatados apenas os fatos constatados por um número suficiente de testemunhas.

De todos esses documentos, fica evidente que muitas vezes José elevava-se. Em certos casos, ficou suspenso no ar, na presença de todos os irmãos da sua ordem. Muitas vezes, os monges que lá estavam, duvidando do que viam, passavam a mão debaixo dos seus pés, para garantir que os pés não tocavam o chão. O Papa Urbano VIII foi, certa vez, testemunha dessa levitação, como também, em 1650, o duque Frederico de Brunswick. Parece até que em alguns casos excepcionais, São José foi capaz de elevar ao ar, com ele, pessoas que tinham vindo para vê-lo.

Görres dedica nada menos que doze páginas a essas levitações de São José de Copertino. Ele disse que cada uma delas foi precedida por uma espécie de êxtase, que começava com um grito: *Oh! Oh*! repetido várias vezes, e que o santo homem foi tomado por um tremor convulsivo, seguido de um período de estupor.

No relatório oficial do processo feito *para livrar uma menina possuída pelo espírito maligno*, em Louviers, em 1591, Françoise Fontaine, uma jovem criada de Louviers, estando de joelhos, *foi terrivelmente erguida*, e outra vez foi levantada do chão a uma altura superior a do altar. Uma terceira vez, acima de um banco que estava diante do altar, a cabeça para baixo e

3 Reproduções de alguns quadros representando levitações estão no livro de A. de Rochas, e nos *A. S. P.*, 1901, XI, 17-47.

os pés para cima.[4]

Não devemos levar em consideração esse documento antigo (bem como outros dois análogos sobre as possuídas de Langres, 1734). A credulidade desses exorcistas é, por vezes, inimaginável. Então, devemos assumir, pelo menos provisoriamente, que todas essas afirmações formais são apenas ilusões.

No entanto, não podemos insistir nesses relatos de outrora que, de fato, embora não possam ser absolutamente negados, não conseguem ser convincentes.

A. de Rochas cita alguns casos de levitação observados no século XIX por vários experimentadores que são, com certeza, crédulos, mas certamente também de boa-fé: o magnetizador La Fontaine, o doutor Cyriax (de Berlim), o senhor B., um amigo de A. de Rochas, aluno da *École Polytechnique*, o senhor Paluzzi (de Nápoles), o monsenhor de Hulst, o doutor Schmidt (de Viena) e Justus Kerner (com a célebre vidente de Prévorst). E acrescenta justamente: "A história das ciências está aí para nos lembrar de que cada geração viu ruir diante de fatos novos, pacientemente recolhidos e observados, a maioria dos alicerces do conhecimento dos quais as gerações precedentes, no entanto, estavam bem seguras".

Embora as levitações ainda não possam ser enquadradas entre as verdades demonstradas, há algumas, no entanto, que merecem uma discussão cuidadosa.

Na verdade, a levitação não é senão um caso especial de telecinesia, isto é, uma ação mecânica desconhecida sobre a matéria. Só não está claro, caso se trate de uma ação mecânica, qual é o ponto de apoio da força.

Devemos distinguir as semilevitações e as levitações completas.

A semilevitação é quando o corpo do médium diminui de peso, ou quando, quase sem a ajuda de qualquer esforço muscular, ele é transportado para cima de uma mesa. É difícil constarmos rigorosamente suas condições, especialmente se o fenômeno ocorre no escuro.. Então, podemos até dizer que os

4 O cura Pillet, que exorcizava Françoise, mostrou-se muito judicioso. Ele supôs que Françoise era erguida pelos cabelos e, então, mandou raspar-lhe a cabeça, o que logo suprimiu qualquer levitação (??).

testemunhos são pouco convincentes, pois o médium, por menos acrobata que ele seja, será perfeitamente capaz de dar a assistentes crédulos a ideia de que ele foi transportado para cima da mesa, com ou sem a sua cadeira, por uma força sobrenatural. Nós não insistimos nessas semilevitações, como as apresentadas por Carancini.

De acordo com Kerner, quando a vidente de Prévorst era colocada no banho, durante seu transe, não se conseguia afundá-la na água. Se ela tivesse caído em um rio, não poderia afundar mais do que um pedaço de cortiça. Mas é lamentável que as pessoas misturem essas tolices com as coisas sérias; é depreciar as coisas sérias.

Eglinton, em uma sessão memorável da qual participaram, em 1886, o imperador e a imperatriz da Rússia, os grão-duques de Oldenburg e Wladimir, e outros membros da família imperial russa, *elevou-se no ar*. "Meus vizinhos tiveram que subir em suas cadeiras para seguir-me –, diz Eglinton. Eu continuei a subir até que meus pés tocaram dois ombros sobre os quais eu me apoiei, e que eram os do imperador".

Florence Cook relata que, aos quatorze anos, ela foi, certa vez, para seu grande terror, alçada ao teto. Era uma das primeiras sessões de espiritismo de que ela participou. Ela foi transportada por cima das cabeças dos assistentes e colocada sobre uma mesa na extremidade da sala.

O abade Petit, escrevendo para A. de Rochas, contou-lhe que uma vez, em uma igreja, ele foi transportado: ele debateu-se e seu medo foi tão grande que ficou doente. Mas, como o abade Petit não citou nenhuma testemunha, foi, certamente, uma ilusão.

O doutor Nicolas Santangelo, de Venosa, de mãos dadas com dois médiuns, Ruggieri e Cecchini, foi puxado ao ar por Ruggieri. "Sentindo o chão faltar sob meus pés, agarrei-me ao braço de Ruggieri, e fui assim levantado quase até a altura de 3 metros, a tal ponto que eu toquei com os meus pés distintamente o lustre suspenso no centro do teto. Na descida, com a luz acesa, encontrei-me ajoelhado na mesa de experiência".

Todos esses fatos são terrivelmente duvidosos. Aqui estão alguns outros que parecem merecer mais crédito.

O eminente L. Luciani, professor de fisiologia da Universidade de Roma, conta que em uma sessão com Eusapia, ele segurava uma das mãos, e que M. E. Nathan, o prefeito de Roma, segurava a outra mão de Eusapia. Então, Eusapia disse que estava se elevando no ar. "Sentimos um movimento ascendente que nós acompanhamos –, disse Luciani –, sem lhe oferecermos resistência, mas sem ajudá-lo. Acenderam a luz. Eusapia estava sentada em uma cadeira, e as duas pernas dianteiras da cadeira repousavam sobre uma mesa".[5]

O professor de fisiologia L. Patrizi estudou as levitações do médium A. Zuccarino[6] e delas fez fotografias interessantes. Zuccarino é um jovem de cerca de 22 anos, empregado em uma administração. Não é, portanto um médium profissional. O fenômeno especial que ele produz é uma levitação muito nítida, que às vezes dura uma dezena de segundos. Ele segura as mãos de assistentes que fazem a corrente ao seu redor, mas em vez de se apoiar em suas mãos, ele tende, antes, a levá-las para cima. Durante seu transe, necessário para a levitação, ele afirma ser ajudado por seus guias. Também produziu alguns fenômenos luminosos.

Apesar da autoridade dos professores Patrizi e Luciani, as levitações de Eusapia e Zuccarino foram contestadas. Mesmo assim, não posso negar deliberadamente o que afirmam com tanta firmeza, dois eruditos professores de fisiologia.

Stainton Moses levitou, e segue a sua descrição do fenômeno:[7]

> Um dia, 30 de agosto de 1872, senti minha cadeira virar-se diante da mesa para erguer-se do chão a uma distância que estimo ser de 30-35 centímetros. Meus pés estavam a uma altura de cerca de 30 centímetros. A cadeira permaneceu assim suspensa por alguns momentos, e eu me sentia subir, cada vez mais alto, por um movimento lento e fácil, sem sentir mal-estar ou medo Eu estava perfeitamente consciente do que estava acontecendo, e descrevia os fenômenos para os que estavam sentados ao redor da mesa. O movimento durou algum

5 *A. S. P.*, 1906, XVI, 653.
6 *Les lévitations du médium Zuccarino, A. S. P.,* 1907, XVII, 528-549.
7 *Research on spiritualism during the years 1872-3*, por M. A. Oxon (pseudônimo de Stainton Moses) citado por Fr. Myers, *P. S. P. R.*, XI, 1894, 261.

> tempo, bastante longo, até que cessou. Eu estava diante da parede, e eu pude nela marcar com um lápis a altura em que estava meu peito. Esta marca foi de aproximadamente 1,80 m acima do solo. Eu não tinha nenhum distúrbio mental. Parecia-me estar em um elevador, e que os objetos ao meu redor tinham diminuído abaixo de mim.

Stainton Moses também descreve diversas particularidades de suas levitações. Às vezes, ele foi transportado de uma cadeira para um sofá, bem distante, e muito rapidamente. Em outro caso, foi levantado suficientemente alto para que seus pés tocassem a cabeça de um dos assistentes, mas então ele tinha sido estendido longitudinalmente. Naquele dia, logo após a levitação, um tamborete foi pego em um canto da peça e, em plena luz, foi bater em uma cadeira que estava perto da porta.

Mas – não está claro por que – Stainton Moses não gostava desses fenômenos físicos (***Eu desencorajei-os tanto quanto possível, por não gostar de manifestações físicas violentas***), de modo que eles quase não mais ocorreram posteriormente.

Eusapia Paladino não apresentou senão levitações incompletas.

Morselli assim se expressou: ***Raríssimo fenomeno, certamente sincero nel suo inizio, forse illusorio per parte nostra nella sua continuazione al di sopra del tavolo mediumnico.***

Em Milão, vi uma balança, na qual se encontrava Eusapia, lenta e gradualmente diminuir 8 kg, ou seja, de 58 a 50 kg. Mas eu não acho essa experiência muito convincente, pois em uma balança romana, a medida exata é difícil e, talvez, todas as precauções necessárias não tenham sido tomadas para evitar, na penumbra, o contato de um dos pés de Eusapia com o chão.

Morselli[8] relata detalhadamente uma experiência em que parece que Eusapia foi levada com sua cadeira a uma altura de 80 centímetros, como se tivesse sido levantada por uma força externa. Porro, Morselli, de Albertis testemunharam esse fenômeno. Eles puderam passar as mãos entre os pés de Eusapia e a mesa sobre a qual os mesmos se encontravam. O movimento foi realizado rapidamente, em alguns segundos, sem oscilações, e a descida foi gradual. No entanto, como a escuridão era quase

8 *Loc. cit.*, I, 279.

completa, ***é difícil chegarmos a uma conclusão.***

Os casos de levitação de Home são mais extraordinários do que qualquer outro: eles foram repetidamente descritos.

> O senhor Home nos disse que ia se elevar no ar.[9] Um instante depois, ele atravessou a mesa por cima da cabeça das pessoas do círculo. Pedi-lhe para fazer uma marca no teto com um lápis. Como ele não tinha lápis, eu me levantei para emprestar-lhe o meu, e não foi sem usar todo o comprimento do meu braço que pude alcançar-lhe a mão que estava bem a uns sete pés (2,15 m) do chão. Passei-lhe o lápis e ele prendeu a mão na minha por algum tempo, submetendo-me aos caprichos de suas peregrinações aéreas.

Eis outra história ainda mais surpreendente:

> Através da semiescuridão do quarto, eu via –, diz o editor da ***Cornhill Magazine*** –, indistintamente a cabeça do senhor Home: alguns minutos depois, sua voz parecia vir de cima; ele disse que iria passar diante da janela, cuja claridade cinza e prateada destacava a forma opaca de seu corpo. E, de fato, nós o vimos em toda a largura da janela, em uma posição horizontal e os pés para frente. Pairou no ar alguns minutos, senti seus pés aflorarem meus cabelos. Ele tinha alcançado o teto, no qual fez uma ligeira marca, depois ele desceu, e tomou seu lugar entre nós.[10]

Esses fatos estranhos de levitação, quer se trate de São José de Copertino, de Stainton Moses, ou de D. Home, merecem ser levados em consideração. No entanto, apesar da autoridade e da quantidade de testemunhos, parece-me que a ciência, a inexorável ciência, não tem ainda o direito de considerar presentemente a levitação como um fenômeno demonstrado.

Para admitir um fenômeno científico como demonstrado, devemos ser tão severos em termos de provas como se tratasse de condenar um homem à morte, com provas de culpa.

---

9 D. Home, ***Révélations sur ma vie surnaturelle*** (relato de James Watson, solicitador em Liverpool), Paris, Dentu, 1863.
10 *Loc. cit.*, p. 224.

O futuro, talvez, dissipará as nossas dúvidas.

Nossas hesitações, que parecerão provavelmente exageradas para algumas pessoas, darão, talvez, um pouco de força para a nossa afirmação absoluta de outros fenômenos objetivos da metapsíquica, tais como as telecinesias e as ectoplasmias. As telecinesias são fatos comprovados. As ectoplasmias estão demonstradas. As levitações ainda não estão estabelecidas. Mas seria extremamente ilógico olhar esses diversos fenômenos, apesar de sua óbvia conectividade, como relacionados entre si tão estreitamente que a negação (ou afirmação) de um acarretaria a negação (ou a afirmação) do outro.

Capítulo 5

Bilocações

As bilocações objetivas

Assim como a levitação está ligada à telecinesia, a bilocação avizinha-se da ectoplasmia. É um fenômeno vagamente admitido pelo povo, mas cuja demonstração ainda está longe de ter sido dada. Vamos até ver que há fortes razões para pô-la em dúvida, e que não há uma única boa prova para afirmá-la.

Denominamos *bilocação* a presença simultânea de um indivíduo em dois lugares diferentes, próximos ou distantes. As pessoas que acreditam na bilocação dizem que é o duplo de algum indivíduo que então se manifesta, de modo que o estudo das bilocações é também o estudo dos *duplos*.

Devemos distinguir, na história da bilocação, os fenômenos objetivos e os que são subjetivos.

A bilocação seria *objetiva* se houvesse realmente um corpo vivo desdobrado, manifestando a sua realidade material, em dois lugares diferentes ao mesmo tempo. Até o presente, essas bilocações objetivas são apenas lendas fantasiosas.

A bilocação é *subjetiva* quando a forma de um indivíduo aparece com os atributos da vida a alguma pessoa sensitiva, mais ou menos longe do local onde, realmente, se encontra essa pessoa. Compreendemos facilmente que ela não é senão uma das modalidades da criptestesia, e não há motivo para registrar na metapsíquica objetiva a história das bilocações.

A realidade das bilocações subjetivas não implica, absolutamente, a das bilocações objetivas.

Nas ***Vidas dos Santos***,[1] encontramos numerosíssimos exemplos, sempre contestáveis, de bilocações objetivas. Seria bem pouco razoável dar-lhes o valor de uma prova científica.

O caso mais famoso é, sem dúvida, o de Alfonso de Liguori, que, em 17 de setembro de 1774, permaneceu em silêncio e imóvel em sua cela, em Arezzo, não comendo nenhum alimento e não falando com ninguém. Depois, no dia 22, pela manhã, ele despertou e contou que tinha ido assistir o Papa que acabava de morrer. Ora, parece que naquela mesma noite, de 21 para 22 de setembro, o Papa Clemente XIV morrera em Roma, assistido por Alfonso de Liguori.

Também é dito que São Francisco Xavier, em um naufrágio, nos mares da China, foi encontrado simultaneamente no navio e em uma chalupa que, com vários marinheiros, se afastara da embarcação em perigo.

Há também relatos similares sobre São José de Copertino, Santa Maria de Ágreda etc.

Os fatos contemporâneos não são absolutamente mais precisos do que essas histórias lendárias.

Cito um que me parece, apesar da autoridade de W. Stead, dolorosamente insuficiente.[2]

Em 1895, em uma igreja de Londres, W. Stead viu uma amiga sua, a senhora A. Ora, W. Stead sabia que a senhora A., que vivia em Bayswater, estava muito doente, e ele ficou preocupado com sua imprudência. Stead reconheceu-a perfeitamente; teve tempo para ***vê-la bem de frente, de distinguir suas feições***. Ambos os filhos de Stead e a senhora Stead também reconheceram a senhora A.

Na verdade, a senhora A. permanecera em Bayswater.

O que torna essa observação completamente nula, é que a senhora de preto, com um grande chapéu grande, que eles viram na igreja podia muito bem ser uma verdadeira pessoa viva, mas uma pessoa que não fosse a senhora A. Um erro completo de Stead e de seus filhos é mil vezes mais provável do que a

1 Vide *Mystique* de Görres, trad. fr., II, 329.

2 Delanne, *Les apparitions matérialisées*, I, 266. – Vide também Stead, *The experience of double: Borderland*, 1894, I, 7-22.

presença do fantasma da senhora A., agindo e movendo-se por mais de uma hora diante de cem pessoas.

Entre as narrativas lendárias de duplos, uma das mais surpreendentes – e não convincente, aliás, – é a contada por Richard Dale Owen, e que data de quase um século.

Robert Bruce, escocês, imediato de um navio que ia para a Terra Nova, não tinha certeza do caminho que devia seguir. Foi à cabine do capitão e lá viu um homem (desconhecido) que escrevia. Robert Bruce voltou ao convés, encontrou o capitão, e os dois voltaram à cabine. Não havia mais ninguém, mas sobre um papel estavam escritas estas palavras: "Sigam a Noroeste!". O conselho, tão estranhamente dado, foi seguido, e a poucas horas de distância foi encontrado um navio que estava afundando, e no qual se encontrava um indivíduo idêntico ao que Robert Bruce tinha visto na cabine do capitão.

Por mais curiosa que seja essa telegrafia sem fio, estranhamente complicada, é duvidoso que a história de Robert Bruce possa sair do romance para entrar para a ciência.[3]

O caso seguinte é considerado muito importante por Aksakoff e, ainda assim, temos apenas um testemunho, embora frágil, o da senhora de Güldenstubbé. Além disso, o relato da senhora de Güldenstubbé refere-se a um tempo muito distante. Em resumo, o fenômeno é dos mais contestáveis, para não dizer nulo.

Trata-se da senhorita Sagée, professora francesa em Livonia. A senhora de Güldenstubbé tinha, então, 13 anos de idade e era uma das alunas do pensionato. Parece que às vezes os estudantes viam duas senhoritas Sagée, uma ao lado da outra, exatamente parecidas e fazendo os mesmos gestos.

Várias histórias de bilocação da senhorita Sagée são ainda contadas pela senhora de Güldenstubbé, mas sobre as quais não posso insistir, pois me falta a convicção. Os fenômenos duraram 18 meses, aproximadamente, mas o tempo não importa, e parece-me impossível atribuir-lhe o menor valor.

Nada pode dar uma ideia melhor da completa subjetividade dos fenômenos de bilocação do que a observação de Fr. Hartmann.[4]

3 *Footfalls of the boundary of another world*, 242.
4 Citado por Bozzano, *Considerazioni sui fenomeni di bilocazione (Luce e*

Trata-se de um lugar-tenente alemão que foi para a cama e de repente viu a si próprio na cama. Então, andou pelo quarto, encontrou um livro, tentou lê-lo, mas não pôde virar as páginas, quis ir para o quarto vizinho e, de repente, ele estava nesse quarto, onde ele viu um de seus companheiros. Tentou falar com esse homem, sacudi-lo, soprar sobre ele, mas ficou surpreso porque o outro não respondia. Então, ele quis ir à estrada de ferro, encontrou um túnel que ele não conhecia, e finalmente voltou ao seu quarto onde ele viu seu corpo sacudido por um criado que tinha encontrado seu patrão quase inanimado.[5]

Com toda evidência, trata-se apenas de um sonho.

No capítulo sobre as monições, encontraremos vários casos de duplos. Eles são interessantes como monições, mas não o são como duplos, porque nenhuma prova foi dada de que houve objetivação da pessoa que apareceu. Para o indivíduo que adquire, pela criptestesia, um conhecimento específico de um fato externo, trata-se, com mais frequência, da objetivação de sua ideia, a qual se apresenta, então, na forma de uma ideia (imagem), no sentido platônico do termo. Portanto, não há, em suma, senão uma impressão feita sobre o perceptivo, impressão esta que ele exterioriza, dizendo que há um fantasma. Exceto nos casos de percepção coletiva dos duplos, o único fenômeno que podemos admitir, é a impressão vista pelo sensitivo; e então, não podemos falar de bilocação verdadeira e material.

A monições de *morte próxima*, anunciadas por bilocações, não são premonições, no sentido em que a morte não é anunciada. Uma visão alucinatória ocorre, sem qualquer indicação concomitante. O que podemos concluir dessa visão alucinatória que nada revela? É bastante provável que haja alguma relação entre causa e efeito, uma vez que se trata de um indivíduo que teve, pela primeira vez, provavelmente, em sua vida, uma alucinação, e que essa alucinação é o indício de uma morte próxima, embora a morte não seja anunciada.

Ombra, XI, 1911, 180). – Como todos os escritos de Bozzano, este estudo merece ser meditado, embora os fenômenos de bilocação objetiva me pareçam desprovidos de qualquer demonstração séria.

5 Em um capítulo anterior (p. 135), havíamos denominado *autoscopia externa* a visão de si mesmo ou do duplo, como, por exemplo, no caso clássico de Goethe, mas a palavra *autoscopia* também se aplica à visão que alguns sonâmbulos têm de seus órgãos.

O próximo caso é um caso típico desse gênero, interessante porque foi observado em si mesmo por um cientista muito célebre, o zoólogo Romanes.

O senhor Romanes, no momento de despertar no final da noite, viu diante de si uma forma que passou em frente à sua cama, a cabeça coberta com um véu. O fantasma afastou as mãos para mostrar o seu rosto: então o senhor Romanes reconheceu a imagem de sua irmã, que ele sabia estar doente, mas muito ligeiramente. Ora, imediatamente após essa visão, a doença evoluiu muito rapidamente, tornou-se grave, e irmã do senhor Romanes morreu pouco tempo depois.

Muitos casos congêneres foram reunidos por Bozzano.[6]

Em geral, esse fantasma que aparece é mais ou menos parecido, é como um ***duplo*** da pessoa na iminência de morte. Mas tais fatos sempre deixam espaço para dúvidas sobre sua objetividade, exceto nos casos em que a alucinação é coletiva, assim como no chamado caso da Rua Jacob, da senhora Isnard.

A senhora Chapronière[7] tinha a seu serviço uma camareira, a senhora Gregory, por quarenta e um anos. Certa noite, enquanto a senhora Gregory despia a senhora Chapronière, eis que apareceu o duplo da senhora Gregory: "Como –, disse-lhe a senhora Chapronière –, estou vendo nesse momento o vosso duplo!". A senhora Gregory não se impressionou com isso. Ora, três dias depois, ela sentiu uma ligeira indisposição que logo se agravou, e ela morreu na mesma hora em que seu duplo aparecera, exatamente oito dias depois.

Myers[8] cita alguns outros casos análogos.

Há certo número de casos semelhantes que são muito difíceis de classificar: não são premonições, já que o fantasma nada indica, e quando o fenômeno é apenas subjetivo, ele pode ser sempre considerado como uma alucinação simples, sem relação com qualquer realidade exterior, ou seja, ela não é nem verídica nem simbólica.

Essas visões de duplos são, aparentemente, apenas fenômenos de criptestesia premonitória. Fantasmas em forma de vaga

6 *Considérations sur les phénomènes de bilocation. A. S. P.*, 1911, XXI, 65-72, 109-163, 143-151.
7 *P.S.P.R.*, XI, 448.
8 *Loc. cit.*, 445.

nuvem que às vezes foram vistos à cabeceira do leito de moribundos, como se seu corpo astral se separasse do corpo material, provavelmente não são alucinações simples.

E, realmente: 1° – em indivíduos normais, que não são nem alienados nem alcoólatras, as alucinações (não verídicas, patológicas) são extremamente raras; 2° – as visões análogas são, em vários casos, coletivas, o que exclui a hipótese de uma alucinação simples; 3° – as alucinações verídicas cuja verdade monitória foi devidamente comprovada são totalmente análogas a essas aparições de duplos.

No entanto, tudo isso não passa de indução. Então, provisoriamente, não incluiremos nos fatos bem estabelecidos da metapsíquica as premonições de morte próxima, caracterizadas apenas pela aparição do duplo, sem nenhuma indicação de data e de local.

A senhora Shagren, às dez da manhã, arrumava o cabelo diante do espelho, quando uma forma semelhante ao senhor Hendrickson aproximou-se, como se desejasse colocar-lhe as mãos no ombro. Ela se virou e, vendo-o, disse-lhe: ***Is that you?***, mas logo o fantasma desapareceu. A senhora Shagren reviu-o no mesmo dia em seu quarto. O senhor Hendrickson, que a senhora Shagren sabia, aliás, estar muito doente, morreu alguns dias depois. O dia em que a senhora Shagren tinha acreditado vê-lo, ele tinha sonhado que tinha visitado a senhora Shagren.

É verdade que há casos mais complexos, mais perturbadores e não devemos rejeitá-los sob o falacioso pretexto de que eles interferem nessa ou naquela teoria.

O fantasma da senhora Hawkins foi visto por quatro pessoas: seus dois primos, sua empregada, seu filho[9] em intervalos mais ou menos distantes, e a primeira vez por duas pessoas simultaneamente e de forma absolutamente idêntica.

Duas irmãs, que estavam na igreja tocando órgão, de repente veem o fantasma de sua terceira irmã, que estava planejando ir à igreja, mas que não havia entrado. Ela apareceu às suas duas irmãs com o vestido que usava, e segurando um rolo de papel que naquele momento, ela realmente segurava.

No caso da senhora Hall, seu próprio fantasma apareceu a

9 Myers, *La personnalité humaine*, p. 230.

ela, a seu marido e a dois de seus parentes enquanto todas as pessoas estavam à mesa.

Frances Reddell, estando à cabeceira de uma amiga gravemente doente, viu o fantasma da mãe da enferma (uma pessoa que, aliás, ela não conhecia), a qual ela pôde descrever com tal precisão, que quando essa senhora chegou mais tarde, ela foi reconhecida por aqueles a quem Frances Reddell havia dela falado. Frances R. havia até descrito o a roupa de dormir e o castiçal, objetos cuja existência foi confirmada pelos pais da enferma.

Em alguns casos, parece que a bilocação foi voluntária, ou seja, que um esforço tenha sido feito por um indivíduo A. para se manifestar e aparecer a B. Os fatos deste tipo são raros e difíceis de interpretar. Em alguns casos, a aparição do duplo ocorre simultaneamente a várias pessoas, de modo que a bilocação não é unicamente subjetiva.

O senhor A. B.[10] acaba de se manifestar às duas senhoritas Verity, de, respectivamente, 25 e 11 anos de idade. Os testemunhos, recolhidos com extremo cuidado por Myers e Gurney, parecem estabelecer a autenticidade desse caso notável.

Aksakoff menciona[11] o caso do pastor Benning, membro de um círculo em Troy (New York). O senhor Benning, impossibilitado de participar de uma sessão do círculo, escreveu uma carta para desculpar-se, mas temendo que sua carta não chegasse a tempo, teve a ideia singular de manifestar-se (astralmente) para os membros do círculo. E, de fato, várias pessoas do círculo o viram. Duas pessoas não somente o viram e reconheceram, – aí é que reside o ponto duvidoso, pois há, provavelmente, um engano quanto à pessoa – mas ainda o tocaram, e até o fantasma teria mostrado bastante vigor para afastar uma delas e empurrar a outra com tanta força que ela quase caiu da escada.

Essa história extraordinária não é acompanhada das certificações necessárias, por isso é, para dizer o mínimo, muito questionável.

O caso do reverendo Godfrey é um pouco mais bem constatado.

Em 15 de novembro, o reverendo C. Godfrey quis verificar

10 Delanne, *loc. cit.*, I, 225.
11 *Animisme et spiritisme*, p. 316.

pessoalmente o fato anunciado em *Phantasms of the Living*, que, em casos excepcionais, podia-se *aparecer* a alguns sensitivos. Então, ele procurou aparecer à senhora X... Seu relógio marcava 3h40 da manhã. A senhora X... escreveu-lhe na manhã do dia 16 de novembro de 1886: "Um pouco depois das 03h30, acordei com um sobressalto, inquieta... Acendi a vela, desci um andar, em seguida, voltei ao meu quarto, mas quando voltei ao meu quarto, vi o senhor Godfrey que estava parado diante da janela. Ele usava seu traje habitual. Levantei a vela, olhei-o durante três ou quatro segundos, e então ele desapareceu".

O senhor Kirk,[12] tendo feito várias tentativas para aparecer à senhorita G., conseguiu uma vez. A aparição foi tão nítida que a senhorita G. distinguiu as mínimas características do traje do senhor Kirk.

O único detalhe é que o senhor Kirk apareceu-lhe *em miniatura*, o que estabelece, entre outras provas, que era um fenômeno unicamente subjetivo.

A. de Rochas cita o caso[13] de Alma Haemmerlé que viu os fantasmas de dois de seus amigos, Serboff e Stankevitch, que tentaram aparecer para ela e ao seu pai. De fato, Alma e seu pai viram os duplos de Stankevitch e Serboff. Essa visão coletiva, se os testemunhos são autênticos, torna bem difícil a hipótese de um fenômeno unicamente subjetivo.

Aliás, como dissemos muitas vezes, a transição é gradual entre o objetivo e o subjetivo, ou melhor, tudo é sempre objetivo, pois, para que haja alucinação verídica, é preciso, necessariamente que exista algum fenômeno externo, alguma vibração molecular que provoque a emoção criptestésica.

No entanto, devemos concluir que o fenômeno é, de acordo com a linguagem usual, subjetivo, pois as vibrações moleculares (desconhecidas), que provocam a alucinação não se parecem com as habituais vibrações moleculares mecânicas.

Seria muito importante se pudéssemos, de alguma forma, delimitar o que é objetivo e o que não é. Certamente, poderíamos caracterizar um fenômeno visual subjetivo, dizendo que ele não produz impressão fotográfica. Mas nem sempre temos uma

12 Citado por Delanne, *Apparitions matérialisées*, 206.
13 *A. S. P.*, setembro de 1906, 309.

câmera focalizada, de modo que devemos adotar um critério diferente, mais prático. Diremos, então, que um fenômeno só é objetivo, no sentido comum dessa palavra, se *todas as pessoas presentes tiverem, simultaneamente, a mesma percepção sensorial.*

E, entretanto, existem objetividades diferentes da objetividade habitual, pois quando dois sensitivos acreditam ver o mesmo fantasma, embora esse fantasma não se manifeste em uma chapa fotográfica sensível, é por que há alguma objetividade.

Mas, se várias pessoas veem, ao mesmo tempo, a mesma aparição, se os animais, cães ou gatos, parecem estar com medo, se houver, sobretudo, deslocamentos de objetos, então realmente é impossível negarmos a verdadeira objetividade habitual. Mencionamos alguns casos no capítulo referente às alucinações coletivas.

Têm sido frequentemente invocadas, para afirmar a realidade da bilocação, as fotografias em que existem duas imagens justapostas da mesma pessoa: uma nítida, a outra embaciada e vaporosa. Mas em termos de fotografia, o truque é tão fácil, tão infantilmente fácil, que não podemos dar a mínima importância a essas imagens duplas. Mesmo se a boa-fé do fotógrafo estiver comprovada, basta um movimento em falso ou um segundo de desatenção para que haja duas imagens na placa. Eu sou bastante inexperiente em termos de fotografia para encontrar, por vezes, duplos em minhas fotos, mas eu não me impressiono. Trata-se apenas de um erro fotográfico. É preciso ser desprovido de qualquer espírito de crítica para acreditar que, porque há uma segunda imagem em um clichê, houve uma aparição materializada.

As fotografias de duplos, como as que vemos nas obras de Delanne, de A. de Rochas, do comandante Darget, de Aksakoff, não me parecem absolutamente convincentes. Não aceitaria nem mesmo a que foi observada por meu ilustre colega e amigo Istrati.[14]

Em 1893 ele fez um esforço para aparecer na câmera de seu amigo, o senhor Hasden, diretor de ensino em Bucareste, e, de fato, a 300 quilômetros de distância, o senhor Hasden desenvolveu uma nova chapa, e sobre esta ele obteve a fotografia de

14 Vide Delanne, *loc. cit.*, 407.

professor Istrati (?) que aparecia como uma pequena figura.[15] O que dá margem à dúvida é que a imagem fotográfica é vaga o suficiente para que sejamos relutantes em reconhecer o retrato de professor Istrati.

É difícil encontrar alguma falha experimental na fotografia tirada por Ochorowicz. No entanto, ela foi objeto de uma controvérsia com G. de Fontenay. A fotografia tirada pelo capitão Volpi não é demonstrativa.

Em última análise, devemos concluir que ainda não existem fatos de bilocação objetiva, autênticos e impecáveis, e que, por conseguinte, um novo estudo é absolutamente necessário.

Monições de chegada

Há certos casos de monições ou de premonições com bilocação subjetiva – muito comuns – difíceis de classificar.

Trata-se de um fenômeno comum, ao qual aludem os provérbios de todos os países. "Falando do diabo, aparece o rabo"[16] – "Falando do sol, aparecem os raios." – ***Speak of the devil, and he will appear*** [Falando do diabo, ele aparecerá] – ***Quando si parla del sole, il sole spunta*** [Quando se fala do sol, o sol desponta]. Provavelmente, entre as pessoas que me leem, talvez não exista uma que não tenha observado algum aviso similar. Os fatos são suficientemente numerosos para merecer um nome especial. Myers chamou-os monições de chegada, e parece-me que a expressão deve ser mantida.[17]

Sobre essas monições de chegada, permitir-me-ei, primeiramente, relatar o seguinte fato que é pessoal. Ele não é mais conclusivo do que muitos outros, entretanto, foi minuciosamente observado por mim, pois, há muito tempo minha atenção está

---

15 Essa fotografia poderá ser vista no livro de H. Baraduc, ***L'âme humaine***, Paris, 1896, prova XXIV, ***bis***.

16 N.T. – Provérbio equivalente ao citado em francês: ***Quand on parle du loup, on en voit la queue – Quando falamos do lobo, vemos sua cauda.***

17 Vide, também, G. C. Ferrari, ***Prévision ou prémonition à rappel***, ***A. S. P.***, 1905, XV, 385 e Dr. Roch, ***Note sur les prévisions de rencontre***, ***Arch. de Psychologie***, Genebra, 1905, V, 149. Roch realizou uma espécie de estatística que abrange apenas dez casos, e conclui pela incerteza. A expressão ***previsão de encontro*** não é ruim, mas eu prefiro a expressão ***monição de chegada***.

voltada para fatos dessa natureza.

Em 188... eu ia, todas as quartas-feiras, pela manhã, aos escritórios da ***Revue scientifique***, no Boulevard St. Germain, número 111. Eu era o diretor dessa revista. Certa manhã, em torno das nove horas, andando pelo Boulevard Saint-Germain, na calçada da direita, vi, na calçada da esquerda o professor Lacassagne, de Lyon, que, três meses antes, escrevera um artigo para a ***Revue***, e eu pensei, "O senhor Lacassagne chegou a Paris, e ele virá me procurar". Deve-se notar que eu o conhecia muito pouco, e que as nossas relações eram muito distantes. Às 10 horas, no escritório da ***Revue***, após eu ter recebido diversas pessoas, entregaram-me o cartão do senhor Lacassagne e não me surpreendi, já que eu o tinha visto às 9 horas na calçada do lado esquerdo. Mas assim que Lacassagne apareceu à porta do meu gabinete, eu compreendi que ***não era ele que eu vira***, e lhe perguntei: "Era o senhor que estava às 9 h no Boulevard Saint-Germain?". – "Certamente que não –, ele disse –, eu passei por lá às 7 h e vim diretamente do Val-de-Grâce para cá".

Assim: 1º – eu pensei ter visto (bem nitidamente) Lacassagne, 2º – eu não tinha qualquer motivo para pensar que ele estava em Paris, 3º – não era ele que eu vira.

No entanto, por mais estranho que seja esse caso de lucidez, ele não pode levar a qualquer convicção científica, pois o acaso pode muito bem fazer com que um indivíduo vagamente parecido com Lacassagne tenha passado às 9h pelo Boulevard Saint-Germain, e provocasse a lembrança do senhor Lacassagne em minha mente.

Mas eu não acredito que seja o acaso. Eu admitiria de bom grado uma obscura e fugitiva criptestesia. Se assim for, essa criptestesia seria a do passado ou a do futuro? Ou, melhor dizendo, se eu pensei ter visto o senhor Lacassagne, é porque ele havia passado uma hora antes pelo Boulevard Saint-Germain, ou porque ele deveria lá passar dentro de uma hora?

Exemplos análogos são infinitos, e só citei esse porque eu refleti muito sobre ele sem poder dar-lhe qualquer explicação passável.

Dentre os fatos congêneres citados por Myers, eu relatarei alguns, que me parecem de notável importância.

O senhor Carroll viu em seu quarto (em Towcester) a imagem de seu irmão que morava em Londres. Ele ficou assustado. Mas antes que tivesse tempo para se recuperar de sua emoção, ouviu batidas à porta de seu quarto. Era seu irmão (daquela vez, em carne e osso), vindo de Londres expressamente com o propósito de vê-lo, sem ter-lhe anunciado sua visita. Devemos acrescentar que o irmão do senhor Carroll não conhecia exatamente a casa, e que foi por acaso que batera a essa porta.

O senhor Stevenson, em casa, estava sentado ao lado de sua esposa às 19h. Tudo estava quieto, quando ouviu distintamente estas palavras: "David está chegando!" Pensando fora sua esposa que falara, perguntou-lhe, mas ela garantiu-lhe que ele não havia dito uma palavra. Ora, David, o irmão do senhor Stevenson, costumava estar de volta somente às 10 da noite. Três minutos depois que Stevenson tinha ouvido (nitidamente) aquela a voz, a porta se abriu, e David entrou, sem que, naquela hora ninguém o esperasse.

A senhora A..., esperava seu marido, que fora fazer uma excursão (a uma aldeia indígena) e, inquietando-se, foi com sua irmã mais nova encontrá-lo. Então, às 6h, as duas mulheres viram-no chegar de carro com seu cavalo cinza. Mas de repente, não viram mais nada. Noventa minutos depois, o senhor A... chegou de carro com seu cavalo cinza.

Outro exemplo: o coronel Bigge[18] viu um de seus colegas vestido com roupa de pesca, com utensílios de pesca, e com um equipamento que o senhor Bigge não conhecia, e isso 10 minutos antes do aparecimento desse mesmo colega no local em questão. Ora, nesse caso há simplesmente criptestesia, talvez premonitória, mas seria absurdo supor que houve bilocação objetiva do colega do senhor Bigge.

A senhora Muneo convidara o doutor Jackson para passar algum tempo em sua casa, mas o senhor Jackson não aceitou o convite. Certo dia, às 2 horas da manhã, ela acordou, pois ouviu o doutor Jackson chamar do portão que ficava a 300 metros de distância. Em condições normais, o chamado não poderia ser ouvido, por causa da interposição de casas. Mas a senhora Muneo ouviu, de modo que ela acordou seu marido que, primei-

18 Fr. Myers, *La personnalité humaine*, trad. fr., 229.

ro, acreditou em uma ilusão. Poucos minutos depois chegava o doutor Jackson.

É provável que não se trate, absolutamente, de uma monição de chegada e, ainda menos, de um duplo, mas sim de um caso de hiperestesia auditiva, que se manifestou durante o sono.

Raramente as monições de chegada tomam a forma de uma impressão auditiva, como no caso do senhor Saunders, um ancião de 84 anos, que, em 8 de janeiro, às 7h30, ouviu (apesar de ser muito surdo) uma voz que lhe dizia: "Tom chegará hoje" Tom, durante a guerra, foi soldado na França; ele enviara, um dia antes, uma carta informando que escreveria novamente. Horas depois dessa monição auditiva, Tom chegava.[19]

Eis uma monição de chegada (inédita), que é de grande interesse, porque foi muito bem observada por Stella em si mesma.

Na pequena cidade de S., ela saiu de manhã com seu irmão para um passeio de carro, e ambos apressaram-se para alcançar o carro que os esperava na praça de S. Como eles estavam atrasados, apressaram o passo. De repente, Stella viu diante de si, olhando para ela e aproximando-se, seu amigo Olivier que também tinha um encontro no mesmo lugar. Stella, então, disse a seu irmão: "Olha, o Olivier", e ela, com a bengala que segurava, fez um gesto para cumprimentar Olivier, mas o irmão de Stella não viu nada. No momento em que Stella via Olivier desaparecer subitamente, eis que este, em carne e osso, chegou por trás deles e tocou o ombro do irmão de Stella. Stella e seu irmão ficaram muito surpresos, porque eles não haviam suspeitado da presença de Olivier, e eles acreditavam que, devido à hora tardia, ele já tivesse chegado à praça. Eles não haviam olhado para trás uma só vez quando seguiam pela rua, como Olivier logo lhes perguntou. E, além disso, ele mesmo constatara, seguramente, que nem Stella nem seu irmão haviam olhado para trás uma única vez. Por conseguinte, não puderam vê-lo diretamente.

Mas, mesmo se pela visão indireta, por maior que seja a improbabilidade, Stella fora capaz de ver Olivier vindo em sua direção, essa visão não poderia ser senão inconsciente. E então, o que seria bem instrutivo para a teoria das simbolizações, essa

19 *J. S. P. R.*, 1919, XIX, 30-32.

visão inconsciente ter-se-ia simbolizado em forma de alucinação verdadeira, pois realmente Stella viu Olivier *diante dela*, muito bem vivo e ativo, absolutamente idêntico a si mesmo, ao ponto de ela fazer um gesto com a bengala para cumprimentá-lo.

Mas creio que não houve visão indireta, e que foi uma admirável e precisa monição de chegada: a noção criptestésica da chegada de Olivier traduziu-se por uma alucinação visual. E, claro, isso foi totalmente subjetivo, já que o irmão de Stella nada viu, embora Stella tenha dito a ele: "Olha, o Olivier!".

Evidentemente, casos semelhantes, com alucinação, visual ou auditiva, anunciando *a chegada*, são bastante raros. Mas o que é muito comum é a *ilusão daquele que chega*. Seria de grande interesse para a ciência metapsíquica que algumas pessoas tivessem o trabalho de estabelecer uma espécie de estatística desses fatos. Não é uma tarefa simples, pelo contrário, é muito difícil e requer uma verdadeira disciplina científica. De fato, escrupulosa exatidão é necessária: poder-se-ia constar por escrito, em uma caderneta, os casos em que foi previsto o encontro próximo de tal ou tal pessoa; apenas seriam levados em consideração para o resultado final os casos registrados na caderneta.

O perigo desse estudo, perigo muito difícil de evitar, é que, infelizmente, as pessoas são tentadas a anotar apenas os casos em que houve, após o registro, a chegada real, e negligenciarem os outros casos.

Na maioria das vezes essas *chegadas* se manifestam por *ilusões*. Vemos na rua um indivíduo qualquer: então dizemos: "Mas é A...!" A..., que não vimos há muito tempo, e cuja presença, naquele dia, naquele lugar, é bastante improvável. Mas logo percebemos que não foi A... que vimos. Foi alguém que parece com ele (ou até, o que é um pouco estranho, que não parece com ele). Um pouco mais adiante, aparece realmente A... em carne e osso.

A estatística dessas chegadas previstas (casos negativos e casos positivos) certamente levará a resultados curiosos, mas ainda só temos sobre esse assunto documentos incompletos, esparsos.

De qualquer forma, exemplos como os de Carroll, Stevenson, Bigge demonstram a realidade dessas criptestesias de chegada. Mas devemos fazer todas as reservas quanto à objetividade das bilocações. Portanto, embora o mistério continue ainda muito profundo, concluiremos pela sua não objetividade.

Poderíamos, sobre o assunto, elaborar muitas teorias, mas, no momento, parece prudente abstermo-nos de fazê-lo. Tudo o que se diz das percepções ódicas, da radiação astral, do eflúvio humano é tão vago e insatisfatório que é muito mais sábio confessarmos nossa ignorância total.

Capítulo 6

As assombrações

Assombrações em geral

Se tivéssemos que nos referir às tradições e superstições, a assombração de algumas habitações seria um dos fenômenos mais certos da metapsíquica, pois, em todos os países e em todas as épocas, sem exceção, os casos de assombração foram aceitos pela opinião popular.[1]

---

1 A bibliografia (antiga) é muito vasta: poderemos, para os tempos antigos, consultar Joseph Glanvil (***Saducismus triumphatus***) (1700), que já considera que os fenômenos de ***Poltergeist***, ou melhor, de casas assombradas, não podem ser explicados por fraude ou alucinação. Petrus Thyraeus: ***De infestis ob molestantes dæmoniorum et loci defunctorum spiritus locis.*** Colônia, 1598. – Dale Owen. ***Foolfalls on the boundary of another world***, Londres, 1860. – Zingaropoli: ***Gesta di uno spirito nel monastero dei PP. Gerolomini in Napoli;*** Cronaca del Secolo XVII, com prefácio de E. Passaro: ***Sulle manifestazioni spontane misteriose***, Nápoles, Detken, 1904.
Quanto aos mais livros modernos, os mesmos serão indicados em vários lugares deste capítulo.
Mencionarei, apenas como curiosidade, os nomes das cidades onde se teriam manifestado as aparições e as assombrações, de acordo com E. Passaro:
Grã-Bretanha: Woodstock (1649); Tedworth (1661), Epworth (1716), Lessinghall (1679), Liverpool (1868); B. (Eosa) (1862), Manchester (1902), Beverley (1903), Guernesey (1903).
França: Lyon (1528); Cideville (1850), Paris (1846); St. Quentin (1849), Argel (1871) Valence-en-Brie (1897), Bordéus (1867), Nice (1858).
Bélgica: Bruxelas (1890); Grivegnée (1900).
Itália: Nápoles (1696), Lanzo (1762), Florença (1867), Bolonha (1591), Vicenza (1875), Malta (1700), Gênova (1865), Bolonha (1591), Pavia, Modena (1875), Roma (1876 e 1881), Trieste (1881), Turim (1903), Catânia (1879).
Alemanha: Handmühlen (1584); Dibbelsdorff (1762); Orlach (1831); Weinsberg

Sem dar alguma importância científica a esse consenso, não podemos deixar de supor que existe, no fundo de todos esses relatos, um vestígio, muito obscuro, muito fraco talvez, de verdade. Portanto, rejeitarmos sem exame tudo o que é dito das casas assombradas, seria quase tão absurdo quanto aceitarmos tudo sem exame.

Alguns estudiosos que se interessavam pelas ciências psíquicas ocultas, tentaram estudar a questão. Mas descobriu-se que os resultados de todas as pesquisas científicas sobre casas assombradas haviam sido lamentáveis. Submetidos a uma investigação rigorosa, severa, os fenômenos, por assim dizer, se evaporaram. Essa é uma razão para duvidar: não é uma razão para negar. Na verdade, não é admissível que haja alguma incompatibilidade entre os fenômenos de investigação científica e de assombração, de modo que a falta de constatação exata já é uma forte presunção contra a realidade dos próprios fenômenos.

Mas, trata-se, apenas, de uma presunção: não é uma certeza. Resta saber se na massa de testemunhos obtidos, poderemos encontrar provas suficientes para concluir que alguns desses fenômenos são reais. Devemos nos limitar ao estudo crítico dos testemunhos, já que, infelizmente, não é uma análise experimental dos fenômenos que podemos fazer.

Assim, a história das casas assombradas tem um capítulo *experimental* muito curto, ou melhor, nenhum; não há senão fatos de *observação*.

Acrescentemos que é difícil separar as assombrações dos outros fenômenos da metapsíquica. Muitas vezes elas podem ser incluídas no capítulo sobre as alucinações ou as monições coletivas, às vezes no capítulo sobre a criptestesia, mais frequentemente ainda, no capítulo sobre as telecinesias.

Todas as nossas classificações são altamente artificiais. Como já dissemos muitas vezes, os fatos não se preocupam,

---

(1835); Bergzabern (1852); Munchoff (1818); Groeben (1718), Schildbach (1533), Berlim (1890); Mulldorff (1749), Colônia (1865); Resau (1899); Billingheim (1887); Möhthingen (1841).

Outras regiões: Lipzy (Rússia, 1852), Zurique (1860); Mustaj (Rússia, 1870); Silin (Rússia, 1888), Riga (Rússia, 1583), Constantinopla (1746), Filadélfia (1866), Guayaquil (1871) , Rota (Espanha, 1870), São Petersburgo (1902), Budapeste (1902); Nienadowka (1898), San Francisco (1899); Slatesborough (Geórgia, 1891), Ceilão (1902).

quando ocorrem, em ser incluídos nesse ou naquele capítulo de um tratado científico.

Por conseguinte, a definição e a delimitação da assombração são muito difíceis de fazer. Parece, entretanto, que o que domina seja uma condição *espacial*. Fenômenos de assombração, sejam eles objetivos ou arbitrários ou mistos, se produzem em um local determinado e em nenhum outro lugar. É como se essa localização no espaço fosse uma das condições do fenômeno.

Há aí, obviamente, um fato relevante que deve nos fazer refletir. Se as assombrações são reais, sempre se localizando nesse ou naquele velho solar, em uma determinada sala de uma casa, quase podemos concluir que há alguma *emanação* oriunda das coisas inertes, aderindo a essa sala ou a esse solar. Pois seria muito absurdo acreditarmos que os *espíritos* estão ligados por laços materiais terrestres ao local onde eles aparecem. Se eles aparecem na sala azul dessa casa é porque há algo nessa sala azul que o retém ou que o produz. É isso a que Bozzano chama hipótese psicométrica – eu diria, antes, pragmática – das infestações.[2]

É quase impossível não admitirmos essa hipótese, pelo menos em parte, pois não podemos atribuir aos *espíritos*, gratuitamente, a fantasia de não desejarem se afastar de algum determinado lugar, quando poderiam vaguear por outros lugares.

Assim, para a definição da assombração ou da infestação, provisoriamente, diremos: ***fenômenos metapsíquicos, objetivos ou subjetivos, que se produzem, repetidas vezes, em um determinado local.***

No entanto, essa definição é um pouco falha, pois não pode ser aplicada a todos os casos. Existem assombrações que parecem estar ligadas a determinadas pessoas em particular, mais do que a uma determinada localidade. Ora, os movimentos de objetos, que ocorrem na vizinhança de uma pessoa assombrada ou infestada, não se enquadram no âmbito das assombrações. São *telecinesias*, involuntárias, não experimentais, o que lhes dá um caráter especial e as diferencia das telecinesias experimentais que estudamos anteriormente. Não são verdadeiras assombrações, já que por definição (um pouco arbitrária, aliás) a

2 Deveríamos adotar a palavra italiana *infestação*, melhor do que a palavra assombração.

assombração se liga a tal localidade, e parece estar limitada a uma condição específica do local.

Na história das casas assombradas, elaboraremos dois capítulos: primeiro, vamos falar sobre casas assombradas por fantasmas, e depois, no próximo capítulo, discutiremos os fenômenos materiais que parecem ligados, preferencialmente, a determinados indivíduos do que a determinadas casas.

Assim, teríamos, não somente, *casas* assombradas, como também, *pessoas* assombradas. E até mesmo, é provável que muitas assombrações de casas sejam, sobretudo, assombrações de pessoas.

São subjetivos os fenômenos de assombração nos quais uma aparição não coletiva se produz – com características específicas, bem determinadas – quando nenhum movimento de objeto aparece.

São objetivos os fenômenos nos quais há movimentos de objetos, fenômenos mecânicos externos.

Mas essa divisão é bastante convencional, pois o objetivo e o subjetivo estão geralmente misturados, de modo que é preciso, juntamente com Bozzano, dizer *assombrações, sobretudo, objetivas*; *assombrações, sobretudo, subjetivas*.[3]

Em alguns casos, muitos raros, os fenômenos são unicamente subjetivos, e, entretanto, há criptestesia, recognição bastante nítida para que não possamos considerá-lo como um fenômeno patológico de alucinação.

A senhora O. Donnel[4] chegou a Brighton com sua filha, e alugou um apartamento mobiliado. Ela não dormia no mesmo quarto de sua filha. À uma hora da madrugada, ela ouviu passos no piso superior, que se tornaram tão fortes que parecia que havia muita gente, e isso durou toda a noite. Pela manhã, a

3 Não podemos fazer uma classificação correta das assombrações, precisamente porque na maioria das vezes os fenômenos subjetivos e objetivos encontram-se misturados. De minha parte, não tendo nenhuma experiência pessoal para citar, sou obrigado a me referir aos autores que se ocuparam seriamente do assunto: C. Lombroso, *Ricerche sui fenomeni ipnotici e spiritici*, Cap. XII, *Case fantomaliche*, Turim, 1909. - F. Zingaropoli, Case infestate dagli spiriti, Nápoles, Soc. Partonopea, 1907. - *P.S.P.R. passim* e *J.S.P.R. passim*. Deveremos consultar, sobretudo, o admirável estudo de Bozzano, *Dei fenomeni d' infestazione*, Roma, Ed *Luce e Ombra*, 1919, 8º, 226 páginas. Eu farei, bem entendido, como aconteceu com as premonições, muitos empréstimos a esta síntese notável.

4 *J.S.P.R.*, VIII, 326.

senhora O. Donnel disse à arrumadeira: «O pessoal do andar de cima não tem consideração com os outros». Mas foi-lhe informado, com espanto, que não havia ninguém no andar superior. Dois dias mais tarde, depois de ter ouvido os passos soarem fortemente, a senhora O. Donnel viu um espectro terrível que lhe indicou, com a mão, o quarto vizinho. Sentiu até estar sendo tocada por uma mão gelada: ela quase desmaiou de terror. O fantasma era o de um homem baixo, moreno. A filha da senhora O. Donnel nada viu nem ouviu. Na noite seguinte, embora a porta tivesse sido trancada a chave, o mesmo fantasma reapareceu.

Ora, após investigações, descobriu-se que, algumas semanas antes, aquele mesmo quarto abrigava um rapaz, amigo muito íntimo de um homem escocês, que era baixo e moreno, correspondendo à descrição dada pela senhora O. Donnel, o qual, voluntariamente, jogara-se pela janela de outra casa em Brighton.

Esse é um bom caso de criptestesia subjetiva, uma vez que os sons, as palavras, as formas da aparição foram percebidos pela senhora O. Donnel e não o foram por sua filha.

Eis como Bozzano descreve os fenômenos auditivos e visuais. (Fiz uma tradução livre e abreviada):

> Os fenômenos auditivos são ruídos sem causa aparente, desde pancadas de intensidade variável, até barulhos de vidro e louças quebrados, móveis caindo, janelas e portas se abrindo e se fechando violentamente, rolagem de objetos pesados, barulhos de cadeiras. Muitas vezes, são passos como de humanos, cadenciados, em corredores ou escadas, o farfalhar de roupas, gritos lamentáveis, suspiros, soluços, ou cantos litúrgicos, canções diversas e espécies de melodias musicais.
>
> É provável que esses fenômenos, embora entremeados de objetividade, sejam, sobretudo, subjetivos. Todavia, algumas vezes, eles são ouvidos por várias pessoas. Em muitos casos autênticos, esses sons são, pois, francamente objetivos.
>
> Em sua forma visual, os fenômenos consistem em manifestações luminosas ou aparições de fantasmas. As manifestações luminosas são claridades que iluminam os fantasmas ou luzes de forma indecisa. Em casos muito raros, uma tocha ou uma luz está nas mãos do fantasma.

> Os fantasmas, salvo raríssimas aparições de animais, têm uma forma humana, estão vestidos com as roupas que usavam em sua vida terrena. Às vezes, eles têm a aparência perfeita de vida, às vezes eles são transparentes e nebulosos como sombras; geralmente, eles parecem entrar por uma porta, continuar seu caminho até a outra sala, onde desaparecem. Com frequência, surgem inesperadamente e se dissolvem em vapor, passando através de paredes e de portas fechadas. Algumas vezes eles andam, outras, ficam como suspensos no ar. Em geral, o período de infestação dura apenas alguns anos, alguns meses e até alguns dias. Mas muitas vezes a assombração se manifesta durante uma longa série de anos, com longas interrupções.
>
> A chegada do fantasma se revela quase sempre por uma vaga sensação de horror, a *sensação de uma presença*, coincidindo com um sopro gelado: quase sempre eles parecem ser totalmente indiferentes às pessoas vivas que os observam. Por vezes, eles se entregam a alguma ocupação doméstica, às vezes eles fazem gestos de desespero. Observam-se diferenças significativas em seu comportamento.

Esses fenômenos correspondem a uma realidade objetiva, ou são simplesmente devidos a alucinações?

Em primeiro lugar devemos eliminar a hipótese de trapaça e de fraude. Dos 374 casos que Bozzano considera dignos de menção, não há, talvez, um que seja atribuído a uma fraude e a uma mentira.[5] Mas qual é a parte da alucinação? Eis o que é mais difícil de decidir.

Para esclarecer, vamos imaginar o seguinte caso esquemático:

A, em uma determinada localidade M, aonde chegou pela primeira vez, vê um fantasma que não reconhece, e que ele descreve. Poucos dias depois, outra pessoa A', chegando à mesma localidade M, vê um fantasma inteiramente análogo ao visto por A. Uma investigação posterior mostra que nessa localidade M, há dois ou três anos, desapareceu tragicamente um indivíduo cuja descrição coincide com a do fantasma descrito, sucessivamente, por A e A'. A e A', aliás, ignoravam o trágico

5 É completamente diferente quando se trata de assombrações objetivas, com telecinesia, pois, então, fraudes grosseiras ocorrem com muita frequência e quase com mais frequência.

acontecimento da casa M. Talvez alguém lhes tenha contado, vagamente, que a casa M era assombrada. Em todo caso, em nenhum momento de suas vidas, A e A' tiveram alucinações. Eles são pouco inclinados à credulidade e ao misticismo, e são bem equilibrados.

Essas são as condições gerais das assombrações subjetivas.

Parece improvável que as alucinações de A e A' sejam desprovidas de qualquer fundamento *verídico*, pois: 1° – as alucinações patológicas em pessoas normais são extremamente raras; 2° – a concordância das alucinações de A e A' é muito grande; 3° – existe uma relação entre suas alucinações concordantes e o acontecimento que causou a morte de B; 4° – os casos de monições por alucinações verídicas são muito frequentes para que esse fenômeno não seja considerado cientificamente estabelecido e, portanto, ele pode ser aplicado, com algumas pequenas diferenças, às alucinações de assombração, devido à grande semelhança entre ambos os processos.

Certamente, se não tivéssemos para afirmar que existem fantasmas outras provas além das provas de assombração, estaríamos bem longe de ser conclusivos, porque, apesar da inquestionável veracidade dos testemunhos, eles não são suficientemente numerosos e, sobretudo, eles não têm autoridade suficiente para fazer-nos aceitar o extraordinário e improvável fenômeno de uma materialização. Mas, para a prova da materialização, os dados experimentais (indicados acima) são abundantes, e é justo beneficiar com eles os fenômenos de assombração, pois quaisquer outras explicações, que não sejam uma materialização (parcial ou total), são alambicadas, pouco defensáveis.

Já que muitas pessoas veem quase o mesmo fantasma, é impossível admitirmos que se trate de um fenômeno exclusivamente subjetivo. Para que A, A' e A" vejam o mesmo rosto, deve haver exteriormente a eles um vibração qualquer que provoque em seus cérebros quase a mesma imagem de B. Por conseguinte, essa imagem B tem como origem um fenômeno externo, e, como tal, é objetiva. Mas isso não é a objetividade, como em geral, nós a entendemos. Quando um fantasma é visto apenas por três pessoas e dez outras pessoas presentes não o veem, não o ouvem, quando a placa fotográfica nada revela, esse fantasma não é objetivo no sentido comum da palavra.

Na realidade das coisas cotidianas, se há uma palmeira, por exemplo, e há vinte pessoas ao redor dela, essas vinte pessoas, sem exceção, veem a palmeira. Mesmo que houvesse dez mil pessoas lá, as dez mil pessoas também veriam igualmente a mesma palmeira, pois ela é francamente objetiva. Podemos fotografá-la, desenhá-la, descrever seus contornos, ouvir o som do vento em suas folhas, e sacudir seu tronco. Mas quando se trata de um fenômeno criptestésico, é algo bem diferente, pois as faculdades criptestésicas, sejam elas assombrações ou monições, variam amplamente de pessoa para pessoa. Trata-se de conhecimentos de outra ordem, que não chegam à nossa inteligência através dos canais normais, e para a recepção dos quais é preciso ser um sensitivo.

Suponhamos um indivíduo totalmente surdo: se, ao lado dele, soa um apito estridente, ele nem se dará conta, e poderá negar a objetividade desse ruído. Mas a sua negação não provará, de forma alguma, que não houve apito. Da mesma forma, a ausência de uma sensação nos não sensitivos não prova que não houve qualquer vibração externa.

Mas, quais são esses fenômenos externos objetivos que causam a alucinação verídica?

Aqui, a incerteza é absoluta e lamentavelmente profunda, e todas as hipóteses podem ser feitas.

A. Seria uma impressão deixada sobre as coisas, uma emanação vinda dos objetos?

B. Seria o corpo astral de um ser humano falecido?

C. Seria uma força inteligente, não humana, que vem nos dar um aviso?

As três hipóteses serão sumariamente discutidas aqui.

A. É possível que as coisas emanem eflúvios que não conhecemos. O ímã parece uma substância inerte até que se tenha colocado perto dele um fragmento de ferro, mas, entretanto, ele contém uma energia enorme que aparece, evidente, quando é aproximado de um ferro. Da mesma forma, talvez os objetos aparentemente inertes poderiam conter energias ocultas. O anel usado muito tempo por um indivíduo pode, talvez, ter armazenado em si as propriedades particulares desse indivíduo, que ele não possuía no momento em que saiu das mãos do joalheiro. Um cão reconhece a luva do seu dono, pois essa luva impregnou-se do cheiro da mão que a usava, cheiro que escapa ao nosso pouco sutil olfato, mas que não escapa ao olfato delicado do cão. Não poderíamos supor nos objetos inertes misteriosas energias, neles inclusas, capazes de evocar em alguns sensitivos imagens precisas? Se assim for, seriam explicados – não é uma explicação, é uma expressão verbal dada a um fenômeno desconhecido – os principais casos de assombração.

Bozzano discutiu uma maneira muito interessante esta hipótese que ele chama hipótese psicométrica (eu diria, de preferência, hipótese *pragmática*) e ele conclui claramente pela sua insuficiência. Ele dá várias razões que lhe parecem opor-se à admissão desta hipótese.

Manteremos apenas duas delas, que de fato nos parecem muito graves:

Em primeiro lugar, a hipótese de que há fenômenos de infestação em locais que não tinham nenhuma relação (pelo menos aparente) com o fenômeno trágico primitivo (um suicídio, um assassinato) que parece tê-los originado. Em seguida (e principalmente) porque parece haver nessas aparições uma espécie de intenção, uma direção, uma monição, e, por vezes, até mesmo uma premonição, às vezes uma periodicidade caracterizada por certo ritmo, em todo caso, a atividade de uma personalidade que não parece ser a do sensitivo, muito menos a propriedade de uma coisa inerte.

Seria pueril, acreditamos, tentarmos nos aprofundar mais. Vamos apenas dizer que a hipótese pragmática é claramente insuficiente. Além disso, ela só pode ser aplicada aos fatos subjetivos de assombração e nunca aos fatos objetivos, o que a torna muito débil.

Mas outras hipóteses são mais prováveis?

B. Os fantasmas que aparecem são os mortos que retornam, os ***revenants***,[6] na acepção textual da palavra. E à primeira vista essa explicação parece simples.

Mas quantos absurdos ela envolve!

6 N. T. – Algo como "retornante" em português.

Por que esses e não outros? Pois milhões de trágicos acontecimentos ocorrem a cada instante e em qualquer lugar, sem causar a menor assombração. Muitas vezes, são causas insignificantes que parecem ter determinado o fantasma a voltar. Em todo caso, esse fantasma tem uma mentalidade muito singular: ele joga pedras, quebra garrafas, abre portas violentamente. Ele é francamente inepto e de uma inépcia que parece pertencer mais aos animais do que aos homens. Uma vez que a inteligência desapareceu com o cérebro e o corpo desapareceu com a putrefação, como o defunto pode voltar a viver, mesmo com essa forma nebulosa fantasmagórica? Vimos, mais acima, que a identidade das mentes com esses ou aqueles mortos – o que implica a sobrevivência humana – era difícil de aceitar, mesmo com provas aparentemente muito fortes, como as de Raymond Lodge e George Pelham. Como são mais fracas, mais frágeis as raras provas de identidade fornecidas pelos fantasmas!

C. Resta a terceira hipótese, a de que se trata de espíritos (anjos ou demônios), que são forças inteligentes, absolutamente diferentes da humanidade, e capazes de fazer tudo, objetiva e subjetivamente.

A hipótese é conveniente, muito conveniente mesmo. Pois, admitindo esses seres todo-poderosos e oniscientes, é quase como se reconhecêssemos nossa ignorância total. Eu prefiro supor uma força humana (análoga às ectoplasmias) que coincide com certo grau de lucidez para fazer aparecer algumas formas determinadas! Mas como isso é pouco satisfatório, alambicado, até ridículo. No entanto, em desespero de causa, eu aceitaria provisoriamente esse ponto de vista como uma teoria em estado de espera, uma dessas ***hipóteses de trabalho***, que somos forçados a admitir nas ciências embrionárias.

Quanto ao caráter dessas forças, se existirem, *o que não é absolutamente certo*, eu não me permitirei elaborar qualquer hipótese.

A maioria das religiões admitiu a existência de espíritos malignos. Para algumas pessoas, o pressuposto do *diabo* explica tudo. As casas mal-assombradas são exorcizadas. O diabo torna-se *Deus ex machina*.

Mesmo os espíritas, seguidores de Allan Kardec, acreditam que existem espíritos malignos, o que exclui com uma palavra todas as dificuldades e os absurdos psicológicos. Distúrbios do inconsciente, que é por vezes trivial, que brinca grosseiramente, enganando por prazer de enganar, são, segundo os espíritas, obras de espíritos malignos. Todos os distúrbios das casas mal-assombradas são produzidos, segundo eles pelos espíritos malignos. De acordo com alguns eclesiásticos, é o diabo que provoca toda essa confusão.

Mas, no fundo, a hipótese do diabo e dos anjos malignos é de um antropomorfismo extremamente ingênuo.

Mesmo se eu admitisse, embora na verdade eu não consiga resolver-me a fazê-lo, que há intervenção de forças não humanas inteligentes, eu me recusaria a acreditar que essas forças possuam, sobre o bem e o mal, a nossa ideação imperfeita.

Além disso, não me deterei mais sobre as teorias, pois elas são tão débeis, ***todas tão profundamente débeis***, que devemos esperar por fatos novos, mais demonstrativos, antes de elaborarmos uma sistematização dos fatos antigos.

Então, vou relatar em seguida, tão brevemente quanto possível, alguns dos fatos de assombração, mas não vou fazer a crítica detalhada de cada narrativa, deixando isso ao julgamento do leitor. No entanto, permitir-me-ei, em certos casos, emitir (timidamente) a minha opinião, buscando tirar as conclusões que delas poderemos deduzir.

Assombrações de casas (subjetivas)

As assombrações propriamente ditas são aquelas em que uma aparição se manifesta em uma casa, que dizem estar infestada.

Em que medida o fenômeno é apenas subjetivo? Esta é uma questão muito obscura, sobre a qual os fatos, medíocres e em pequeno número, ainda não permitem uma conclusão.

Um clérigo inglês[7] chegou com sua esposa em sua nova pa-

---

7 Caso 01 de Bozzano. ***Report of the committee on Haunted Houses, P. S. P. R.***, março 1884, p. 144. Este comitê foi composto pelo reverendo Bushell, Hughes, A. P.

róquia e ambos se instalam em uma casa confortável, situada a alguma distância da aldeia. Eles não possuíam empregados: era uma mulher da vizinhança que arrumava a casa; quando a noite chegava, eles trancavam a porta a chave.

Mas à noite eles ouviram um barulho formidável (como bolas de ferro rolando pelo chão), que os acordou bruscamente e que durou uma parte da noite. Levantaram-se, mas não encontraram nada de anormal. No entanto, a moça que fazia os serviços não mais quis passar a noite na casa.

No dia seguinte, às oito horas da noite, os sons voltaram; passos humanos (*caminhando lenta, mas firmemente*). Depois, por duas semanas, nada aconteceu. Então, os barulhos se repetiram: pancadas, ora violentas e precipitadas, ora fracas e hesitantes. Todas as semanas, às duas horas da manhã (nas noites de sábado para domingo) o mesmo barulho recomeçava (pancadas, passos humanos, quedas de corpos metálicos). Durante um ano inteiro os mesmos fenômenos se reproduziram. Finalmente, o vigário e sua esposa deixaram a aldeia.[8]

Um amigo, entrando na casa, também ouviu esses barulhos. Além disso, como eles foram percebidos pelo vigário e sua esposa, deve-se admitir que eles eram objetivos. Talvez a suposição de cumplicidade da criada não seja radicalmente descartada.

Não podemos, de forma alguma, considerar demonstrativos os ruídos ouvidos pelo doutor Kinnaman. Esta é a curiosa história de um jovem estudante chamado Adams, que legou seu esqueleto ao seu amigo Kinnaman, à condição de que o referido Kinnaman o guardasse para seus estudos. Alguns anos mais tarde, como aquele esqueleto era incômodo, ele foi relegado a um sótão. Mas então, tamanhos ruídos, tamanhos estrondos se produziram, que ele teve que encontrar um lugar melhor para os ossos de Adams. Adams então, satisfeito, permaneceu tranquilo.

Essa história incrível e divertida mais parece uma notícia humorística do que um fato real.

A senhorita R. Morton, estudante de medicina,[9] foi em 1882, morar em uma casa em Clifton. Nessa casa, 20 anos an-

Perceval Keep, F. Podmore, Hensleigh Wedgewood, e Ed. R. Pease.

8 Hyslop, *Jour. Amer. P. S. P. R*, 1910, 615; 1911, 484, caso 03 de Bozzano, p. 36.

9 Caso citado por Fr. Myers, *P. S. P. R.*, VIII, 311, caso 4 de Bozzano, 41.

tes, haviam ocorrido dramas familiares. Uma noite, a senhorita Morton, ouvindo barulhos à porta, foi até o corredor e viu nas escadas uma mulher alta, com um véu de viúva, um lenço sobre o rosto, e roupas pretas de lã.

De 1882 até 1884, a senhorita Morton viu essa mesmo aparição cinco ou seis vezes. Sua irmã, seu irmão, a camareira e uma criança também a viram. "Às vezes –, disse a senhorita Morton –, ela tentava falar comigo, mas era apenas um leve suspiro". O que prova a subjetividade dessa aparição, apesar de ter sido vista pelo irmão e pela irmã da senhorita Morton, é que por vezes a senhorita Morton via distintamente o fantasma, enquanto as pessoas que estavam com ela não viam nada. No entanto – e isto é extremamente importante para provar, como se poderia supor primeiramente, que nem tudo era subjetivo na alucinação da senhorita Morton – uma noite de agosto, às 20 horas, quatro pessoas viram o fantasma, ao mesmo tempo. Foi em 1884-1885 que a aparição mostrou-se com mais frequência. A partir de 1886, tornou-se cada vez mais vaporosa e indistinta. Em 1889 não foi mais vista, mas ainda ouviram seus passos até 1892.

Esse caso é bastante informativo. Ele mostra que a objetividade pode ser *incompleta*, isto é, que um fantasma que, no entanto, é certamente subjetivo, uma vez que não é visto por todas as pessoas presentes, é, entretanto, às vezes visto simultaneamente por várias pessoas, e torna-se, então, uma visão coletiva. Note-se, também, a perseverança com que o fantasma permanece durante sete anos em uma dada localidade.

Segue uma curiosa história de obsessão, muito antiga, contada por Plínio, o Jovem.[10]

Erat Athenis spatiosa capax domus, sed infamis e pestilens. Per silentium noctis sonus ferri, et, si attenderes acrius, strepitus vinculorum longius primo, deinde et proximo reddebatur: mox apparebat idolon, senex macie et squalore confectus, promissa barba, horrenti capillo: cruribus compededes, manibus catenas gerebat et quatiebat.[11]

10 *Lettres, VII, 27.*

11 N. T. – "Havia em Atenas uma casa muito grande e muito habitável, mas desacreditada e deserta. No profundo silêncio da noite, ouvia-se um ruído de ferros, e, se se aplicasse o ouvido com mais atenção, um ruído de correntes, que parecia primeiro vir de longe e, em seguida, se aproximar. Logo via-se um espectro parecido

Parece que, então, a casa estava abandonada, e ninguém queria nem habitá-la, nem comprá-la. Mas o filósofo Athenodorus não temeu enfrentar o fantasma. Instalou-se na casa, com suas tabuinhas, sua tocha, e começou a escrever. No meio da noite, o fantasma chegou. ***Stabat efigies innuebat que digito, similis vocanti: hic contra ut paulum exspectaret manu significat, rursusque ceris et stilo incumbit.***[12] (Se a história é verdadeira, a frieza de Athenodorus é extraordinária.). ***Illa scribentis capiti catenis insonabat. Respicit rursus idem quod prius innuentem, nec moratus tollit lumen et sequitur. Ibat illa lento gradu quasi gravis vinculis...***[13] Em suma, o fantasma desapareceu, deixando Athenodorus em um local deserto, no qual o filósofo fez uma marca de reconhecimento: na manhã seguinte, com os magistrados, foram feitas escavações, e eles encontraram um esqueleto que enterraram publicamente. A partir desse momento a casa não foi mais assombrada.

Não podemos exigir a verificação possível para um evento que aconteceu há dois mil anos. Mas, ainda assim, a analogia, para não dizer a identidade, das assombrações do passado com as de hoje é motivo de reflexão até para os céticos.

Em St. Boswell,[14] o mesmo fantasma apareceu a várias pessoas, à senhorita M. Scott e a Louise Scott, sua irmã, como também à senhorita Irvine; uma dezena de outras pessoas também o viu, por um período de oito anos (1893-1901). A forma era a de um indivíduo vestido de preto, com um casaco preto comprido, de modelo antigo, com uma gravata branca e um chapéu de abas largas. Ele era magro e pálido. Era em plena rua que ele aparecia. A senhorita Scott tentava alcançá-lo, ele corria diante dela, de modo que ela não pudesse alcançá-lo. Parece que uma

---

com um velho, muito magro, muito abatido, que tinha uma longa barba, cabelos eriçados, ferros nos pés e nas mãos, que sacudia horrivelmente".[Fonte: http://www.espirito.org.br/portal/codificacao/re/1859/03j-plinio-o-moco.html].

12 N. T. –"Esse espectro estava de pé e o chamava com o dedo. Athenodorus fez-lhe sinal com a mão para esperar um pouco, e continuou a escrever como se nada houvesse".[Fonte: vide acima].

13 N. T. –"O espectro recomeçou seu tumulto com suas correntes, que fazia soar nos ouvidos do filósofo. Este olhou ainda uma vez, e viu que ele continuava a chamá-lo com o dedo. Então, sem mais tardar, levantou-se, tomou a luz e seguiu. O fantasma caminhou com passo lento, como se o peso das correntes o sobrecarregasse". [Fonte: vide acima].

14 *J. S. P. R.*, VI, 146 e IX, 298, caso 5 de Bozzano, 47.

vez dois meninos da aldeia viram-no aparecer diante deles, com uma expressão ameaçadora, eles fugiram e o fantasma desapareceu. Devido a isso, o povo de St. Boswell não se arriscava a se aventurar nessa rua à noite.

A senhorita Bedford viu, em W.,[15] na rua, perto de um rio, a forma de um homem que, desesperado, olhava o rio. Nesse mesmo local, a senhorita Locke, sua amiga, também o havia visto algum tempo antes. Parece que naquele lugar, cinquenta anos antes, um indivíduo, por desespero de amor, se jogara no rio. A senhora Locke, mãe da senhorita Locke, também viu várias vezes o mesmo fantasma.

A senhora Vatas Simpson contou que, quando criança, brincando com seus irmãos e irmãs, ela viu uma velha senhora subindo lentamente a escada, no topo da qual ela desapareceu, sem que a porta que dava para a escada se abrisse. Depois, ela a reviu do outro lado da porta. Embora essas lembranças fossem muito antigas, ela se lembrava muito bem de que seus irmãos viram a mesma aparição, e não somente naquele dia, mas nos dias seguintes. A mãe da senhora Vatas Simpson registrou esse fato em seu diário, acrescentando que viu naquela casa, que tinha fama de ser assombrada, não apenas com a velha senhora, mas também diversas aparições. Havia na casa o som de passos, choro de crianças. Um dia, o senhor Vatas Simpson aborreceu-se porque ouviu alguém andando em seu quarto, embora os empregados não tivessem deixado ninguém entrar. Então, ele entrou em seu quarto, e viu uma velha senhora, pequena e esguia, muito pálida, com um grande chapéu cujas fitas estavam amarradas sob o queixo, as mãos entrelaçadas constantemente. No início, ele pensou que era uma pessoa real, mas ela desapareceu diante dele.

Quando criança, a senhora Louise du Cane viu, assim como seus irmãos e sua irmã, a imagem de um fantasma em um espelho, mas o caso é muito pouco convincente.[16]

Bozzano cita o caso de um fantasma visto diversas vezes, por várias pessoas, às vezes por vários minutos em pleno dia. Era uma mulher vestida de preto que, um dia, o senhor W. D. G.

---

15 *J. S. P.*, XII, 18, caso 8 de Bozzano.

16 Caso comunicado pelo doutor Kingston, *J. S. P. R.*, V, 223, caso 10 de Bozzano.

viu sentada diante do espelho da penteadeira. O curioso é que o espelho não refletia sua imagem.

Se esse caso foi bem observado, o que é bastante problemático, ele é interessante porque prova que deve se tratar de uma alucinação subjetiva, produzida por autossugestão. Se tivesse havido objetividade real, o fantasma ter-se-ia manifestado no espelho. A ausência de reflexo no espelho mostra que esse é um fenômeno subjetivo ou, ao menos, cuja objetividade não é da mesma categoria que a dos objetos normais.

As senhoritas Lucy Brown e Mary Brown (pseudônimos) vão morar em uma casa[17] na qual se passaram trágicos acontecimentos: uma mulher cometera suicídio por enforcamento. Além disso, uma parte da casa foi queimada em um incêndio e uma mulher morreu nas chamas. De acordo com o resumo, feito por Myers, do depoimento das senhoritas Mary e Lucy Brown, o fantasma da mulher que morrera queimada foi visto por Mary e Lucy Brown (simultaneamente), três vezes: uma vez por Lucy Brown sozinha; outra vez por Mary Brown sozinha. Os empregados tinham-no visto com muita frequência, mas não foi possível obter seu testemunho.

A senhora Jones, cujo fantasma foi visto, era desconhecida das irmãs Brown, mas a descrição que elas fazem do fantasma corresponde muito bem à aparência geral da senhora Jones. O fantasma parecia fazer os gestos desesperados que tinham visto a senhora Jones fazer quando ela foi queimada viva.

O fato de um indivíduo morto há muito tempo poder se manifestar para muitas pessoas, em um local onde viveu, é corroborado pelo seguinte relato, feito por duas irmãs, a senhora Judd e a senhora Dear, muito confiáveis[18] (Caroline e Mary).

Caroline, três semanas após a morte de sua avó, uma manhã, em outubro de 1866, ao acordar, viu nitidamente a forma de sua avó, sua alta estatura bem conhecida, seu velho rosto calmo, e seus grandes olhos negros que permaneciam fixos como de hábito no mostrador do velho relógio. Caroline fechou os olhos por alguns segundos, em seguida, abriu-os lentamente. O espectro ainda estava lá, e logo desapareceu. Mary, no mesmo

17 Casos analisados por Myers, *J. S. P. R.*, IV, 1899, 27-30, caso 13 de Bozzano.
18 Vide Delanne, *Les apparitions matérialisées*, 1911, II, 81.

quarto, teve a mesma visão, na mesma hora. Ela só a contou à sua irmã naquela noite, tendo mantido silêncio durante todo o dia, *por medo do ridículo*.

Dez ou doze oficiais estavam jantando na cantina em Aldershot. De repente, todos veem uma jovem mulher trajando um vestido de noiva, sujo e gasto, que passava e deslizava lentamente ao longo da janela. Ninguém poderia ocupar a posição em que ela aparecera, pois a janela estava a trinta metros acima do solo.[19]

L. Tyre[20] viu, em torno de dezoito horas, em seu quarto, uma senhora idosa deitada, completamente vestida e com a cabeça voltada para a janela. Mas as duas irmãs de L. Tyre que, então, chegavam, nada viram. A cama estava vazia e em ordem, com suas cobertas bem arrumadas. No entanto, a senhora L. continuava a ver uma senhora idosa e descreveu-a. L. viu o mesmo fantasma dois dias depois e foi a única a vê-lo. Ela o viu *muitas vezes*; por isso as pessoas se acostumaram com isso, e apelidaram-no de *a velha senhora de L.* Mas o fantasma sempre foi visto apenas por L.

Somos, portanto, forçados a concluir que se trata de uma alucinação. É possível que seja verídica, pois parece que a imagem vista por L. corresponde exatamente à imagem de uma mulher idosa, morta na mesma casa alguns anos antes. Mas essas recognições são tão vagas que não têm nenhum valor, e é necessário supormos que se trata de uma mera alucinação, sem realidade objetiva.[21]

A senhorita A.[22] percebe em seu quarto uma prima, a senhora X... que morrera havia seis meses. Ela viu-a sentada com um vestido branco e um cachecol plissado. Quinze dias depois, o mesmo fantasma reapareceu, andou, dirigiu-se para a cama onde estava deitada a senhorita A. e jogou as cobertas no chão. A senhorita A., aterrorizada, acendeu a lâmpada a gás e nada viu.

Decorrido algum tempo, em uma casa vizinha, o senhor

19 *Hall. tél.*, tr. fr., 356.
20 Citado por G. Delanne, *Les apparitions matérialisées*, 1911, II, 26.
21 Embora o fato seja muito raro, pode haver alucinações entre indivíduos normais. L. Marillier descreveu com precisão um caso que lhe é pessoal. Durante um mês, ele teve a alucinação de ver uma mulher entrando em seu quarto e que ficava ao seu lado (*Rev. philosophique*).
22 G. Delanne, *Les apparitions matérialisées*, 1911, II, 102.

X., o marido da falecida, viu em duas ocasiões diferentes uma forma de mulher, cujos traços não pôde distinguir. Um barulho terrível produziu-se no quarto, barulho esse que acordou o jovem filho do senhor X.

A irmã da senhora X... viu o mesmo fantasma que queria, como aconteceu com a senhorita A., tirar as cobertas de sua cama. Com poucos dias de distância, por três vezes, o fantasma reapareceu. As portas se abriam e as pessoas ouviam passos na escada.

Assim –, diz G. Delanne –, uma aparição se apresentou sete vezes a quatro pessoas diferentes. A maioria dessas aparições aconteceu muito tempo depois da morte, para que seja possível atribuir-lhes a preocupação de um luto recente.

Mesmo assim, a autenticidade desses fenômenos é muito duvidosa, pois o valor científico das pessoas que os relataram não é suficiente para fazer-nos aceitar um fato tão extraordinário.

Em Malta, a senhorita H., de oito anos, oito dias após a morte de sua mãe, viu o fantasma desta em pé ao lado de sua cama, chorando e torcendo as mãos. Então, a criança soltou gritos que fizeram acorrer a ama, uma maltesa, que, *sentindo* algo terrível e indescritível, caiu de joelhos, rezando e se lamentando. O pai da senhorita H. também viu a mesma aparição.[23]

A senhora R., da Filadélfia, viúva do doutor R.,[24] estando no hall central da sua casa com sua filha mais velha, de dezenove anos, viu, assim como sua filha, entrar uma mulher vestida de preto, com um grande lenço branco na cabeça, segurando na mão uma bolsa de seda branca. Outra filha da senhora R., mais jovem, também viu essa mesma aparição, mas menos distintamente. A forma parou um momento diante do retrato do doutor R., e pareceu olhá-lo por cerca de meio minuto, depois desapareceu sem que a porta se abrisse. A aparição foi reconhecida como sendo a avó das duas moças, falecida havia 10 anos. Devemos observar que ela não vivia na casa onde apareceu.

Em seu estudo tão profundo sobre os *Fenomeni d'infestazione*, Bozzano mostra vários casos nos quais parece que o fantasma dá indicações sobre o que ele quer fazer, la-

23 Delanne, *Les apparitions matérialisées*, 1911, II, 84.
24 R. Dale Owen, *The debatable Land*, 319.

menta um ato que cometeu outrora quando estava vivo. Mas, como não se trata de visões coletivas, é mais racional supormos que se trata de alucinações, ilusões, imaginações. Assim, pelo menos provisoriamente, não devemos introduzi-los na ciência metapsíquica.

Todas as ***intenções*** que se imputam aos fantasmas são de uma interpretação demasiada fantasiosa e de um antropomorfismo demasiado ingênuo para que insistamos no assunto.

As luzes que aparecem em uma determinada localidade também fazem parte dos fenômenos de assombração. O senhor Duchâtel reuniu numerosos casos a respeito de uma luz que apareceu em Busso, na Córsega (próximo a Bocognano).[25] Trata-se de um fenômeno natural? É extremamente provável *a priori*. Parece que o fogo desaparece quando alguém se aproxima do ponto em que ele parecia estar. Mas, como isso é vago! De todo modo, é impossível ver aí alguma coisa de sério. É lamentável que ninguém tenha se dignado a estudar corretamente esse pequeno problema, tão fácil de resolver.

Fatos análogos e, aliás, que apenas têm como análise científica as lendas populares (o que é pouco), foram observados em Berbenno de Valtellina, em Vo, na Itália (Pádua), em Saint-Julien (Soissons), em Cardiganshire (País de Gales), em Quargento (Piemonte) e em Grand-Fougeray (Ille-et-Vilaine). Nada poderá ser baseado nesses relatos. No entanto, é bom mencioná-los para que, no futuro, se eles se apresentarem, sejam sujeitos a uma investigação metódica e escrupulosa.

Eis aqui um fato bem estranho, o qual é tão difícil aceitar quanto rejeitar. É relatado pela senhora E. H. Sidgwick.[26]

Duas senhoras, a senhora F. e sua irmã, viram na rua, através de um espesso nevoeiro, inúmeras formas humanas que passavam. Algumas eram pessoas altas que pareciam entrar no corpo de uma das duas irmãs. A criada que estava com elas gritava de pavor. Havia naquela multidão de fantasmas, homens, mulheres, cães. As mulheres usavam chapéus altos, xales grandes e roupas fora de moda. Os rostos desses personagens eram

---

25 *Recherches sur le feu qui apparaît à Busso (Corse). Autres lumières mystérieuses* (*A. S. P.*, fev. 1913, 34-40).
26 *P. S. P. R.*, III, 76, 1885.

lívidos, cadavéricos. Toda essa fantástica trupe acompanhou as duas senhoras por quase 300 metros. Às vezes, eles apareciam como iluminados por uma espécie de luz amarela. Quando a senhora F., sua irmã e a empregada chegaram à casa, não mais havia de todo aquele cortejo do que um indivíduo, horrendo, maior do que os outros. Depois, desapareceu.

Essa alucinação é única em seu gênero, assim não podemos dela nada guardar. No entanto, ela foi coletiva e simultânea. É difícil ver nessa descrição tão precisa, um *efeito de névoa*.

Acrescentemos a essa singular história, insuficientemente documentada, uma espécie de alucinação análoga, de duas senhoras que, no Trianon, perto do parque de Versalhes, pensaram estar vendo uma reunião de personagens vestidos como em 1785, nos tempos de Maria Antonieta.[27] Mas é difícil acreditarmos que não se trata de uma alucinação muito prolongada. Os sonâmbulos, durante o período hipnótico, poderiam contar muitas outras histórias do mesmo gênero.

Não devemos inscrever tais fatos nos anais da Metapsíquica. Como para tudo o que é isolado, excepcional, aguardemos, sem tentar explicar ou entender, e *provisoriamente* consideremos essas alegações não existentes.

Telecinesias das casas assombradas

As causas do erro, uma vez que é sempre às causas do erro que devemos nos ligar, não são as mesmas para ambos os fenômenos subjetivos e os fenômenos objetivos de infestação.

Os fenômenos subjetivos dependem da boa-fé – que nunca é duvidosa – do observador, mas a boa-fé não é suficiente: devemos sempre supor uma alucinação, uma fantasia, uma ilusão, uma aberração. Trata-se, pois, de sabermos se tudo pode ser explicado pela ilusão. Devemos admitir a hipótese da ilusão quando a pessoa está sozinha, mas é difícil imaginarmos três, quatro, cinco pessoas normais que têm repetidamente, por alguns meses, a alucinação do mesmo personagem.

Mas para os fenômenos objetivos, a dificuldade é outra. Aí,

27 Bozzano, *loc. cit.*, 143.

de fato, todas as fraudes são possíveis, e a experiência tem demonstrado que as fraudes eram frequentes, muito frequentes. Quando, em uma casa supostamente assombrada, ouvem-se ruídos diferentes, sons de portas abrindo-se e fechando-se, móveis se arrastando, ruídos de cacos de louças, e todo o cortejo ridículo de manifestações habituais nas assombrações, vem-nos, antes de tudo, a ideia de uma grande brincadeira, feita por indivíduos mal-intencionados, empregados despedidos e pessoas interessadas em fazer algum habitante deixar a casa. Na maioria dos casos é necessário acusar, como causas dessas ***infestações***, pessoas muito jovens, de qualquer sexo, meio idiotas, meio perversas que, sem bem entender o que estão fazendo, jogam pedras, quebram janelas, dissimulando suas ações e deixando que acreditem que permaneceram imóveis, ***não tendo outro motivo senão enganar***.

Por conseguinte, para as assombrações com deslocamento de objetos, a maior severidade crítica deve ser admitida, especialmente porque, na verdade, com muito poucas exceções, sempre que um sério controle foi feito, os milagres foram volatilizados.

Entretanto, apesar de nosso ceticismo, que é grande, há alguns fatos muito raros, mas muitíssimo nítidos para que seja impossível negar que houve objetividades reais.

Vou começar pela narrativa, um pouco pormenorizada, dos acontecimentos que tiveram lugar no castelo de T. na Normandia, perto de Caen. O senhor de X... tomou nota, dia após dia, do que estava acontecendo, e seu diário foi enviado ao senhor J. Morice, doutor em direito, que o publicou nos ***Annales des sciences psychiques.***[28]

O senhor de X... herdou, em 1867, uma casa era considerada mal-assombrada. Em 1868, houve ruídos anormais nessa casa, que cessaram, para reaparecer com grande força em outubro de 1875. De 13 de outubro de 1875 a 30 de janeiro de 1876, ou seja, por mais de três meses, os ruídos anormais, às vezes extremamente violentos, não cessaram. E, ainda assim, o senhor de X... tomou todas as precauções necessárias para evitar ser

28 *Exposé des phénomènes étranges du château de T.*, 1892, 212-213, 1893, 65-90.

enganado por um impostor qualquer. Ele sempre estava com seu revólver carregado, e todos sabiam que ele não hesitaria em usá-lo. Certa vez, um amigo do senhor de X... ouvindo, durante a noite, barulho em seu quarto, atirou várias vezes com sua arma ao acaso. As balas foram encontradas no muro. As adegas, as paredes foram cuidadosamente revistadas. Dois temíveis cães de guarda eram soltos todas as noites. Não há dúvidas sobre a objetividade desses ruídos ouvidos, por vezes, por mais de doze pessoas (todo o pessoal do castelo). Certamente não havia impostura de um dos criados da casa, porque muitas vezes todos eles ficaram aterrorizados e se reuniam. Ora, quando eles estavam *todos* juntos, às vezes, os fenômenos eram mais intensos.

Aliás, em certos casos, até a fraude de um único criado não teria bastado. Pancadas de extrema violência foram ouvidas em um ponto do castelo, e um segundo depois, em outra parte.

Certo dia, a senhora de X., ao ouvir um barulho, saiu para ver o que era. Antes que tocasse a porta, *ela viu* a chave que se desprendeu, girou rapidamente na fechadura, e foi bater em sua mão esquerda. O abade Z., tutor do filho do senhor X., testemunhou o fato.

Eu copio o diário do senhor de X., relatando o que aconteceu de 25 a 26 de janeiro (p. 75):

> Uma hora. Doze pancadas seguidas por um longo tamborilar, depois trinta golpes rápidos e singulares: dir-se-ia um tremor em toda a casa, éramos sacudidos nas camas em todos os andares... em seguida, um longo galope. Tudo isso durou apenas cinco minutos. Um minuto depois, a casa foi novamente abalada de alto a baixo, dez pancadas terríveis na porta do quarto verde. Doze gritos lá fora, três balidos e, a seguir, gritos furiosos. Tamborilada muito forte no vestíbulo, ritmada, mais de cinquenta pancadas. 1h30 min. A casa é sacudida vinte vezes; golpes tão rápidos que não dava para contá-los. Eles fizeram tremer as paredes e o mobiliário; nove pancadas terríveis na porta do quarto verde, tamborilada acompanhada de fortes golpes. Naquele momento, ouvimos algo como mugidos de touro, em seguida, outros gritos, inumanos, enlouquecidos, no corredor. Tocamos a sineta para que todos os criados levantas-

> sem. Ao mesmo tempo em que todos levantavam, ouvimos mais dois mugidos e um grito.

Depois chamaram vários sacerdotes que praticaram exorcismos rituais. Os fenômenos se atenuaram um pouco, mas não desapareceram por completo.

Eu não sei o que aconteceu com o castelo de T. A história é bastante perturbadora. Uma mistificação prolongada e violenta por um dos criados do senhor de X... ou pelo seu jovem filho, ou pelo preceptor parece quase impossível para explicar como tudo isso aconteceu.

C. Lombroso[29] conta a história de uma *osteria* de Turim, na qual ruídos muito violentos ocorriam, e, sobretudo, barulho de cacos de louça e de garrafas. Cadeiras foram quebradas com estrondo; objetos pendurados na parede caíam. Lombroso, à luz de uma vela, viu diante de si garrafas caírem no chão com estrondo e, finalmente, se quebrarem. Ele se certificou de que não havia barbantes para movê-las. Certo dia, como já haviam arrumado os copos e os pratos sobre uma mesa para o jantar, tudo foi quebrado, eles tiveram que ir jantar em outro cômodo. Em pleno dia, às 8 horas, objetos voaram pelo ar, e passaram para a sala vizinha, indo se quebrar aos pés de dois viajantes que chegavam à *osteria*. Uma garrafa de água com gás, em plena luz do dia, diante de várias pessoas, percorreu quatro ou cinco metros no ar, lentamente, como se tivesse sido acompanhada por uma mão, e, finalmente, caiu no chão e se quebrou.

Parece que esses fenômenos tenham sido relacionados à presença de um menino de treze anos, pois, quando ele foi demitido, todos os fenômenos cessaram.

Mas isso não significa, de modo algum, que houve fraude. É extremamente provável que existam médiuns não conscientes de sua mediunidade, e produzam fenômenos de telecinesia, involuntários, fora de qualquer sessão experimental, pelo simples fato de sua presença. Muitas das chamadas casas assombradas não estão absolutamente assombradas: elas são habitadas por médiuns inconscientes de seus poderes.

Um caso muito singular foi relatado pelo major B. Moor

---

29 C. Lombroso, ***Ricerche sui fenemeni spiritici***, Torino, 1909, 247.

da ***Royal Society of London*** (eu não pude consultar seu livro ***Bealings Bells***). Falo dele de acordo com o relato bem completo feito por Bozzano.[30]

Em 02 de fevereiro de 1834 as campainhas de sua casa em Ipswich começaram, sem causa exterior apreciável, a tocar ruidosamente durante o dia. E durante 53 dias o fato se repetiu (não eram campainhas elétricas). Às vezes, as doze campainhas tocavam juntas, mesmo aquelas cujos cordões estavam visíveis em todos os lugares (exceto na sua passagem através da parede). O senhor Moor tentou muitas vezes fazer soar as campainhas com o mesmo vigor, puxando o cordão com a maior força possível, mas não pôde alcançar a extraordinária e característica violência com a qual as campainhas tocavam. "Quando tocávamos mecanicamente a campainha –, disse o senhor Moor –, o seu movimento era lento e perfeitamente visível. Mas quando ela era movida por uma causa oculta, o seu movimento era tão rápido que nada podia ser visto". O fenômeno das campainhas foi constatado por mais de doze pessoas, o que exclui qualquer hipótese de alucinação. Às vezes, as campainhas tocavam quando não havia ninguém na casa. Em última análise –, conclui o senhor Moor –, ***a causa desse movimento não é uma causa humana***.

O major Moor, que escreveu a várias pessoas para saber se tais fenômenos não haviam sido observados anteriormente, recebeu inúmeras respostas. Ele pôde, assim, coletar 14 casos de fatos análogos. Bozzano só cita o caso seguinte: a senhora Milnes, às 16h30min em sua casa em Westminster, encontrou sua família alarmada. As campainhas tocavam com tal violência que os filhos e a criada da senhora Milnes ficaram aterrorizados. O senhor Milnes, ao chegar, explorou e monitorou cuidadosamente todos os fios. Por duas horas e meia, o toque, furioso, continuou.

Relacionemos com essas campainhas, o seguinte caso, muito mais duvidoso ainda:

As duas mulheres que cuidaram de Alfred de Musset, enfermo, as senhoras Martillet e Claudet, contam que durante a última enfermidade do grande poeta, quando ele descansava em

30 *Loc. cit.*, 164.

sua poltrona, elas o viram, à luz de uma lâmpada, olhando para a sineta que estava ao lado da lareira. Mas ele estava tão fraco que não conseguiu se levantar. "Naquele momento –, disse a senhora Martillet –, tivemos uma surpresa que nos amedrontou. A sineta que o enfermo não tinha alcançado agitou-se, como puxada por mão invisível, e imediatamente minha irmã e eu demo-nos a mão, interrogando-nos ansiosamente: *Ouviste? Viste? Ele não se moveu de sua poltrona*... A criada entrou: ela ouvira a sineta".[31]

Deveremos relacionar com as obsessões fenômenos peculiares que, historicamente, têm sido relatados, que acompanham qualquer acontecimento grave, uma morte, um acidente? Diz a lenda que no momento da morte de um ente querido, um pêndulo para, um quadro cai da parede, um objeto é quebrado com estrondo, mas é difícil determinar a parte que cabe às coincidências aleatórias.

Cheiro[32] (Conde Hamon) disse que na segunda-feira, 5 de junho, 1915, quando ele conversava com dois amigos em sua casa de campo, às 20h, subitamente, um objeto caiu com grande barulho na sala ao lado; era um grande escudo de carvalho, em que foram pintadas as armas da Grã-Bretanha, que acabava de cair e quebrar. Ele se tinha rompido na parte representando a Inglaterra e a Irlanda, e Cheiro disse: "Provavelmente, produziu-se um desastre naval, no qual a Irlanda estava envolvida".

Ora, naquele exato momento, lorde Kitchener, irlandês, morria em *Hampshire*.

Não insistamos. É apenas uma coincidência, até bem insignificante.

Aksakoff[33] cita vários casos de *perseguição* muito parecidos aos fenômenos de assombração. Mas devemos sempre fazer reservas em relação às observações de Aksakoff. Sua boa-fé não é mais duvidosa do que a sua credulidade.

O caso do reverendo Shelp, contado pelo senhor Capron (*Modern spiritualism*) é muito questionável, pois não parece que o senhor Shelp tenha tomado todas as medidas para garan-

31 Léfèvre, *Musset sensitif*, *A. S. P.*, 1899, 106.
32 *A. S. P.*, julho de 1916, 122.
33 *Animisme et spiritisme*, 1895, tr. fr., 286.

tir que seu jovem filho, de onze anos, não fosse agente voluntário do fenômeno. Cadeiras elevavam-se no ar e caíam com um estrondo terrível, uma tocha foi removida da lareira, bateu no chão várias vezes e quebrou. Uma escova foi jogada pela janela com um estrondo. Um copo saiu da escrivaninha e quebrou o último ladrilho intato. Roupas andavam pela sala, infladas de modo a assemelhar-se a figuras humanas (!). Quando o doutor Shelp e seu filho Harry estavam fazendo um passeio de carro, pedras (dezesseis), grandes como ovos, foram atiradas no carro.

Outra história de *perseguição* relatada por Aksakoff é mais interessante, e parece ter sido bem observada pelo senhor Schtcharoff, contra quem a perseguição parece ter sido dirigida, e pelo senhor Akoutine, engenheiro químico de Orenburg. O médium (que ignorava sê-lo) era, provavelmente, a esposa do senhor Schtacharoff. Akoutine tentou classificar os fenômenos em repulsivos e atrativos, dependendo do fato de os objetos que se moviam sem contato em torno da senhora S. serem atraídos ou repelidos, mas foi impossível estabelecer uma lei. Às vezes, os objetos *voavam* em torno da mesa à qual as pessoas se sentavam, às vezes um armário era aberto e os objetos que lá estavam caíam sobre a senhora S. antes de se afastarem. Durante vários meses, esses fatos improváveis se repetiram, às vezes com grande intensidade. Um canapé pesando de 90 a 100 kg, em que a mãe do senhor S. estava deitada, começou a dançar, elevando-se no espaço com a senhora S. (!). Muitas vezes, houve incêndios em roupas, sem que nada pudesse explicá-los. Diversos relatos muito estranhos são ainda feitos pelo senhor S. Ele próprio discute, com muita serenidade, a questão de saber se houve ou alucinação de sua parte, ou fraude por parte de sua esposa, e conclui negativamente. Mas seremos mais prudentes do que ele, e concluiremos, sempre provisoriamente, por um grande ponto de interrogação.

Esta será a também a nossa conclusão para o caso de Lillian F.[34] Lillian F. por diversas vezes, nas casas em que ela viveu, sucessivamente, sofreu verdadeiras assombrações desde a infância. Em uma velha casa em Memphis (Tarn), as portas abriam-se e havia pancadas nas janelas, nos espelhos, nas ca-

34 Carrington. *The problems of psychical Science*, Londres, 1914, p. 341.

mas. Ouviam-se passos pesados no hall. Lillian F. e sua mãe ouviam igualmente esses ruídos e ficavam aterrorizadas. Em Maryland também houve fenômenos semelhantes constatados por outras pessoas além de Lillian F., tanto em Lafayette Street (Baltimore), como em Memphis, em Maryland e em Nova York.

A senhora Mary Savage,[35] entrando em seu quarto para se deitar, ouviu ruídos de pancadas na cama, que logo se tornaram muito violentos, e que pareciam envolvê-la com espécies de círculos movendo-se concentricamente ao seu redor. Esse movimento em forma de espiral se espalhou para as suas roupas que giravam violentamente ao seu redor. Sua amiga, a senhora Sarah Soothywoode, que estava no quarto ao lado, ouviu esses sons terríveis (*a tremendous noise*), de modo que não podemos supor que se trate de uma alucinação.

Ada Sinclair[36] relatou fenômenos de telecinesia e de assombração com pormenores interessantes. Eram experiências de tiptologia, portanto, não são, de modo algum, fenômenos acidentais, uma vez que ocorrem durante as experiências espíritas. A senhora L., uma amiga de Ada Sinclair, estava presente. Objetos foram arrancados da parede, lançados violentamente. Um vaso de porcelana foi jogado no chão e quebrou. Em outras ocasiões, em presença de outras pessoas, pequenos objetos, fósforos e alfinetes foram colocados em movimento. Os alfinetes fixavam-se nas roupas e nas paredes. Embora os fenômenos se acentuassem, sobretudo quando a senhora L. estava lá, continuavam a se produzir mesmo quando a senhora L. retirava-se para o cômodo vizinho.

O conde de Larmandie publicou o caso de uma assombração observada por ele em seu castelo de la Sudrie.[37]

Um pedaço de madeira que estava no canto de um quarto foi cair aos pés do conde e de sua irmã, depois de bater no teto. Várias vezes ele pulou e foi chocar-se contra a porta, o assoalho, as paredes. Os fenômenos se produziam mesmo em pleno dia. Quando o conde ou suas irmãs entravam nas salas assombradas, eles eram precedidos por uma chuva de pequenas pedras.

35 Carrington, *op. cit.*, *loc. cit.*, 288.
36 Carrington, *loc. cit.*, p. 306.
37 *Evraka, Libr. du merveilleux*, citado por A. Erny, *Le psychisme expérimental*.

O seguinte fato só foi relatado muito tempo depois queele ocorreu (40 anos). Mas manteve-se absolutamente nítido na memória do narrador, o senhor Kouprejanoff, alto funcionário do Ministério de Instrução Pública, na Rússia.[38] Quando menino, o senhor K. sua mãe e suas irmãs ouviram achas caírem de um galpão onde estavam guardadas. Todo mundo foi para lá. Acenderam uma lanterna e velas (três velas). Doze pessoas, sucessivamente, acorreram para ver, no galpão fechado à chave, as achas caírem, lançadas contra a parede em pequenos intervalos. Este bombardeio durou quase quarenta minutos; as achas lançadas vinham do meio da pilha de madeira, e, entretanto, um homem, mesmo muito forte, não poderia removê-las das partes mais baixas da pilha de lenha. Mas a que conclusão podemos chegar sobre uma história escrita após 40 anos?

O senhor Bristow[39] trabalhava com dois colegas em uma oficina de carpintaria. De repente, um deles repreendeu-o por ter lançado um pedaço de madeira, do que o senhor Bristow se defendeu. Logo, os lançamentos de madeira se sucederam, atingindo algumas das pessoas presentes. De fora, nada poderia ter vindo, porque as janelas estavam fechadas e cobertas com uma espessa camada de poeira. Além disso, o senhor Bristow pôde ver um pedaço de madeira, de dois dedos de espessura, que avançava, saltitando, em sua direção, e que, dando um salto de dois pés de altura, golpeou-o na orelha. "Um pedaço de madeira que estava no chão saltou de repente no ar, e começou a dançar no meio de nossos instrumentos. No entanto, tentando pôr as mãos sobre esses pedaços de madeira, não conseguimos alcançá-los, pois eles esquivavam-se habilmente às nossas tentativas de pegá-los. Às vezes, eles se agitavam no ar, como animados por um movimento de oscilação ondulatória". Por seis semanas, esses fatos se repetiram e foram constatados por várias pessoas. Os pedaços de madeira pareciam vivos e até mesmo inteligentes; eles se juntavam em pilhas em um canto da oficina. Quanto menos os olhássemos, mais eles se agitavam. Apesar da velocidade com que pareciam projetados no ar, descrevendo círculos e voltas complicadas, eles caíam silenciosamente.

38 *A. S. P.*, 1899, IX, 174.
39 *P. S. P. R.*, VII, 383, citado por Bozzano, *loc. cit.*, 186.

A senhora H. E. Sidgwick e Fr. Myers, que analisaram esse caso extraordinário com muito cuidado e pediram explicações detalhadas ao senhor Bristow, relacionam essa assombração com certo John Gray, sobrinho do proprietário do imóvel, que não pagara os seus credores. Seu tio, que igualmente se chamava John Gray, também não os pagara. A partir do momento em que tio John Gray pagou o que seu sobrinho devia, as manifestações cessaram.

Obviamente, esse é um caso muito complexo e de difícil interpretação. E depois, embora sua aceitação seja bem difícil, é quase tão difícil contestarmos os testemunhos formais de Bristow (e de seus companheiros).

Em Absie (Deux-Sèvres), em 1867, de acordo com relatórios da gendarmaria,[40] houve chuvas de pedras em uma casa fechada. Os relatórios que foram realizados sobre o caso foram destruídos, aparentemente. Nenhuma fraude pôde ser descoberta. O gendarme Mousset constatou: 1° – que as pedras caíram sem causar danos, 2° – que a lâmpada de vidro que estava sobre a mesa foi removida por uma grande pedra e colocada no chão, sem ser quebrada ou apagada, 3° – que as pedras caíam em todos os sentidos e foram vistas somente quando rolaram pelo chão; 4° – que as pedras continuavam a se acumular na sala, enquanto alguém estava na lareira para observar, e não havia o menor buraco nas paredes ou nas janelas.

Mas o testemunho de Mousset é bem insuficiente

O mesmo se aplica ao caso de Oels (na Pomerânia). Os fenômenos de assombração (luzes, sons, personagem fantasmagórica) foram constatados por várias testemunhas (1916). Mas um magistrado, tendo feito uma investigação, concluiu que se tratava de fatos naturais,[41] devido à mistificação consciente ou inconsciente das crianças que estavam na casa. Essas asserções de Bohn foram contestadas energicamente por Derter (***Das Geheimnis des Spukhausen in Oels im Lichte der Übersinnlichen***).[42]

Em Niedelsdorf, na Suíça, o senhor Joller, Conselheiro Nacional, relata que, durante 12 dias, de 15 a 27 de agosto de

40 *A. S. P.*, 1895, 86.
41 *Psych. Stud.*, XLVI, 1919, 84; 140.
42 *A. S. P.*, 1895, V, 94.

1862, sua casa foi palco de fenômenos misteriosos. Mesas e cadeiras foram derrubadas. Barulhos terríveis sacudiam a casa inteira, como um martelo. Objetos foram retirados das paredes, as travas arrancadas, quadros eram, ***diante de nossos olhos*** –, diz o senhor Joller –, ***virados contra a parede***. Pedras foram jogadas de todos os lados, apesar das fechaduras e travas. Essas coisas estranhas voltaram a se repetir por seis semanas, em pleno dia. Havia também ruídos inarticulados, árias, canções, imitações do som de madeira fendendo, de dinheiro sendo contado, de corda sendo dada aos relógios. (Todos esses fatos foram descritos pelo senhor Perty, professor da Universidade de Berna. ***Die mystischen Erscheinungen der menschlichen Natur***).

Relacionemos aos fenômenos de assombração os fatos observados por Hector Durville no jovem Raymond Charrier, de 14 anos[43] (em Saint-Sauveur, Yonne). Foram constatados fenômenos habituais às assombrações: objetos lançados no quarto, colchões e roupas de cama jogados no chão, sapatos lançados ao ar. Um dia, durante o almoço, um bombardeio formidável atacou os assistentes por todos os lados. O senhor Durville levou Raymond à sua casa em Montmorency. Brochuras, livros, utensílios de cozinha e vários objetos foram projetados de todos os lados. Raymond saiu e já estava no corredor; a bengala do senhor Durville que estava pendurada no cabide foi projetada em sua direção e caiu com um estrondo atrás dele.

Para que tais eventos tivessem ocorrido sem que Raymond tivesse sido apanhado em flagrante de fraude, é necessário inferirmos: ou que eles sejam verdadeiros ou que o senhor Durville seja cego. No entanto, ele acrescenta – o que é bastante grave – “Eu nunca vi um fenômeno se produzir inteiramente diante dos meus olhos”. Deixamos, pois, para o senhor Durville a absoluta responsabilidade por suas observações, pois os fatos que ele conta não tiveram nenhum outro testemunho além do seu.

O senhor J. Proctor[44] escreveu em seu diário todos os fenômenos que se sucederam em uma casa que outrora fora abandonada pelos inquilinos, devido a fatos estranhos e desagra-

43 *Un cas très remarquable de phénomènes médiumniques spontanés* (*A. S. P.*, 1910, XXI, 116-124).
44 *A. S. P.*, dez. 1892, Lombroso, *loc. cit.*, 259.

dáveis que lá ocorreram. Assim que o senhor Proctor para lá se mudou, ruídos, gritos, sons de passos foram ouvidos, ruídos que, ao que parece, os outros inquilinos também ouviram. Dois meses depois, um rosto apareceu na janela; outra noite, o vigia, sua esposa e sua filha viram um padre com a sua estola, que apareceu para eles por dez minutos. Depois, golpes foram dados e foram repetidos por seis meses. Uma noite, um amigo do senhor Proctor, que fora ali se hospedar, teve que se levantar, pois ficara assustado com a visão de um fantasma e com ruídos amedrontadores. Seres invisíveis chamavam, pelo nome, as pessoas que viviam na casa. Finalmente a casa teve que ser abandonada. Novos inquilinos também foram perseguidos por ruídos e fantasmas, de modo que os proprietários desistiram de alugar aquela habitação.

Parece que na Escola Militar de Ipanema (Brasil), ter-se-iam produzido, em maio de 1914, casos de assombração. Vários objetos, pratos, xícaras, pires, eram, como por mão invisível, lançados com grande força no cômodo. Isso foi constatado –, disse o *Diário de Sorocaba* –, por todos os oficiais e o coronel da Escola. Mas também parece que isso foi passageiro; uma comissão científica nada pôde ver ou constatar. O fato permanece, pois, extremamente duvidoso.[45]

Uma questão, interessante sob o ponto de vista prático, agora se coloca. Ela foi bem discutida, com documentação de apoio, por Zingaropoli.[46] Será que a assombração de uma casa constitui um direito de rescindir um contrato de aluguel? O Parlamento de Bordéus outrora havia decidido de forma afirmativa. Houve, atualmente, vários processos a esse respeito, em 1915, em Altavilla (Itália); em 1907, em Nápoles; em 1896, em Nápoles novamente; em 1907 em Egham (Inglaterra). Neste último caso, tratava-se de uma casa em Egham, alugada por Stephen Philips, renomado poeta e dramaturgo. O senhor Stephen Philips queixava-se de que, durante a noite, golpes abalavam as paredes e portas. Rostos apareciam nos corredores e nas escadas. Tal casa já havia sido considerada como assombrada. Os

45 *Merveilleux phénomènes spontanés à l'École de Ypanema* (*A. S. P.*, abril de 1916, 70-72).
46 *Case infestate dagli Spiriti*, Napoli, 1917.

jornais *Daily Mail* e *Light*, que comentaram tais fatos, foram processados e multados por terem depreciado o valor do aluguel da vila. Mas, apelando, eles foram absolvidos em segunda instância, pois foi estabelecido que a assombração da vila, no momento da locação, era de notoriedade pública.

Em Ancona, em 1903,[47] o promotor público, senhor Marracino, contou que testemunhou, com seus dois filhos, que são advogados, fatos singulares, caracterizados, principalmente, por jatos de líquido. Durante a noite, a água enchia os chapéus; durante o dia, a água era jogada sobre as camas. Engenheiros examinaram as paredes e não encontraram nada anormal. Leite, vinho e café com leite foram derramados no chão. Em um bufê, trancado à chave, os objetos foram removidos. Parece que os fenômenos eram devidos à jovem filha do senhor Marracino, médium inconsciente. Um dia, um livro se ergueu e foi tocar seu ombro. (***Si sollevo e ando a battere sulla spalla di lei, quindi, cadde a terra e cominci a saltarellare (!!) comme mosso da una forza impulsiva, percorse sei o sette volte la camera e, alzandozi di nuovo, ando ad applicicarsi al muro***).[48]

Nesses casos, em que o fenômeno é produzido por ***uma pessoa que desconhece ser médium*** (geralmente uma criança muito jovem), há pouca dúvida de que a fraude muitas vezes se confunda com a realidade. Maxwell[49] disse acertadamente que na origem dessas manifestações, pode haver certamente alguns fenômenos reais, que induzem a criança a simulá-los, posteriormente. Quase sempre a mentalidade dos médiuns é bastante instável para explicar essa fraude, principalmente porque muitas vezes eles não percebem bem quais são os atos voluntários e os involuntários. Há neles um estado incerto da consciência que diminui muito seu senso de responsabilidade.

Kerner observou com a vidente de Prévorst fenômenos mediúnicos que se assemelham totalmente aos das casas mal-assombradas, de modo que parece difícil dissociar todas as manifestações que ocorreram então. Eles constituem um con-

47 Lombroso, ***Ricerche sui Fenomeni ipnotici spiritici***, Torino, 1909, 250.
48 N. T. – Em tradução livre: "Ele se ergueu e foi bater em seu ombro, em seguida, caiu no chão e começou a saltar (!) como movido por uma força impulsiva, percorreu seis ou sete vezes o quarto e, erguendo-se novamente, foi bater na parede".
49 ***Bull. de l'Institut psychologique***, 1905, 376.

junto anormal, que beira à patologia: hipnotismo letargia, criptestesia, premonições, telecinesia experimental, telecinesia das casas assombradas. "Houve –, disse Kerner –, pancadas, sons que simulam lançamento de pedras. Uma vez, uma mesa saltando, sem contato visível, atravessou a sala; pratos de estanho foram jogados pela cozinha. Essas histórias –, acrescenta ele –, ter-me-iam feito sorrir (de pena), se eu não tivesse sido testemunha ocular desses fatos".

Por mais improváveis que eles pareçam, eu creio que seria temerário negá-los. Nós não entendemos, nós não explicamos: nós constatamos.

O doutor Hart Raines[50] relata um caso curioso. Em janeiro de 1911, três rapazes foram enviados a uma pequena estação de telégrafo, em Dale na Geórgia, e tomaram posse de seu novo domicílio. Mas logo depois, eles perceberam que não podiam manter a porta fechada. Apesar de todas as suas tentativas, mesmo depois de nela colocar pregos e barras de ferro, a porta se abria. Pedras e outros objetos eram arremessados para dentro do quarto. Uma lata de leite condensado elevou-se no ar e entrou no quarto sem que houvesse contato. Uma lanterna também se elevou sozinha no ar e quebrou-se contra a parede. Uma cadeira foi atirada pela janela e caiu com tanta força que quebrou. Diante desses fenômenos, os três jovens entraram em pânico. ***One of them walked several miles to the nearest town, to resign his position, and he assured Dr. Raines nothing would induce him again to go through the experience he had suffered.***[51]

O senhor Murphy,[52] sabendo que uma casa em Euniscorthy (Irlanda), tinha fama de ser assombrada, foi lá passar uma noite com o senhor Owen Davereux, no mesmo quarto que dois jovens moradores da casa. Parece ter sido um deles, o senhor Randall, o agente dos fenômenos, pois foi principalmente ao redor dele que surgiam os ruídos e os movimentos de objetos. Na noite em que o senhor Murphy lá passou, houve, primeiramente, ruídos

50 Citado por Barrett, *P. S. P. R.*, 1911 XXV, 404.
51 N.: T. – "Um deles andou diversas milhas até a cidade mais próxima para renunciar ao seu posto e garantiu ao doutor Raines que nada poderia induzi-lo a passar novamente pela experiência que tinha sofrido".
52 Citado por Barrett, ***Poltergeist, old and new. P. S. P. R.***, XXV, 1911, 380.

repetidos, cada vez mais rápidos. Em seguida, as roupas do senhor Randall foram dele tiradas. O próprio Randall exclamou: "Segurem-nas, elas estão sendo tiradas de mim", e acrescentou: "Eu não posso segurá-las, elas estão indo e eu junto com elas, há algo me empurrando para dentro, eu estou indo, eu estou indo, eu vou embora". Acenderam as luzes e viram Randall banhado em suor e agitado por um extremo terror. Além disso, Randall, na ausência de Murphy, sentiu fenômenos estranhos (assim como seu companheiro de quarto, o senhor Sinnett). Depois ter ouvido, durante toda uma noite, sons de passos precipitados, eles acenderam a lâmpada e então: "o que mais contribuiu para o nosso espanto –, diz ele –, foi a cadeira dançando (!) no centro do assoalho, sem nada perto dela". Tanto a cama dele como a de Sinnett, elevava-se no ar!

Depois que Randall deixou a casa, nada mais aconteceu com ele. Assim, parece que os fenômenos só puderam ocorrer em um local, enquanto uma determinada pessoa lá estava. Seria importante saber qual o grau de confiança que podemos ter em Randall, e até que ponto ele era normal.

O caso seguinte,[53] embora seja apenas de intensidade moderada, é interessante porque foi objeto de uma investigação metódica pelo próprio sir W. Barrett. Sir W. Barrett passou várias noites em uma casa assombrada em Derrygonnelly, Irlanda, a 14 km de Enniskillen. Parece que os fenômenos estavam associados a Maggie, uma jovem de vinte anos, filha de Jack Flanigan, o proprietário da casa. Enquanto todo mundo estava imóvel, barulhos altos eram ouvidos em toda parte, nas paredes, nos estrados, nas portas. Uma grande pá caiu sobre a cama. Sir W. Barrett ouviu algo semelhante a marteladas. Ele pôde constatar que esses golpes eram inteligentes. Por quatro vezes ele obteve uma resposta correta para um número (entre 1 e 10), que ele pensara mentalmente (ou seja, uma probabilidade de 1/10.000).

O próximo caso[54] é notável em muitos aspectos. Houve fenômenos dignos de nota em Portland (Oregon), na residência do senhor e senhora Savoyer, que habitavam no número 546 da

53 Barrett, *loc. cit.*, 397.
54 *Journ. Amer. S. P. R.*, nov. 1910.

Marshall Street com seu filho pequeno, Elwin March, de onze anos. Dois doutores em medicina e muitas outras pessoas viram com seus próprios olhos o movimento de objetos pesados ocorrer sem contato. Cadeiras e telefones moviam-se em pleno dia, sem que ninguém estivesse por perto. Entretanto, não há dúvida de que o jovem March se dedicasse a esses jogos. O doutor Gilbert, de Portland, foi capaz de fazê-lo confessar que ele já cometera muitas fraudes. Parece que uma investigação realizada seriamente veio a provar que só houvera trapaça mais tarde, e que em alguns casos, os movimentos de objetos haviam ocorrido quando March não estava na sala. Não há nenhuma incongruência em admitir tanto a autenticidade dos primeiros fenômenos, quanto a fraude de March, que se tornava possível quando seu movimentos não eram vigiados. Mas, de qualquer forma, o fato de uma fraude, mesmo ulterior, torna tudo bem problemático.

J. Maxwell, que estudou muito bem certos fenômenos de assombração, inclina-se, de fato, a pensar – e sua opinião parece-me totalmente correta – que, inicialmente, os fenômenos de telecinesia são verdadeiros, mas que o médium que, de início, os produziu espontaneamente, mais tarde começa a simulá-los.

Grasset, com o doutor Calmette,[55] constatou que os deslocamentos extraordinários, observados em uma casa supostamente assombrada, cessaram completamente no dia em que a médium, uma jovem histérica de quinze anos, foi encaminhada para tratamento de sua histeria ao hospital de Saint-Eloi (Montpellier).

Encontramos nos *A. S. P.* o relato de fatos extraordinários constatados em 1912 por um senhor X... e seu sobrinho, dois artistas cuja honradez e boa-fé não podem ser colocadas em dúvida. Objetos que se deslocavam sozinhos, latas de metal que se entrechocavam, móveis agitando-se, pregos que se soltavam das paredes, sons de tenazes subindo sozinhas as escadas. Isso aconteceu em Maine e Loire e em Sarthe. Em Cannes, um fato ainda mais prodigioso aconteceu. "Um pequeno boneco, que tinha a forma de uma chave, cujo aro seria uma cabeleira, apareceu no quarto... Ele vinha sobre o mármore da nossa mesa de cabeceira, parecia que ia sentar-se, e quando queríamos pegá-lo,

55 *Loc. cit.*, 396.

ele fugia tão rápido como um camundongo. No segundo dia, esse pequeno diabrete, colocara uma espécie de terno azul com grandes poás brancos. Ele vinha nos visitar, e sempre saía do radiador" (!!)[56]

É impossível dar crédito a tais histórias que o senhor X... e seu sobrinho ilustraram com imagens, mais malucas que as mais extravagantes das *Mil e Uma Noites*. No entanto, em termos de metapsíquica, tantos fenômenos estranhos foram negados e, mais tarde, reconhecidos como exatos, que, apesar do nosso grande desejo de formalmente negar essas insanidades, somos forçados a fazer algumas tímidas reservas à nossa ousada negação.

O próximo caso, ocorreu nas selvas de Sumatra.[57] Em plena selva, o senhor Grottendieck, estava na tenda, a sós com seu criado indígena, e foi despertado pelo barulho de pedras caindo ao seu redor. Então, ele acendeu sua lamparina, despertou seu criado que dormia profundamente, e disse-lhe para ir ver se não havia algum mistificador ou um inimigo. Enquanto o criado estava fora, as pedras continuavam a cair. Ele as via girar lentamente, descrevendo uma curva parabólica. Em vão ele tentou detê-las. Elas pareciam escapar de sua mão. Quando o rapaz voltou e garantiu que não encontrara ninguém, as pedras continuavam a cair. Mr. Grottendieck disparou, pela janela, cinco tiros aleatoriamente com seu rifle Mauser. As pedras, no entanto, continuaram a cair. O menino estava tão assustado que fugiu para a selva.

Em uma carta posterior, o senhor Grottendieck escreveu que estava absolutamente certo de que não era o seu criado que atirava pedras, mas ele estava inclinado a pensar que a queda lenta de pedras foi apenas uma ilusão, uma aparência, pois, enquanto o fenômeno estava acontecendo, o tempo lhe parecia lento. "Agora me sinto inclinado a sugerir que pode ter havido algo de anormal na minha própria condição naquele momento".

Isto é extremamente provável, e é provavelmente o suficiente para não darmos nenhum peso ao testemunho do senhor Grottendieck.

---

56 *L'apparition d'un étrange petit être au cours de phénomènes spontanés*, 1919, XXIX, p. 96.
57 *Poltergeist. J. S. P. R.*, XII, 261, maio 1906.

Eu poderia multiplicar os casos de *Poltergeist* citando inúmeros fatos, antigos e modernos, que encontramos nos escritos de vários autores. Mas parece que esses são suficientes para percebermos quanto a questão ainda é obscura.

Antes de dar minha opinião, eu mencionarei as conclusões que, em um excelente artigo, o professor Barrett formula sobre as casas assombradas e os *Poltergeist*. Vou resumi-las:[58]

1 – A fraude e a alucinação não bastam para explicar todos os fenômenos;

2 – Os sons, os movimentos de objetos e outros fenômenos físicos, parecem ter alguma relação com uma inteligência invisível, que, apesar de sua imperfeição, tem alguma semelhança com a nossa inteligência humana;

3 – Esses fenômenos estão geralmente associados a uma pessoa ou localidade, de modo que um *ponto de apoio* parece ser necessário para a sua produção;

4 – Esses fenômenos são esporádicos e temporários, com duração de alguns dias a alguns meses, aparecendo e desaparecendo repentinamente, sem causa conhecida.

Conclusões

Acima de tudo, o que importa é sabermos se os fatos são verdadeiros.

Na presença desses fenômenos extravagantes, a discussão teórica é de pequena importância.

Ora, os testemunhos são muito precisos para que seja possível negarmos *tudo*. Muitos desses casos, mesmo severamente examinados, estabelecem que houve movimentos de objetos sem contato e, sobretudo, ruídos que nenhuma explicação mecânica comum pode esclarecer. Não é absurdo supormos que, durante semanas e meses, vários indivíduos, senhores de si mesmos, conscientes, responsáveis, vigiando escrupulosamente a habitação supostamente assombrada, viram coisas que não existiam, ouviram ruídos ressoantes, assustadores, que nenhum ser poderia produzir? Se fosse um caso único, e de uma só pessoa, pode-

58 *Poltergeist, old and new*, *P.S.P.R.*, XXV, 1911, 377.

ríamos crer em uma alucinação ou em uma ilusão. Mas essa é uma explicação pueril. Dizemos *alucinação*, para nos livrarmos, por uma palavra muito conveniente, de um fato incomum que perturba a nossa paz. O processo é realmente simplista demais.

Alucinação coletiva, dizemos ainda. Mas não há alucinações coletivas. Os alienistas não conhecem esse fenômeno.

Não ignoro que as histéricas, em um convento, contaram, por vezes, coisas extraordinárias que algumas delas teriam visto; eu também sei que as mentiras das histéricas mitômanas constituem uma boa parte de sua psicologia, mas não estamos tratando de histéricas nem de religiosas.

Talvez, no entanto, seria prudente limitar os fatos de assombração aos fatos de *telecinesia acidental*.

A *telecinesia experimental* foi amplamente demonstrada. Então por que não admitirmos que os fenômenos que ocorrem em casas assombradas são do mesmo gênero, e que eles são *telecinesias acidentais*? É igualmente maravilhoso.

A semelhança notável dos fenômenos constatados na Normandia, na Irlanda, na Escócia, na Geórgia, na Rússia, na Itália, na Sicília, prova que há, mesmo para esses fatos incomuns, condições precisas que se repetem. Se se tratasse de mera fantasia, os relatos nunca poderiam ser tão consistentes.

Na realidade, tudo está englobado na metapsíquica. Outrora, de 1885 a 1895, os membros da *S. P.R.* tendiam a aceitar como demonstrada apenas a telepatia e a negar tanto a clarividência (criptestesia sem telepatia) quanto os fenômenos físicos. Podmore, em particular, havia chegado à conclusão de que havia apenas a telepatia. Mas, gradualmente, nossos doutos colegas da *S. P.R.* tiveram que admitir, sucessivamente, a clarividência e os fenômenos físicos. Como, sem ser deliberadamente cego, negar os fatos produzidos por Home e por Eusapia?

Assim, uma vez que existe, sem dúvida, a telecinesia experimental, devemos admitir, pelo menos como possível, a telecinesia acidental.

Além disso, não é a hipótese da alucinação que é a principal objeção à telecinesia acidental, mas é a hipótese da fraude. Diz-se que, se há ruídos estranhos e movimentos de objetos sem contato, é porque uma criança perversa e maliciosa conseguiu produzir esses transtornos que a divertem, e com os quais sente prazer em enganar os curiosos. Mas não podemos, salvo em casos excepcionais, adotar a hipótese de mistificação, pois na maioria dos casos, as pessoas desconfiavam intensivamente.[59]

Lembro-me da pergunta ingênua que me fizeram um dia. "Já pensou que poderia ter sido enganado?". Na verdade, esse temor da mistificação foi a quase única preocupação, ou melhor, a única, de todas as minhas experiências. Então, eu não posso imaginar que, em uma casa assombrada, quando soam barulhos estridentes, gritos agudos, e que as portas se fecham e se abrem com estrondo, os habitantes da casa, pessoas honestas e inteligentes, têm outra preocupação além de saber se eles estão lidando com algum farsante que se diverte às suas custas ou com qualquer malfeitor que tenta roubá-los.

A alucinação e a mistificação são duas hipóteses, insuficientes, em muitos casos, que admitimos quando não *queremos* reconhecer os fatos: pois não *queremos* reconhecê-los, recusamo-nos a aceitar um fenômeno inusitado. ***E, entretanto, o inusitado acontece.***

Uma vez os fatos admitidos, devemos tentar explicá-los. Mas logo, eles nos desconcertam devido às suas estranhas maneiras de se apresentar.

Quando é um fantasma que aparece, parece que podemos relacionar o fenômeno a uma antiga morte trágica, ou mesmo a uma preocupação do morto, preocupação esta que sobreviveu à morte. Somos tentados a supor que seja a vontade do falecido de fazer alguma coisa, de revelar sua presença. Mas é provavelmente uma concepção estritamente antropomórfica. E, em vez de supormos a uma consciência humana (cuja sobrevivência é problemática) intenções humanas (de um simbolismo muito vago), eu prefiro sem nenhuma falsa vergonha dizer *que eu não entendo*. Então, eu prefiro ficar na indecisão, mas sempre lembrando que essa indecisão não é relativa ao fato em si, mas à sua interpretação.

Os lançamentos de pedras, louças quebradas, objetos que

59 Podemos julgar a severidade (justificada) na investigação de fenômenos pela leitura da crítica feita por F. Podmore (*P. S. P. R*, XV, 98) do livro da senhorita Goodrich Freer e do marquês de Bute. ***The alleged haunting of B. house, including a journal kept during the tenancy of Colonel Taylor***, Londres, Redwey, 1899.

se deslocam, portas que batem, ruídos aterrorizantes, tudo isso, do nosso ponto de vista humano, é tão absurdo quanto as hipóteses sobre as intenções das forças que determinam esse alvoroço dos nossos objetos domésticos, são ridículas e não merecem que nos detenhamos nelas.

Em suma – longe de qualquer hipótese – podemos resumir assim os fatos que se destacam deste estudo sobre as assombrações:

1° – Em algumas localidades aparecem fantasmas, por vezes, a várias pessoas sucessiva ou coletivamente, que mantêm formas que são sempre as mesmas durante semanas e até meses.

Essa é primeira afirmação que ainda não está bem estabelecida, e uma dúvida científica é necessária.

2° – Em algumas casas, mas geralmente sem que haja qualquer fantasma perceptível, há a produção de ruídos, de movimentos de objetos, que não podemos explicar racionalmente. Na maioria dos casos, os fenômenos estão sob o controle de uma pessoa que representa, então, talvez inconscientemente e não intencionalmente, o papel de um médium. Assim como um médium, em uma sessão espírita, faz com que móveis, cadeiras, caixas de música se desloquem, os médiuns (que ignoram sê-lo) das casas assombradas fazem as pedras caírem ao seu redor, e pancadas violentas abalarem os muros.

Essa é uma segunda afirmação que me parece impossível de ser contestada.

Em outras palavras, os fenômenos de assombração, em sua maioria, são *telecinesias espontâneas*. Mas, tanto a telecinesia experimental está estabelecida sobre provas irrefutáveis, quanto a telecinesia espontânea, baseando-se em testemunhos relativamente raros e frágeis, merece ser submetida ainda a uma crítica rigorosa. Não podemos negar os fenômenos de assombração; devemos até dizer que eles são muito prováveis. Mas dizer que eles são prováveis significa que eles ainda não foram comprovados. De modo que, de todos os fenômenos psíquicos, são os mais contestáveis.

Até seríamos forçados a negá-los resolutamente, se não tivéssemos para apoiá-los os fatos, absolutamente certos, de ectoplasmias, premonições, telecinesias e monições.

Livro Quarto

CONCLUSÃO

I

Eis-me chegado ao final deste longo estudo. Eu tentei, ao mesmo tempo em que dava um lugar, um tanto amplo, talvez, às minhas pesquisas pessoais, reunir os documentos confusamente dispersos em diversas obras, para colocar alguma ordem naquilo que, até o presente, não tinha sido assunto de um estudo sintético. Tratei de fazer sair do caos essas chamadas ciências ocultas, outrora declaradas malditas, que nossas ciências clássicas, orgulhosas de sua popularidade e de suas antigas demonstrações, recusavam-se a respeitar. Pareceu-me ter chegado o momento para dar à metapsíquica um lugar entre as antigas ciências, impondo-lhe o rigor, a autoridade e a lógica que fazem a força das ciências antigas.

Os cientistas ficarão surpresos, talvez indignados. Mas se eles tiverem a sabedoria (que me parece fundamental) de consentir em empreender essa laboriosa leitura, eles serão forçados a ceder à evidência.

Os leitores puderam, à leitura deste livro, perceber minhas intenções. Eu quis, eliminando sempre que possível tudo o que era notoriamente incerto e expressamente indicando minhas dúvidas no decorrer dessa ou daquela experimentação, apresentar fatos e experiências, isto é, os verdadeiros e únicos fundamentos de todas as ciências. Finalmente pareceu-me, como parecerá a todos os leitores imparciais, que há muitos fatos bem constatados, muitas experiências rigorosamente realizadas, para que possamos sempre e sem exceção, admitir o acaso, a ilusão e a fraude para todas essas experiências.

Mas como se trata de fatos muito estranhos, de experiências que parecem contrariar os dogmas científicos atuais, nossas afirmações vão causar ora críticas violentas, ora incredulidades zombeteiras. Este é o destino de todas as ideias novas, e eu não me importo. Eu apenas gostaria – e não estou sendo muito exigente – *que não me condenassem antes de me terem lido*. Não é por termos folheado distraidamente uma obra que resume os trabalhos de duzentos probos e hábeis trabalhadores, que podemos formar uma opinião ponderada, séria, digna de estima. Eu responderia prontamente às críticas, como outrora respondeu

Temístocles: "Bate, mas escuta".

O que mais me incomoda é que, no campo oposto ao dos céticos, eu vou encontrar uma oposição muito violenta. Na verdade, por um lado, eu quis relatar muitos fatos surpreendentes que os espíritas admitem e, por outro, eu não pude adotar suas teorias, pois sempre procurei a explicação terra a terra, a *racionalista*, mesmo quando essa explicação racionalista era pouco provável. É isto que, muito francamente, causa-me certa angústia.

Em muitos casos, a hipótese espírita é manifestamente absurda. Absurda porque é inútil. Absurda porque supõe seres humanos, de inteligência muito medíocre, sobrevivendo à destruição do cérebro. Ainda assim, em alguns casos –, aliás, raros, mas dos quais eu não ignoro a importância – há, pelo menos aparentemente, forças, vontades, intenções, inteligentes e racionais, nos fenômenos que se produzem; e o impulso tem, completamente, as características de um impulso exterior. (vide p. 470).

Então a explicação espírita parece muito mais simples, ou, se não quisermos a hipótese espírita, a hipótese de que existem seres inteligentes interferindo em nossas vidas, e capazes de realizar alguma ação sobre a matéria.

Eu não procurei atenuar o alcance desses fatos, mas, mesmo assim, não posso adotar a conclusão de que existem espíritos, inteligências diferentes da inteligência humana. Minha conclusão será bem diferente. É que a pessoa humana tem recursos que não conhecemos, tanto físicos como psicológicos.

E, como esta hipótese não me satisfaz, eu direi, como última conclusão, que nós estamos, no estado atual da nossa ciência, *fora do estado de compreender*.

II

Nós evoluímos no desconhecido. No entanto, fomos capazes de considerar fora de dúvida, estes dois grandes fatos:

1° – A inteligência humana tem outras fontes de conhecimento além dos sentidos normais, *criptestesias*.

2° – Há materializações, isto é, forças que, emergindo dos

corpos, podem tomar forma, e então agir como se fossem massas materiais: *ectoplasmias*.

Não me parece que possamos ir além das criptestesias e da ectoplasmia, a menos que desejemos nos perder nas nuvens.

Quantas histórias eu ouvi, contadas por testemunhas de irrepreensível boa-fé! Mas elas haviam observado com mais entusiasmo do que crítica. Ora, quando se trata de fatos altamente improváveis, não devemos nos contentar com uma *meia-prova*, uma experiência *quase* satisfatória, uma conclusão *quase* certa. Eu não abri espaço, no meu livro, a essas alegações, embora eu tenha razões para acreditar que muitas vezes elas são fundamentadas. Eu não quis me deter em relatos problemáticos, de modo que, se alguns me acham muito condescendente, outros me acharão muito severo.

Os movimentos sem contato, a clarividência, os fantasmas, as premonições são fenômenos tão incomuns que, primeiramente, quando nos falam sobre isso, somos tentados a rir. Antes de termos estudado, nós rimos e negamos. Rimos sem exame; sem discussão, negamos. Foi o meu estado de espírito durante muito tempo, como também foi o de William Crookes, de Lombroso, de Wallace Russell, de Zöllner, de Oliver Lodge, de Morselli, de Bottazzi. Então, não ficarei surpreso se a narrativa de tais fatos provocar a incredulidade e a zombaria. Quanto menos atentamente nós lermos, mais nós zombaremos.

Aliás, não são os raciocínios que nos convencem. A prova matemática, mesmo irrepreensível, não nos persuade1. É preciso, para admitirmos um fenômeno, estarmos habituados a esse fenômeno.

III

Talvez – confesso – eu não me tivesse convencido com as

1 O senhor Thiers, que quis, na sua velhice, ter aulas de matemática, protestou quando seu professor lhe demonstrou que o plano de seção de um tronco de cone, qualquer que seja o ângulo com a altura, determina uma elipse regular. "Não é possível –, disse ele –. Quando se corta obliquamente um pão de açúcar, há, na elipse, uma extremidade grande e uma pequena". Foi preciso, para convencê-lo, fazer diante dele a seção de um pão de açúcar verdadeiro.

inúmeras experiências que eminentes cientistas publicaram, se, para os quatro fenômenos psíquicos fundamentais da metapsíquica, eu não tivesse sido testemunha, testemunha relutante, testemunha severa, testemunha rebelde, testemunha desafiadora ao extremo, dos fatos que a mim se impuseram. Eu pude constatar, em condições impecáveis e apesar de meu desejo de negá-los, a realidade dos quatro fenómenos essenciais da metapsíquica.

Todas essas quatro experiências pessoais, que conduzem à evidência, determinaram minha convicção, não imediatamente, mas depois de muito tempo, após meditação, reflexão e repetição.

A. ***Criptestesia*** – Stella, na presença de G., que ela não conhecia e cuja família ela não ***podia*** conhecer, disse os nomes do filho de G., de sua esposa, de um irmão que morreu, de um irmão vivo, de um padrasto e da localidade onde G. vivia em sua infância.

B. ***Telecinesia*** – Enquanto eu segurava ambas as mãos e a cabeça de Eusapia, um melão grande, com cerca de três quilos, foi transportado do bufê para a mesa, sendo que a distância entre os dois era mais de um metro.

C. ***Ectoplasmia*** – Eusapia, à meia-luz, estava com as mãos na minha, sua mão esquerda na minha mão direita, sua mão direita na minha mão esquerda. Enquanto, na frente de Lodge, Myers e Ochorowicz, eu segurava com firmeza e irrepreensivelmente suas duas mãos, uma ***terceira grande mão*** acariciava-me o rosto, apertava meu nariz, puxava meu cabelo e me dava um tapa no ombro, que Ochorowicz, Myers e Lodge escutaram.

D. ***Premonição*** – Alice, às 14 horas, disse-me pela primeira e única vez que eu estava prestes a me encolerizar diante de uma, duas, três pessoas que ela indicou com a mão, como se nós as víssemos. Às 18 horas, pelo ato brutal (improvável e imprevisível) que Alice absolutamente não conhecia, fui provocado, diante de duas pessoas, a entrar em uma das mais violentas (e legítimas) cóleras de minha vida, raiva que motivou um desafio para um duelo, o único que eu recebi na vida.

Essas quatro experiências são suficientes, por sua precisão e sua impecabilidade, para me levar senão à convicção, ao menos a um início de convicção. Para dizer a verdade, recebi muitas outras provas, como se pôde constatar pela leitura deste livro, mas neste resumo só cito as mais características de cada tipo.

IV

Ora, essas quatro experiências individuais não são nada, absolutamente nada, ao lado das múltiplas provas que foram dadas por grande número de cientistas. Ninguém constrói um edifício sobre quatro pedras pequenas, por mais sólidas que sejam. O leitor que não teve, como eu, a feliz oportunidade de presenciar semelhantes experiências, precisa de provas, se não mais fortes, pelo menos, mais numerosas, e precisa de mais testemunhos do que eu.

Ora, os testemunhos abundam e as provas são inumeráveis.

Elas se repetem a cada dia, essas provas decisivas. Neste livro, que é mais um amontoado de fatos do que uma exposição de doutrinas, eu as multipliquei, propositadamente, para cada um desses quatro fenômenos essenciais, correndo o risco de ser cansativo e aborrecido. A autoridade e a repetição dos testemunhos e provas não mais nos permitem duvidar. A criptestesia, a telecinesia, a ectoplasmia e a premonição agora me parecem estabelecidas em bases de granito, ou seja, em várias centenas de observações precisas, como também em várias centenas de experiências rigorosas.

Mesmo que encontremos nesses milhares de observações e experiências muitos defeitos, lacunas, erros, ilusões, por vezes testemunhos imprecisos, às vezes, engano; mais frequentemente ainda, relações fortuitas, muitas vezes afirmações irrefletidas: a coisa é certa. Não é possível que esses mil observadores nunca tenham errado. Ainda assim, o conjunto constitui um feixe poderoso e homogêneo que algumas críticas dos pormenores, por mais penetrantes que sejam, não poderão desagregar.

Portanto: 1° – Há em nós uma faculdade de conhecimento que difere totalmente de nossas faculdades sensoriais comuns (criptestesia); 2° – produzem-se, mesmo em plena luz, movimentos de objetos sem contato (telecinesia); 3° – há mãos, corpos, objetos, que parecem ser formados inteiramente em uma nuvem, assumindo, todos, aparências de vida (ectoplasmia); 4º – há pressentimentos que não podem ser explicados nem pela visão, nem pela perspicácia e nem pelo acaso, e que podem ser verificados em seus mínimos detalhes.

Tais serão minhas conclusões inabaláveis. Eu não posso ir além.

V

Assim, parece-me que o conjunto da metapsíquica é rigorosamente verdadeiro. Chego até a pensar que muitos dos fenômenos listados neste livro como ainda duvidosos, – pois como as provas não me pareceram bastante rigorosas, eu claramente suspeitei, quase neguei sua realidade – serão, em breve, reconhecidos como autênticos. A metapsíquica irá muito mais longe do que eu supus. Mas eu quis ser muito cauteloso, demasiado cauteloso, talvez. Eu só aceitei o que foi demonstrado vinte vezes e bem demonstrado. Os cientistas oficiais, certamente, achar-me-ão demasiado crédulo; mas, mais certamente ainda, os espíritas, os ocultistas, achar-me-ão cruelmente cético.

Para crer que toda a metapsíquica é uma ilusão, seria preciso supor que William Crookes, R. Wallace, Lombroso, Zöllner, Fr. Myers, Oliver Lodge, Aksakoff, J. Ochorowicz, J. Maxwell, Boutlerow, du Prel, William James, Morselli, Bottazzi, Bozzano, Flammarion, A. de Rochas, A. de Gramont, Schrenck-Notzing, William Barrett, eram todos, *sem exceção*, ou mentirosos ou imbecis. Seria preciso supor que duzentos observadores eminentes, menos ilustres do que estes, talvez, mas de grande e sagaz inteligência, eram, também, ou mentirosos ou imbecis.

VI

Por que, aliás, os cientistas, sejam eles matemáticos, químicos ou fisiologistas, opor-se-iam à criptestesia e à ectoplasmia? Será que esses fatos *novos* estariam em contradição com os fatos antigos?

Eu insisto, porque não sabemos distinguir uma *contradi-*

ção de uma *nova afirmação*.

Nada na metapsíquica está em contradição com a ciência clássica. São, apenas, afirmações novas.

A psicofisiologia ensina que o conhecimento das coisas chega até nós por meio dos nossos sentidos: se a retina for excitada, há uma sensação visual, e se a membrana de Corti for excitada, uma sensação auditiva. Mas nunca a psicofisiologia tentou demonstrar, nem poderá demonstrar que inabitualmente outras vias de conhecimento não podem existir. Seria absurdo dizer que a excitação da retina não produz uma imagem visual. Mas não é absurdo argumentar que pode haver imagem visual sem excitação retiniana.

Em outras palavras, a ciência estabelece fatos positivos – e aí ela é todo-poderosa. – Mas quanto às negações, ela não tem o direito de fazer uma só, pois a cada instante ela se depara com profundos mistérios. Então, quando novos fatos surgem, apoiados em provas múltiplas, irrefragáveis; diante desses novos fatos positivos que não contradizem em absoluto os antigos fatos positivos, a antiga ciência nada mais tem a fazer do que se inclinar e acolher em seu seio as novas verdades.

Nada é mais simples, afinal, do que a criptestesia: basta aceitar a hipótese elementar de que *há na nossa inteligência outros meios de conhecimento além dos nossos miseráveis cinco sentidos*. Eis uma proposta que não é muito ousada, e *a priori* não podemos rejeitá-la. Seria preciso, para ousarmos dizer *a priori* que ela é impossível, ousarmos afirmar que, com nossos cinco miseráveis sentidos, nós *delimitamos o cognoscível*.

Relativamente à telecinesia e à ectoplasmia, ocorre a mesma coisa. Basta supormos que existe, no vasto Cosmos, forças inteligentes (humanas ou não humanas) que são capazes de agir sobre a matéria. Tal hipótese de forças inteligentes desconhecidas não é muito temerária. *O que é temerário não é supormos que essas forças existem, mas afirmarmos que elas não existem*.

Qual cientista, digno de ser assim chamado, poderia dizer que a ciência classificou, catalogou, estudou, analisou, penetrou todas as forças da imensa Natureza? Estranha pretensão esta de acreditar que conhecemos todas as manifestações dinâmicas do mundo! Basta percorrermos uma lista de possíveis vibrações do éter (este mistério, esta hipótese), quantas ainda faltam à chamada? E, além disso, não é insensato pretendermos que todos os fenômenos do universo são apenas vibrações do éter?

Ao admitirmos a telecinesia e a ectoplasmia não estamos destruindo o menor fragmento de nossas ciências, mas sim estamos adicionando-lhe um dado novo: estamos admitindo que existem forças desconhecidas para nós. Ora, o mais primitivo bom-senso nos obriga a dizer *a priori* que existem forças desconhecidas. Então, por que nos indignarmos quando, baseando-nos em milhares de observações e experiências, afirmamos uma dessas forças desconhecidas?

Tudo o que não está em contradição formal com os fatos conhecidos é possível. Pois bem! As materializações e as telecinesias não contradizem em absoluto nenhum fato científico estabelecido. Porque uma mão que possui todos os atributos de uma mão viva se forma em uma nuvem branca, isso, de forma alguma, invalida as leis da circulação, da nutrição, da formação óssea de uma mão comum. É um fato novo, não um fato contraditório.

VII

É verdade que nessa terrível metapsíquica há um fenômeno mais terrível do que os outros: a *premonição*. A premonição é estabelecida por provas seguras e, contudo, é-nos impossível compreendê-la. Nossa constituição psicológica não pode nos fazer conceber que os eventos futuros são determinados da mesma forma que os eventos passados, e que uma fatalidade inexorável rege, mesmo em seus mínimos detalhes, os assuntos humanos e não humanos. Não tentemos aprofundar. É um abismo. Certamente, a premonição não está em contradição com os dados da ciência. Mas – o que pode ser mais temível – ela entra duramente em conflito com a nossa consciência, pois nossa consciência se recusa a admitir a fatalidade do futuro que vai ocorrer.

Portanto, para a premonição não tentaremos nem explicações nem justificações. Permaneceremos no domínio do real. Estabeleçamos fatos sem nos preocupar com as conclusões que eles acarretam, sem deles deduzirmos obscuras teorias. Trata-se de sabermos não aquilo que é *possível*, mas aquilo que existe. Foi assim que sir William Crookes colocara o problema. É assim que nós o colocaremos, na esteira do mestre.

VIII

Nós demonstramos a realidade dos fatos, mas é apenas um primeiro passo. Um fato em si é pouco, se não o relacionarmos, por um encadeamento lógico, a outros fatos homólogos, de modo que uma relação, consistente, entre fatos que parecem díspares, seja constituída, com um esboço de teoria possível. E então eis-nos levados, depois que os fatos foram demonstrados, a discutir sua teoria para compreender o seu significado profundo.

Seremos breves, contudo, incontáveis e grandes volumes foram escritos sobre as teorias metapsíquicas.

Digamo-lo imediatamente. Ao tentarmos construir a teoria completa da metapsíquica, não basta que estabeleçamos uma que satisfaça a criptestesia, outra a telecinesia, outra a ectoplasmia. É necessário que essa teoria implique um tipo de explicação sintética da criptestesia, da telecinesia, da ectoplasmia todas juntas. Quanto mais aprofundarmos nos detalhes das coisas complexas que se apresentam, mais nós vemos que estes três fenômenos – telecinesia, criptestesia, ectoplasmia – estão ligados por uma conexão estreita.

Muitos estudiosos, inclusive membros proeminentes da *S. P. R.* (F. Podmore e H. Sidgwick principalmente) creram, inicialmente, que tudo se reduz à telepatia, isto é, em última instância, à vibração cerebral de um indivíduo B correspondendo à vibração cerebral de outro indivíduo A. Segundo eles, a telepatia explicava tudo. Mas hoje, sir William Barrett e sir Oliver Lodge pensam de modo muito diferente.

Notemos que a telepatia é um fenômeno cuja extensão pode ser fantasticamente exagerada. A distância não conta, e uma emoção de A. pode ser transmitida a B., mesmo se A. estiver a mil quilômetros de B. Além disso, não cabe exigirmos, para que haja transmissão de A. para B., que A. ou B. tenham alguma consciência das vibrações pelas quais o cérebro é abalado. A vontade e a consciência não possuem nenhuma influência. Basta que uma antiga recordação, absolutamente ignorada, tenha entrado na consciência de A. para que essa recordação possa ser transmitida para B. A consciência de A. e a consciência de B. podem, igualmente, tudo ignorar. É no subconsciente que toda essa perturbação ocorre.

Se admitirmos em toda a sua extensão a doutrina da telepatia, devemos levar até as suas últimas consequências essa bela e frágil doutrina. Já que um pensamento humano, mesmo inconsciente, mesmo remoto, mesmo antigo repercute em outro pensamento humano, a partir do momento em que B. tem uma emoção ou um conhecimento, basta que no planeta terrestre se encontre um indivíduo A., tendo essa mesma emoção ou conhecimento, para explicar a emoção ou o conhecimento de B. Segue-se que sempre ou quase sempre, poderemos invocar a telepatia, e dizer"é A. (por mais indiferente, distante, inconsciente que ele seja), *que transmitiu essa emoção a B*". De fato, há bem poucos fatos que foram ou são totalmente desconhecidos de qualquer pessoa viva.

Ora, tal teoria parece-me perigosamente exclusiva. E, de fato, vimos em diversos capítulos deste livro que, em muitos casos houve conhecimento supranormal (criptestésico) das coisas, sem que possamos, de forma alguma, explicá-lo pela telepatia.

Primeiro, há todas as premonições, sem exceção. Nas premonições, é claro, não há intervenção da telepatia, uma vez que nem A. nem B. são capazes de conhecer o futuro através das vias normais de conhecimento.

Mas mesmo fora de premonições, por vezes há adivinhações surpreendentes de desenhos, escolhidos aleatoriamente entre inúmeros desenhos, conhecimento de palavras que ninguém conhece. Muitas vezes, os desenhos colocados em um envelope foram apresentados a um sensitivo para que ele os reproduzisse e, muitas vezes, aconteceu que – (então a experiência é mais rigorosa) – a pessoa que experimenta com o sensitivo não sabe qual é o desenho, de modo que o desenho fechado no envelope é completamente desconhecido de todos. Nesse caso, não há um único indivíduo, vivo ou morto, que saiba qual é o desenho particular que deve ser adivinhado por B. Há, portanto, uma segunda *visão, uma lucidez, uma clarividência* (*Hellsehen: second sight*) – nós dizemos uma criptestesia – que apenas a telepatia não pode absolutamente explicar.

Nas inúmeras experiências feitas com a senhora Piper, houve muitas vezes múltiplos e curiosos detalhes extremamente precisos que foram fornecidos sobre famílias distantes, detalhes que as pessoas que interrogavam a senhora Piper nunca tinham conhecido.

Basta lermos os múltiplos relatos de monições acima citados, para ficarmos convencidos de que em um terço dos casos, pelo menos, a telepatia (mesmo se lhe dermos uma extensão desmedida, quase absurda) não é suficiente para explicar o conhecimento que um sensitivo demonstra em certos momentos sobre coisas que inteligência normal não pode conhecer.

Longe de negar a telepatia, afirmamos com grande força que ela existe e até que é um dos fenômenos menos contestáveis da metapsicologia. Uma emoção, um pensamento, e também (o que é ainda mais extraordinário) um nome, um número, um desenho podem ser transmitidos de A. para B. Se, como cremos, a criptestesia é o *conhecimento do real*, então o pensamento humano, sendo uma realidade, poderá, também, acionar a criptestesia.

Assim, a telepatia não é senão um caso particular da criptestesia. Eu até considero provável que, entre as vibrações desconhecidas que envolvem a criptestesia, o pensamento humano é uma das vibrações que podem mais facilmente ser transmitidas.

Se por telepatia entendemos a vibração sincrônica e sinérgica de dois pensamentos humanos, a telepatia é uma hipótese. Ao contrário, a criptestesia não é uma hipótese. Ela indica um fato por uma palavra. Na verdade, *nada mais é do que uma palavra*, uma vez que criptestesia significa que há uma via de conhecimento desconhecida para nós. Mas, enquanto a teoria não é elaborada, o fato deve bastar.

Em todo o caso, a telepatia supõe a criptestesia, uma vez que tal faculdade que a inteligência tem de ser abalada pelas vibrações de um pensamento humano supõe uma função completamente nova, profundamente incompreensível. Como um desenho, conhecido por A. e fechado em um envelope opaco pode ser reproduzido por B., é algo absolutamente misterioso. Ora, o mistério não é tão profundo se A., que segura o desenho na mão, não tiver a mínima ideia do que essa imagem representa. Talvez até mesmo a vibração mental de A., quando ele imagina um desenho particular, seja, em si, mais obscura do que os contornos claros de um desenho dentro de uma caixa.

Afinal, pouco importa que a dificuldade seja maior ou menor: os fatos estão aí – sempre os fatos – que, com sua brutalidade inexorável nos obrigam a aceitar ao mesmo tempo a criptestesia e a telepatia.

Tudo o que podemos admitir é que a telepatia é um caso especial e frequente da criptestesia.

IX

Quando falamos, sem mais, de uma misteriosa faculdade de conhecimento, só estamos admitindo nossa ignorância. E tal ignorância é tão enorme quanto a própria criptestesia. Não podemos atribuir-lhe limites.

A senhora Piper fala à senhora Verrall sobre uma tia, Susanne, nascida em 1791, em cuja casa havia o retrato de seu filho pintado a óleo. Eis um fato que a senhora Verrall ignorava completamente e sempre ignorara. Como o conhecimento desse detalhe, preciso e mínimo, pôde alcançar a inteligência da senhora Piper?

Elaboramos uma primeira hipótese: supusemos que as coisas pretensamente inertes emitem vibrações específicas, ***emanações*** que, embora não abalem os nossos sentidos normais, podem, de alguma forma, despertar a criptestesia dos sensitivos.

As emanações que emergem das fontes subterrâneas ou dos metais, e que, por intermédio dos músculos do ***baguettisant***, fazem mover a varinha divinatória, nos fornecem um bom exemplo de tais forças. Já que há uma força rábdica (da qual algumas leis são conhecidas) por que não haveria também nas coisas forças análogas?

Um anel usado pela avó de Martin manteve alguns dos eflúvios dessa avó, de modo que o sensitivo a quem foi entregue esse anel será capaz de dizer algo sobre a avó de Martin, um nome, um detalhe das roupas, um acidente antigo, uma particularidade do caráter. Isso foi incorretamente denominado psicometria. Nós preferimos a expressão ***criptestesia pragmática***, ou seja, uma sensibilidade à emanação das coisas.

É muito possível que haja uma emanação das coisas, mas em muitos casos há lucidez sem que, aparentemente pelo menos, algum objeto material esteja lá para despertá-la. Se para algumas assombrações, aliás, muito raras, podemos supor que as coisas de uma casa conservaram uma espécie de ***vapor*** emanando dos indivíduos que ali viveram, essa suposição está longe de explicar a causa de todos os fenômenos, e a hipótese só é aplicável a casos muito particulares.

Em suma, a hipótese da emanação, talvez parcialmente aplicável, é quase sempre insuficiente. Ela pode se adaptar a alguns casos. Mas para a maioria dos fenômenos de criptestesia ela é inoperante.

X

Como segunda hipótese, podemos supor que, por vezes, os nossos sentidos normais são capazes de adquirir uma acuidade prodigiosa. Por exemplo, a sensibilidade visual poderia tornar-se tão aguda que um desenho colocado em um envelope opaco seria claramente distinguido, a sensibilidade auditiva tão intensa que ouviríamos o tique-taque de um relógio que está a mil quilômetros. Essa hiperestesia não é absolutamente absurda; seria apenas a extensão extraordinária de uma sensibilidade normal, e há alguns casos de criptestesia (muito raros), nos parece, que podem ser explicados pela hipótese de hiperacuidade sensorial, ou talvez da transposição dos sentidos. Mas a maioria das vezes, uma hiperestesia sensorial, embora enorme, não é suficiente como explicação, pois há algo bem diferente da visão e da audição à distância.

XI

E imediatamente uma terceira hipótese, simplista, a qual, desde o início, foi adotada com entusiasmo irrefletido. É que a inteligência do sensitivo foi possuída, invadida, substituída por outra inteligência, a de um homem morto, cuja inteligência e cuja consciência não estão mortas. É Georges Pelham, que após sua morte, continua a existir como espírito, e que então fala através do cérebro, a laringe, os lábios da senhora Piper, que é intermediária (*médium*) entre o mundo dos vivos e dos mortos.

Então, eis que aqui chegamos à hipótese espírita.

Ela não deve ser nem desejada, nem temida. Quando nos encarregamos da nobre tarefa de buscar a verdade, a verdade em si, não nos devemos deixar nem intimidar pela opinião comum, nem nos levar por um desejo obscuro de imortalidade pessoal.

Eis como pode ser expressa em poucas palavras, livre das superstições que a enfraquecem, a teoria espírita.

> No momento da morte, a inteligência humana não desaparece. Ela continua a evoluir, em um mundo que já não é condicionado pelo espaço e tempo. Essa inteligência, conservando algumas das características que possuía durante a vida –, sua individualidade, sua consciência, sua personalidade –, pode, por intermédio de determinados indivíduos vivos, privilegiados, manifestar-se, apoderando-se de seu corpo (cérebro, músculos e nervos), e então ela escreve, vê, pensa, fala, como na época em que estava encarnada em sua carne de outrora. As inteligências dos mortos conhecem coisas próximas ou distantes, passadas ou presentes, até futuras. Elas podem falar línguas desconhecidas ao seu médium, compor versos, resolver problemas, discutir questões, enquanto que o médium entregue a si mesmo seria incapaz de compor versos, de resolver esses problemas, de discutir essas questões. A consciência do seu *eu* não desapareceu, pois não há verdadeira sobrevivência sem a consciência do *eu*. Assim, já que a consciência de Georges Pelham substituiu a da senhora. Piper, esta sabe tudo o que sabia o desencarnado. Quando Georges Pelham chega nela, não mais existe a senhora Piper, só

> existe Georges Pelham.
>
> Explicar o que faz Georges Pelham apenas pela lucidez, é dar à lucidez uma extensão enorme e improvável. É mais fácil elaborar uma hipótese única: a sobrevivência de Georges Pelham, e sua incorporação na senhora Piper.
>
> Já que o homem não morre, o homem não pode nascer. Segue-se daí que não há nascimento das inteligências (Allan Kardec). As inteligências desencarnadas incorporam-se em determinadas crianças que acabam de nascer. Até então, elas erram pelo universo, no Além, penosamente tentando manifestar-se, ora encarnando-se em crianças que vã nascer, ora manifestando-se aos médiuns.
>
> "Não há morte", dizia Florence Marryat. "As pessoas não morrem", escreveu Chevreul.

A hipótese é clara, direta. Ela explica, dando aos espíritos a onisciência, a maioria dos fatos, mas ela enfrenta tantas improbabilidades, apesar de sua aparente simplicidade, que me parece impossível adotá-la. No entanto, é timidamente que eu a combato, porque eu não posso opor-lhe uma teoria antagonista muito satisfatória.

1º – Tudo parece provar que a inteligência é função do cérebro, que depende da integridade do aparelho cerebral, da quantidade e da qualidade do sangue que irriga o cérebro.

Que inteligências diferentes, em condições diversas das condições animais da vida terrestre, existam na natureza, é possível e é até provável, ***mas não mais serão inteligências humanas***. Então, se elas quiserem entrar em contato conosco, elas vão ter piedade do nosso grosseiro, mas necessário, antropomorfismo, e deverão, para que sejam compreendidas por nós, disfarçar-se com determinados nomes humanos, determinados sentimentos humanos. Ainda assim, elas não pertencerão à humanidade, já que a inteligência (humana ou animal) só poderá possuir consciência, memória, sensibilidade, raciocínio, vontade, isto é, características psicológicas humanas, se o cérebro existir. Milhares e milhares de experiências estabelecem uma estreita relação entre o cérebro-órgão e a inteligência-função, que não podemos admitir a persistência de nossa função inteligência sem o órgão cérebro como não podemos admitir a secreção renal sem os rins.

2º – A palavra sobrevivência significa sobrevivência da consciência, pois se não há consciência nem memória, a sobrevivência não tem qualquer interesse. Sabemos perfeitamente que os átomos de carbono, fósforo, hidrogênio, oxigênio, nitrogênio e enxofre que compõem o nosso corpo são imortais. Mas o que isso importa? Que a hipotética força vital ou a alma sobreviva, se a memória do meu *eu* desapareceu, essa sobrevivência anímica me importa tão pouco quanto a sobrevivência do fósforo cerebral. Ora, inúmeros fatos provaram que a memória é uma função que desaparece muito rapidamente; que a asfixia, a anemia e os venenos alteram-na imediatamente. Ela é muito frágil e diminui rapidamente com a idade. Sobreviver sem a lembrança de seu antigo *eu*, não é sobreviver.

E depois, o que vai sobreviver desse eu? O ancião, que voltou à infância há três anos, terá o *eu* do seu vigor intelectual ou *eu* de sua decrepitude? O *eu* de um indivíduo que gaguejava, continuará a se expressar gaguejando no Além? Quantas infantilidades!

Maeterlinck expressou esta dificuldade em termos excelentes:

> Este eu, tão incerto, tão inatingível, tão fugaz e tão precário, que é o centro do nosso ser, interessa-nos tão exclusivamente que todas as realidades de nossas vidas esmorecem diante desse fantasma. Se a memória de alguns fatos, quase sempre insignificantes, não nos acompanhar..., é-me indiferente que as partes mais elevadas, mais livres, mais belas da minha mente estejam sempre vivas e luminosas nas alegrias supremas: elas não são mais eu: não mais as reconheço. *A morte cindiu a rede de nervos ou de memórias que os unia a algum tipo de centro, onde se encontra o ponto que eu sinto ser eu mesmo.*

Isto não significa, em absoluto, a negação de forças inteligentes, sem cérebro. Mas essas forças inteligentes hipotéticas que não estão sob a dependência de um substrato material, não têm nada em comum com a inteligência humana.

3º – Há todos os graus entre a reprodução quase perfeita, quase adequada, de uma personalidade que existiu, como Georges Pelham – fenômeno extremamente raro, quase único – e a criação de uma pessoa fictícia, obviamente fictícia, fenômeno extremamente comum, mil vezes observado. Sugiro a A. que ela é uma menininha chamada Madelon Martin, nome e personagem que não possuem realidade senão na minha imaginação, e então, imediatamente, ela se tornou Madelon Martin. Se por acaso uma Madelon Martin existiu ou ainda existe, e se A. conheceu essa Madelon Martin, ela imediatamente reproduziu com maravilhosa e fiel precisão suas lembranças. Não é de admirar então que, se por alguma autossugestão imprevista, a senhora Piper imaginou que era Georges Pelham, ela descobre, graças à sua maravilhosa criptestesia, seus gostos, suas entonações, suas paixões e suas memórias.

Certamente, se A. não conheceu Georges Pelham, e se reproduz com precisão o pensamento de Georges Pelham, seria necessário supor a A. – e poderemos fazê-lo, uma vez que não conhecemos os seus limites – uma criptestesia intensa, prodigiosa. Então, a personalidade de Georges Pelham parecerá estar voltando integralmente e, entretanto, essa personalidade, apesar de suas afirmações reiteradas é, talvez, tão fictícia quanto as outras. Talvez essa personificação de Georges Pelham se deva apenas a uma vasta e magnífica lucidez.

Como todos os graus nas personificações podem ser observados, resulta que muito raramente, – jamais por assim dizer –, as personalidades que se manifestam não assumem a forte individualidade de Georges Pelham, de acordo com o Georges Pelham que existiu. Por vezes, como quando se trata de Phinuit, o predecessor de Georges Pelham, as personalidades são criações imaginárias. John King é, provavelmente, uma fantasia de Eusapia, como Rector, Imperator, Mentor são fantasias de Stainton Moses. Pela sugestão hipnótica provoca-se facilmente a produção das mais barrocas personalidades. A única diferença entre o sonâmbulo e o médium é que, no médium, em vez de a sugestão verbal ser imposta pelo magnetizador, é uma autossugestão cujas raízes são desconhecidas. Uma vez que é impossível aceitar como autênticas as personificações infantis do hipnotismo comum, por que aceitar essas que são um pouco mais perfeitas? A transição entre umas e outras é gradual. Onde devemos parar? Qual o critério a adotar para dizer das personificações: *esta é verdadeira, aquela é imaginária?* Vemos tantas, tantas e tantas, que são obviamente imaginárias que somos quase forçados a concluir que todas elas são imaginárias.

A facilidade e frequência das personificações fictícias tornam bem problemática a realidade das personificações verdadeiras.

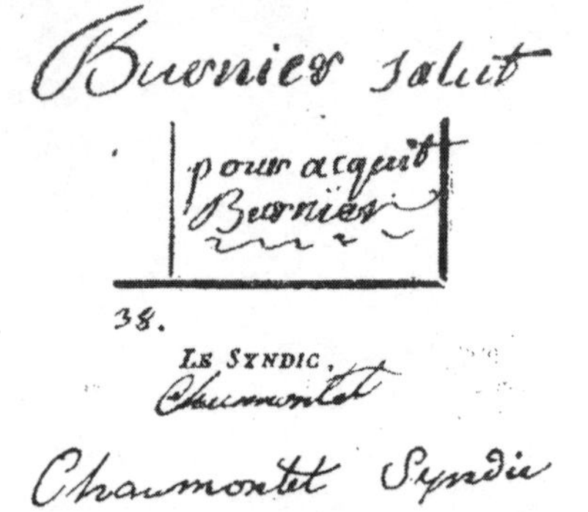

Fig. 25 – Comparação das assinaturas autênticas do síndico Chaumontet e do vigário Burnier com as assinaturas fornecidas por Helen Smith em estado de sonambulismo. No meio da figura, reprodução de um mandado de pagamento de 1838.
A linha superior (Burnier, saudação) e a linha inferior (Chaumontet, síndico) foram escritas pela mão de Helen. Segundo Flournoy, *loc. cit.*, p. 409.

Quando Helen Smith reproduz exatamente a assinatura de Burnier, podemos hesitar um momento, pois ela assina como Burnier, do qual provavelmente nunca viu a letra. Mas ela também encarna Cagliostro e Maria Antonieta! Então, por que a personificação de Burnier seria mais real do que as de Maria Antonieta, de Cagliostro, de um príncipe indiano, todas criações evidentemente imaginárias? Não devemos nos deixar impressionar pela semelhança das escritas, pois não há evidências de que a criptestesia também não incida sobre a escrita. Pela criptestesia Helen Smith vê diante de si a assinatura de Burnier e, então, seguindo a tendência natural dos médiuns em afetar personificações, ela imagina ser Burnier.

Th. Flournoy, a quem devemos um estudo admirável sobre Helen Smith, nem chega a admitir a criptestesia. Ele supõe que é a recordação de uma antiga lembrança, e crê que, sem fornecer, aliás, alguma prova disso, Helen viu em algum lugar a assinatura de Burnier; mas ele é forçado, para chegar a esta hipótese, de fazer uma longa série de suposições improváveis. Parece-me, portanto, mais racional admitir a criptestesia, criptestesia esta comprovada por milhares de observações e experimentos, muito admissível em uma excelente médium como Helen Smith.

Assim, por mais respeito que eu tenha pela opinião de

Flournoy, não posso acreditar que, para explicar a palavra e a assinatura de Burnier, trata-se de memórias antigas acumuladas e esquecidas. Parece-me que seja antes um fenômeno de lucidez.

Mas porque há lucidez, eu não concluirei que há encarnação.

Por mais respeito que eu tenha pela opinião do meu ilustre amigo, sir Oliver Lodge, eu não posso acreditar que, no caso de Raymond, a explicação mais provável seja a sobrevivência de Raymond. Em vez disso, parece que se admitirmos rasgos de lucidez – daquela lucidez cuja realidade é incontestável – com simbolização; se reconhecermos que todos os médiuns têm uma tendência invencível para reconstruir personalidades antigas, chegaremos a hipóteses menos implausíveis do que a da sobrevivência.

4º – A criptestesia é exercida sem que seja absolutamente necessário supormos uma entidade humana desencarnada falando pela voz ou escrevendo pela mão do médium. Detalhes foram dados sobre pessoas vivas, que não implicam, de forma alguma, a existência de uma entidade que desapareceu. Quando a senhora Thompson vê sobre a testa do senhor Moutonnier a palavra *Carqueiranne*, é completamente desnecessário supormos que foi Nelly, que lhe ensinou. A hipótese de que Nelly sobreviveu não serve a nada. Nelly é uma criação imaginária que torna a experiência muito conveniente, mas não é absolutamente necessária: é apenas uma ***hipótese de trabalho***, uma vez que não se tem necessidade dessa complicação. A senhora Thompson, pegando o relógio de meu filho, disse: ***Three generations mixed***. É Nelly quem está falando. Mas Nelly é apenas um símbolo. Na realidade, é a senhora Thompson que, aproveitando o seu excelente poder criptestésico, falou e não há necessidade de introduzir a personalidade de sua filhinha.

Phinuit, falando pela voz da senhora Piper, deu exemplos de extraordinária criptestesia igualmente interessantes, se não mais, do que os Georges Pelham, e, entretanto, Phinuit é claramente uma criação do gênio da senhora Piper. Nunca houve em Metz um médico francês chamado Phinuit. Phinuit nunca existiu. Phinuit é a senhora Piper. Georges Pelham, que não é mais nem menos lúcido do que Phinuit também é a senhora

Piper, prodigiosamente lúcida. Então, em torno da personalidade de G. Pelham, que outrora existiu, mas cuja consciência desapareceu quando o coração parou de bater, ela vem fazer cristalizar tudo que ela sabe, por criptestesia, a respeito de Georges Pelham.

5º – Quando essas entidades se manifestam, elas cometem erros, têm relutâncias, infantilidades, esquecimentos tão graves que é impossível supor que é o espírito do morto que voltou.

É verdade que nada nos obriga a atribuir às personalidades dos mortos os mesmos sentimentos, os mesmos modos de raciocínio, os mesmos julgamentos que possuíam quando estavam na terra. Que seja. Mas então que não levemos em consideração a semelhança dos sentimentos e dos raciocínios encontrados em alguns casos, já que em muitos casos, e na maioria deles, qualquer semelhança é totalmente inexistente. As personalidades dos mortos ligam-se a brincadeiras ridículas, deliciam-se com trocadilhos infantis, procedem por agrupamentos de sonoridades que são próximas dos jogos de palavras. Eu não sei quem disse: "Se a sobrevivência consistir em se ter a inteligência de um desencarnado, eu prefiro não sobreviver". São fragmentos, fragmentos de inteligência, e, salvo exceção, de uma inteligência muito medíocre. Os desencarnados esqueceram as coisas essenciais para se preocuparem com minúcias que, durante a sua vida, não lhes teria ocupado nem um minuto. Voltar a esse mundo para se interessar por um botão de punho não é miserável, é improvável. Poderoso argumento contra a doutrina espírita.

Essa pobre personalidade espírita não é absolutamente *incoerente*. Ela é *medíocre*, e muito medíocre, bem abaixo (salvo exceções) das inteligências médias, mas continua a ser, durante longos meses, coerente consigo própria, infantil, como Feda e Nelly, brincalhona, como Vincenzo, erudita e mística, como Myers P.; jovial como Phinuit.

Argumenta-se que a relação dos espíritos com um cérebro humano provavelmente não é muito fácil, que o cérebro humano do médium é apenas um instrumento imperfeito, e que as inconsistências são devidas a uma divergência entre o instrumento e aquele que o opera. Mas quantas hipóteses, quantas interpretações simbólicas, entremeadas de obscuridades e fantasias, para evitar o fato óbvio de que a personalidade psicológica do desencarnado é completamente diferente de personalidade psicológica que ele tinha quando ele era um indivíduo terrestre.

Não somente ela é diferente da personalidade do antigo vivente, mas quase sempre ela lhe é notoriamente inferior (ao menos sob o nosso ponto de vista antropomórfico).

Tudo é explicado de maneira muito simples se admitirmos que lidamos unicamente com o pensamento do médium, ser humano, muito humano, exclusivamente humano, cujas operações, quando são inconscientes, são rudimentares, amorfas por assim dizer. ***Ingenuamente acreditamos ouvir as palavras de um desencarnado, quando na verdade estamos testemunhando as agitações do subconsciente, que são agrupadas em torno de uma personalidade fictícia.***

6º – Outra característica das personalidades espíritas é que elas estão cercadas de mistério, como se o mistério da sua presença não fosse suficiente. Existem reticências, insinuações, alusões veladas para cujo entendimento é necessária muita sagacidade. Elas parecem, em alguns momentos, saber muito, e, na passagem mais interessante, de repente elas detêm-se e, depois, desviam-se do assunto. Temos todo o direito de supor que, se elas não dizem mais, é porque elas não sabem mais. Raramente a uma pergunta precisa é dada uma resposta precisa. Se elas estiverem diante de uma comissão de examinadores, não passarão no exame, pois respondem mal. São respostas que nada têm a ver com a questão.

Eis provavelmente porque – o que é desastroso para a hipótese espírita – nada jamais nos foi revelado pelas personalidades dos mortos que já não fosse do conhecimento do homem comum. Eles nunca nos mostraram um único avanço em geometria, em física, em fisiologia ou mesmo em metapsíquica. Nunca os espíritos puderam provar que eles sabem mais do que o homem comum sobre qualquer outra coisa. Nenhuma descoberta inesperada foi indicada: nenhuma revelação foi feita. A banalidade das respostas é desesperante (exceto raríssimas exceções). Nenhuma parcela da ciência futura foi entrevista.

Há pastichos, pastichos admiráveis, como o romance de Dickens, como os versos de Molière ditados a Victor Hugo. Mas um pastiche não é uma invenção. É literatura espiritual, não é literatura espírita – se me permito este jogo de palavras digno da escrita automática. – A inteligência humana que compõe essa prosa ou esses versos não ultrapassa a humanidade. Não é a inspiração semidivina que poderíamos esperar dos espíritos.

Às vezes, porém, a lucidez de certos médiuns é prodigiosa. Mas a lucidez não é a sobrevivência. A sobrevivência envolve a continuação de uma consciência pessoal. Fred. Myers viveu na terra, ele foi ele e não outro, com vontades, hábitos, gostos, pensamentos, lembranças, esperanças e inteligência que fizeram dele uma personalidade determinada, muito diferente de todas as outras personalidades humanas. Ora, quando a mão da senhora Verrall escreveu: "Eu sou Myers", quando a voz da senhora Piper disse: "Eu sou Myers", em vão encontraremos vagas ou mesmo precisas analogias entre o Myers P., o Myers V. e o Myers verdadeiro, pois isso não será suficiente para provar que, independentemente da senhora Verrall, da senhora Piper e de qualquer outro médium lúcido, há em algum lugar, nos espaços, uma consciência *humana* que diz *eu*, e que é idêntica à consciência do tão saudoso Frederic Myers, que guardou as características intelectuais primordiais e as lembranças coerentes nosso admirável Frederic Myers, tal como ele vivia em Leckhampton House.

Todas as informações que os desencarnados nos transmitem, pelos médiuns, sobre sua situação atual, física ou psicológica, não me inspiram senão uma confiança muito limitada, porque seria necessário primeiro provar que existem desencarnados. Eu não compartilho a fé inabalável de um dos correspondentes do senhor Conan Doyle, o senhor Hubert Wales que, vítima de um antropomorfismo ingênuo, escreveu:[2] "Os espíritos têm corpos, tão tangíveis para eles como os nossos o são para nós; eles não têm idade; eles não sofrem; não há pobres nem ricos; eles usam roupas e se alimentam; eles não dormem. Os espíritos, com pensamentos, gostos e sentimentos similares gravitam juntos; os esposos não ficam, necessariamente, unidos".

Eu não posso, infelizmente, estar imbuído da mesma convicção que meu generoso amigo, W. Stead que, quando fui vê-lo depois que ele perdeu seu filho, disse: "Por que queres que eu es-

2 Conan Doyle, *loc. cit.*, 152.

teja triste? Escrevi-lhe esta manhã, e ele vai responder-me esta noite. Ele está muito feliz e nós mantemos contato todos os dias, como antes".

Na minha humilde opinião, pela metapsíquica subjetiva a prova da sobrevivência não foi dada, mas apresso-me a acrescentar que se chegou muito perto. ***Se uma prova da sobrevivência da consciência pudesse ser fornecida essa prova teria sido dada.***

Mas ela pode ser dada? Eu não vejo, realmente, como poderíamos encontrar argumentos melhores do que o caso de Georges Pelham ou de Raymond Lodge, e em vão esforço-me em imaginar experiências mais decisivas, observações mais convincentes.[3]

Na verdade – pois devemos ser tão reservados com as negações quanto com as afirmações – algumas aparências estão aí para nos fazer acreditar fortemente na sobrevivência das pessoas desaparecidas. Por que os médiuns, mesmo que não tenham lido os livros espíritas e que não sejam iniciados nas doutrinas espíritas, vão imediatamente personificar este ou aquele morto? Por que a nova personalidade se afirma com tanta persistência, tanta energia e até, por vezes, tanta veracidade? Por que ela se distingue tão nitidamente da personalidade do médium? Todas as palavras dos grandes médiuns são impregnadas, por assim dizer, da teoria de uma sobrevivência. Aparências, talvez, mas por que tais aparências?

– E que me perdoem essas hesitações. No limiar do mistério, é bem permitido estarmos perturbados, e não termos palavras dogmáticas, decisivas, fazendo um contraste ridículo com a incerteza angustiante que nos oprime.

Ainda assim, se apenas tivéssemos a metapsíquica subjetiva, nós poderíamos nos deter na criptestesia, hipótese simples é necessária que basta para explicar tudo.

Admitamos, então, como a única proposição autenticamente demonstrada, uma criptestesia muito intensa, definida por

3 Richet faz Tabula rasa das experiências de W. Crookes com Katie King, embora as cite e até expresse sua admiração por Crookes, a quem chamava de "meu mestre". Entre outras, houve momentos em que Katie apareceu ao lado da médium, de quem se diferenciava pela altura, cor do cabelo e da pele etc. e foram vistas claramente. As materializações ectoplásmicas são provas substanciais da sobrevivência da consciência. Richet se deixa levar por seu cetecismo absoluto e seu desgosto de admitir a "hipótese espírita". Nota do Editor.

um prodigioso poder de conhecimento, uma sensibilidade da alma com vibrações sutis que nenhum dos nossos aparelhos de física pode constatar.

Então não há nenhuma necessidade de fazermos intervir forças estranhas. Então, minha conclusão será: ***A inteligência humana é muito mais poderosa e mais sensível do que ela acredita e sabe.***

XII

A hipótese seria muito simples. Quase não seria uma hipótese admitir uma extensão de nossos poderes intelectuais. Mas dificilmente podemos ir mais longe. Quanto mais tentamos entender essa faculdade inacessível da criptestesia, menos entendemos. Se a telepatia, hiperacuidade sensorial, emanações pragmáticas explicam alguns fenômenos, não explicam todos eles; longe disso! E devemos, em desespero de causa, reconhecer que da criptestesia só conhecemos seus efeitos; pois suas modalidades e seu mecanismo escapam-nos completamente.

A passagem da metapsíquica subjetiva à metapsíquica objetiva não é tão súbita quanto poderíamos supor, porque, finalmente, para que haja uma sensação criptestésica, é necessário um fenômeno exterior qualquer, provavelmente uma vibração, já que é através das vibrações (do éter?) que são transmitidas as energias. Portanto, se há noção criptestésica é porque houve uma força externa que agiu.

As monições (de morte ou não) só podem ser explicadas por essa vibração (de natureza desconhecida) que atingiu o nosso subconsciente.

Portanto, deve haver algo fora de nós, que agiu em nós. Esse algo que está fora de nós e que abala nosso eu subconsciente é objetivo. Nossos instrumentos nada podem registrar, mas não importa, é objetivo de qualquer maneira.

E então intervém esse estranho poder de ***simbolização*** que é uma das pedras angulares da metapsíquica.

Para que qualquer noção seja entendida por nós, ela deve assumir uma forma acessível à nossa inteligência consciente.

Por exemplo, a morte de A. só será compreendida por B., consciente, se ela lhe for indicada por uma representação inteligível. Assim, a noção que lhe chegou em estado bruto, como um esboço informe, de que A. está morto, é visualizada na forma de uma voz, e detalhes são adicionados, múltiplos, incoerentes por vezes, às vezes bem sintéticos, que complementam a noção bruta. Esses símbolos que somos tentados a considerar como possuidores de uma realidade não têm, em si, nenhuma realidade, eles são apenas a tradução (por um símbolo) de uma noção particular que desperta a nossa criptestesia.

Mesmo quando há alucinação coletiva, como nas casas assombradas, enquanto o mesmo personagem aparece sucessivamente a várias pessoas, sob a mesma aparência, não há nenhuma evidência de que existe um fantasma exterior real. Isso pode ser porque a simbolização por dois diferentes perceptivos foi exercida da mesma maneira. E, claro, isso não passa de uma hipótese.

Eu não me deixo enganar pela miragem das palavras. A criptestesia é apenas uma palavra que nem sequer dissimula a nossa ignorância. Dizer que houve criptestesia, não é, em absoluto, resolver as questões preocupantes, muito preocupantes, às quais não podemos responder: problemas que a metapsíquica futura talvez esclareça, se ela consentir em permanecer estritamente experimental.

1º – Existe uma criptestesia rudimentar em todos os indivíduos, sejam eles quem forem?

2º – Por que, em certos médiuns, ela também se desenvolveu? Por que o hipnotismo a favorece?

3º – Por que, nas sessões espíritas, desde o início dessas experiências, o médium tem uma tendência invencível a admitir um guia, que parece ter uma inteligência distinta da sua?

4º – Por que, nos grandes médiuns, há quase constantemente a associação entre fenômenos objetivos (telecinesias, materializações) e fenômenos subjetivos (criptestesia)?

5º – Por quais vias o conhecimento das coisas chega, fora dos sentidos, à inteligência humana? Seria pela inteligência humana, cuja vibração se transporta? Ou então as coisas vão vibrando ao encontro de nossa inteligência?

6º – Devemos supor que se trata somente da inteligência

humana e que outras inteligências – aquelas dos mortos, dos anjos, dos demônios, dos deuses – não intervêm?

No estado atual da nossa ciência embrionária, estes são os problemas insolúveis. Ative-me aos fatos: não quero ser levado além.

Eu não condeno a teoria espírita. Certamente ela é prematura: provavelmente ela é errônea. Mas ela teve o mérito imenso de provocar as experiências. É uma das ***hipóteses de trabalho*** que Claude Bernard considerava tão prolíficas. Em todo caso, pelo menos temporariamente, já que essa teoria não está absolutamente provada, e que ela é fraca, inconsistente, incoerente, contentar-nos-emos em dizer, sem a pretensão de querermos ou de podermos ir mais longe, que existem vias de conhecimento transcendental, cuja extensão não podemos limitar, e que, por conseguinte devemos atribuir a esse conhecimento superior do qual, às vezes, parece que o cérebro humano é dotado, todos os poderes que os espíritas atribuíram aos espíritos.

Em breve, iremos examinar se as materializações, as telecinesias, não irão fornecer algum apoio à teoria espírita, mas desde já podemos dizer que, apenas pelos fatos subjetivos, a demonstração não é feita. E até, o que é bastante desesperador, não vemos como ela poderia ser feita, como poderíamos provar que a consciência humana sobrevive à morte do cérebro, com suas lembranças e sua personalidade.

Mas, contudo, um enorme passo à frente foi dado: pois pudemos estabelecer que todo um mundo de forças, *por vezes acessíveis*, vibra ao nosso redor. Nós não entrevemos a natureza dessas forças, só vemos os seus efeitos. Mas esses efeitos são tão nítidos que podemos afirmar a realidade dessas forças. Se alguns médiuns, alguns sonâmbulos podem saber o que seus sentidos não lhes ensinaram é porque vêm a eles forças (desconhecidas) que estimulam a sua sensibilidade. E isso é tudo o que podemos dizer hoje.

XIII

Portanto, os fenômenos que chamamos subjetivos só são subjetivos na aparência. Há sempre, diante de todo fenômeno criptestésico, uma força externa que o provocou, uma vibração (desconhecida) que empregou essas energias latentes de nossa inteligência humana, a qual ignora todo o seu poder.

XIV

Há outra coisa além da metapsíquica subjetiva. Não mais se trata agora de uma enorme hiperacuidade e de um âmago misterioso de nossa inteligência: ***há a ação da nossa inteligência sobre a matéria.*** E a obscuridade, já aterrorizante quando se trata de intensificar desmesuradamente a criptestesia, torna-se ainda mais aterrorizante.

Temos que admitir – porque os fatos estão aí – que há movimentos à distância, e, por mais estranho que seja tal fenômeno, ele não é o mais estranho: é até o mais elementar de toda essa ciência embrionária e temível.

Que uma força mecânica (de natureza desconhecida) emane do corpo humano para mover uma mesa e abalar por meio de pancadas as tábuas de uma prancha é, a rigor, compreensível! Mas que essa força produza sonoridades verbais, luzes, formas humanas vivas, eis o que está além de todas as nossas concepções. A mão quente e viva, a boca que fala, os olhos que olham, e o pensamento que vibra, como o fazem a mão, a boca, os olhos e o pensamento de um ser humano, esses são fenômenos que nos confundem.

Estamos em plenas trevas. Já na metapsíquica objetiva não entendemos como, a três mil quilômetros de distância, Banca, exatamente no momento em que sua família irá perecer, fala de ***morte espreitando sua família***; como o cavaleiro de Figueroa pode ver, seis meses antes do acontecimento, um camponês, vestido de preto, bater na garupa de uma mula para deixá-la subir uma escada torta. Mas quando se trata de metapsíquica objetiva é bem mais assustador ainda. A metapsíquica objetiva é o mistério, o mistério absoluto, e as tentativas de explicação que arriscamos parecem bastante pueris.

No entanto, ninguém tem o direito de subtrair esses fatos à investigação científica.

A ciência metapsíquica passará certamente por diversas fases. Ela ainda está, no momento presente, em período de criação, mas já é muito termos estabelecido os fatos; porque eles estão, como acabamos de ver, solidamente estabelecidos e muito evidentes para serem negados. Infelizmente, eles ainda não constituem um conjunto que permita a edificação de uma doutrina. Mas precisamos, sem timidez e sem orgulho – um orgulho que tornaria bem ridícula a nossa fraqueza intelectual – examinar o que podemos inferir de todas essas observações surpreendentes, de todas essas experiências extraordinárias.

Ora, no que se refere às materializações e às telecinesias, resumiremos nossa opinião assim: ***Esses fenômenos podem ser atribuídos às forças energéticas de origem humana.***

XV

Graças a Ochorowicz, Schrenck-Notzing, senhora Bisson e Crawford que continuaram a obra de Crookes, parece agora praticamente provado que as materializações são *ectoplasmas*, isto é, expansões sarcódicas que saem do corpo humano (dos médiuns), exatamente como o pseudópode sai da célula amebiana. Todos os zoólogos sabem que a ameba tem uma sarcode que pode se projetar para fora para captar parcelas alimentares e incorporar objetos vizinhos. Da mesma forma, no transe mediúnico, do corpo do médium podem sair filamentos fluídicos, expansões em forma de nuvens, de velas, ou de hastes, que vão se organizar e tomar a aparência de membros humanos, às vezes até de corpos humanos inteiros.

Esses ectoplasmas, em uma fase inicial de sua ação, são invisíveis, mas eles já são capazes de mover objetos, dar pancadas em uma mesa. Mais tarde, eles se tornam visíveis, embora nebulosos e constituindo apenas esboços. Mais tarde ainda, eles assumem formas humanas, pois eles têm a propriedade extraordinária de mudar de forma, de consistência, e de evoluir diante de nossos olhos. Em poucos segundos esse embrião nebuloso, que sai do corpo do médium, torna-se um verdadeiro ser, ao passo que o ovo embrionário, para evoluir e tornar-se adulto, precisa de 30 anos.

Às vezes, até mesmo o fantasma aparece de repente, bruscamente, sem ter passado pela fase de nebulosidade luminosa. Mas é provavelmente um fenômeno do mesmo tipo.

Essa formação ectoplasmática à custa do organismo anatomofisiológico do médium agora está fora qualquer contestação. E é prodigiosamente estranha, prodigiosamente incomum, prodigiosamente improvável. No entanto, somos forçados a nos curvar à evidência dos fatos. Estou convencido de que, em 25 anos, a ciência clássica oficial admitirá a telecinesia e a ectoplasmia como fenômenos incontestáveis.

A profunda transformação das ideias que ocorreu sobre este assunto nos últimos 25 anos autoriza-me essa convicção.

XVI

Ora, não é suficiente termos constatado os fatos: precisamos ter a coragem para tentar qualquer teoria, que será necessariamente imperfeita.

Vimos que, para a metapsíquica subjetiva, a mais racional, a mais simples explicação era supor uma faculdade de conhecimento supranormal, a que denominamos criptestesia, ou seja, a estimulação da inteligência humana por certas vibrações que não atingem nossos sentidos normais.

Pois bem: para a metapsíquica objetiva, chegamos a admitir que a explicação mais racional, mais simples, é bastante análoga, ou seja, que podemos supor em um organismo humano uma faculdade de projeção exterior, em outras palavras, uma espécie de *ectoplasmização*[4] ou emissão de uma substância material capaz de se organizar.

Portanto, a hipótese mais provável é que existem em nosso corpo forças capazes de se exteriorizarem.

Mas essa hipótese, apesar de ser a mais simples, não é absolutamente simples: trata-se de uma fisiologia, uma física e uma química novas.

Seres em forma humana que nascem e morrem em véus

4 N. T. – O grifo é nosso.

brancos, que se formam e se esvaem como nuvens, não são seres humanos.

O homem está tão próximo da animalidade, que tudo o que é próprio de um ser humano também deve, ao menos parcialmente, ser dado aos outros animais. Não temos nenhuma função essencial da qual seja desprovido um mamífero qualquer, até mesmo um vertebrado ou um invertebrado. Os processos de geração, circulação, nutrição digestão, são quase os mesmos. A diferença entre o homem e o animal é que o homem tem uma inteligência um pouco mais aguda, um pouco mais ampla, capaz de abstração, de memória e de análise. Mas, enfim, esta diferença não é essencial. O homem possui um maior grau de inteligência, eis tudo. É um animal muito inteligente, mas é um animal. Ora, transformar a matéria, *tornar-se um ser vivo transitório, criar matérias vivas transitórias*, é todo um novo mundo. Nós evoluímos em uma ordem diferente de grandezas. O homem, então, não é mais homem. Já não pertence ao reino animal. Ele até sai do mundo mecânico no qual nos movemos, mundo em que a química, a física, a matemática reinam soberanamente.

Tudo é possível. Os poderes de nossa pessoa humana, moral ou física, vão talvez muito mais longe do que fariam crer nossas habituais e cotidianas experiências. Foi demonstrado que do corpo fluido podem emanar expansões fluídicas que vão se organizar, se agregar em formas humanas. Foi demonstrado que a ectoplasmia é uma das propriedades da matéria viva.

Geley, em um livro engenhoso, supôs que o inconsciente era uma espécie de força criativa; é o inconsciente que determina as mutações histológicas pelas quais a larva se transforma em crisálida, e a crisálida em inseto perfeito. É o inconsciente que produz os estigmas e as curas milagrosas. É o inconsciente que produz as materializações. E, com certeza, é uma tentativa ousada e profunda relacionar os fenômenos metapsíquicos aos mais positivos da embriologia e da zoologia. Mas, ao que parece, isso não seria uma explicação. Este inconsciente tão poderoso, tão universalmente conhecido e eficaz é uma força sem comprovação, é sempre o *quid ignotum*.

Mas, mesmo para Geley, o subconsciente não basta, e ele tende a admitir – sem afirmar – que os fenômenos consideráveis e complexos da mediunidade parecem demonstrar uma direção (estranha), uma intenção (estranha) que não podem ser relacionadas ao médium ou aos experimentadores.

Tal é a opinião de Geley, não é absolutamente a minha. Então, eu direi, com Lodge, que se trata de escolher entre todas as proposições possíveis aquela que for a menos extravagante. Nenhuma explicação –, diz ele ainda –, convém a todos os fatos. Pretendermos forjar explicações também é uma atitude tão prematura como o teria sido para Galvani explicar a natureza da eletricidade.

Em seu belo livro sobre a personalidade humana, Fr. Myers delineou uma teoria que, em alguns aspectos, se assemelha à de Geley, pelo menos no que diz respeito aos fenômenos elementares de metapsíquica. De acordo com Myers, há múltiplas personalidades, centros subliminares, que coexistem, trabalham, pensam, comparam, analisam, ao lado do centro principal (a consciência) que não os conhecem, ou mal os conhecem. Estes centros secundários são capazes, mais do que o centro consciente, de serem abalados pelas vibrações criptestésicas.

Certamente. Mas logo em seguida, para explicar os fenômenos superiores da metapsíquica Fr. Myers é forçado a formalmente admitir a sobrevivência, e a supor que, em muitos casos de escrita automática ou de possessão, esses centros secundários são invadidos por espíritos desencarnados.

Quanto mais estudamos esses fenômenos complexos, mais analisamos, em todos os seus detalhes, essas monições, premonições, alucinações verdadeiras, alucinações coletivas, mais estamos inclinados a admitir a hipótese de um poder desconhecido, ectoplasmático, atribuído ao ser humano. Ora, essa hipótese é tão estranha que devemos esgotar todas as outras hipóteses possíveis.

Primeiro de tudo, podemos supor que outros seres, que não o homem, inteligentes também, erram ao redor de nós e podem se misturar às nossas evoluções, embora eles não estejam sujeitos às condições mecânicas, físicas, químicas, anatômicas de nossa existência.

E por que não existiriam seres inteligentes e poderosos, distintos dos mundos abordáveis pelos nossos sentidos? Com que direito, com nossos sentidos limitados, nossa inteligência imperfeita, nosso passado científico de apenas três séculos, ousaríamos afirmar que no imenso Cosmo o homem é o único ser inteligente, e que qualquer realidade intelectual sempre necessita de células nervosas irrigadas por sangue oxigenado?

Que existam forças intelectuais que não sejam as do homem, construídas sobre um tipo totalmente diferente, não somente é ***possível***, mas é extremamente ***provável***. Podemos mesmo pretender que é ***indiscutível***. É absurdo supormos que a única inteligência da natureza seja a nossa, e que, fatalmente, qualquer força inteligente seja organizada da maneira animal ou humana, com um cérebro como órgão.

Vemos imediatamente como o mistério é profundo. Porque, quando falamos de inteligência, assumimos implicitamente, em nossa concepção das coisas inevitavelmente antropomórfica, que essa inteligência tem memória, lógica, terminologia verbal, afetividade. Ora, a inteligência (no sentido humano) é algo de tão imperfeito, de tão peculiar à humanidade, que só podemos apreciar as forças inteligentes se as assemelharmos mais ou menos às do homem, o que é, provavelmente, um grave erro. Dizer: ***um anjo é inteligente*** (no sentido humano), é quase tão legítimo quanto se um pedaço de pano vermelho dissesse: ***um anjo é vermelho***.

A ideia que fazemos dos espíritos, quer se trate de suas formas ou de seus pensamentos, é sempre de um grosseiro antropomorfismo, mas esse antropomorfismo grosseiro é necessário.

Mesmo assim, vamos ao final do nosso pensamento, e sem medo, já que estamos no campo da hipótese. A célula nervosa é para o animal a condição da inteligência, mas isso não prova, em absoluto, que, para qualquer ***fenômeno de inteligência*** haja necessidade de uma célula nervosa, ou até de elementos químicos que chamamos materiais. Mundos muito diferentes, seres muito diferentes são concebíveis, onde a inteligência existiria sem as células nervosas, sem substrato material. A prova de que esses seres existem não foi dada, mas a possibilidade de eles existirem é evidente.

Dizemos: ***o homem só manifesta sua inteligência pelo seu cérebro, por isso nenhuma inteligência pode se manifestar*** *sem cérebro*. Tal é a lógica incrível daqueles que nos acusam de realizarmos uma obra contrária à ciência.

Se admitirmos que existam no universo, em condições de espaço e de tempo que não se enquadram na nossa psicologia rudimentar, seres inteligentes, interferindo, por vezes, em nossas vidas, nós teremos imediatamente, para muitos dos fatos relatados em detalhe neste livro, uma hipótese conveniente.

Seres misteriosos, anjos ou demônios, existências amorfas, espíritos que buscam, por momentos, intervir em nossas ações, que podem, por vias completamente desconhecidas, lidar com a matéria a seu critério, que dirigem alguns dos nossos pensamentos, que se misturam com alguns dos nossos destinos, e que, para que nós os conheçamos - pois, caso contrário, não os compreenderíamos - assumem o aspecto material e psicológico das personalidades humanas que já desapareceram, esta é uma maneira simplista de enunciar e compreender a maioria dos fenômenos metapsíquicos.

Principalmente porque, com muita frequência, quando analisamos profundamente os fatos de monições e de premonições, parece realmente haver, fora e longe de nós, vagas intenções, intenções que estão além de nossas concepções humanas, como se as forças inteligentes quisessem parar no limiar do mistério, não consentindo em tudo dizer, falando por enigmas e símbolos, esboçando nebulosas afirmações, enquanto elas poderiam ter sido mais explícitas, agitando pratos, mesas, troncos, ao passo que para elas teria sido possível – ao menos segundo os dados da nossa inteligência habitual – fornecer-nos provas mais interessantes, operarem em um laboratório de física e, sobretudo, informar-nos sobre os mistérios de sua vida que continuou depois da morte do corpo. Mas elas permanecem na bruma de uma teosofia prolixa; jamais nos dizem algo de útil, nem sequer nos indicam, com alguma precisão, as condições favoráveis para a experimentação.

Que esses espíritos sejam as consciências dos seres humanos falecidos é, a rigor, possível, mas ousarei dizer, com toda a cautela imposta por qualquer negação, *isso não é provável*. A alma desses desencarnados é muito fundamentalmente diferente da alma dos mortos, para que seja a mesma. E quanto à matéria, como, depois de três anos de permanência em um caixão, um cadáver desintegrado poderia encontrar suas velhas roupas que ele usava durante sua vida mais facilmente do que restaurar seu coração, seu fígado e sua córnea que se tornaram uma massa disforme?

Se, pois – no que na verdade eu não posso crer – existem *espíritos* dotados de poderes misteriosos (que eu absolutamente não entendo) e intenções misteriosas (que eu não entendo mais ainda), mesmo assim, esses espíritos não são as consciências dos falecidos. Eles pertencem a outros mundos, diferentes tanto do nosso mundo material, quanto do nosso mundo moral, e se eles se revestem de aparências humanas, é para que, fragmentariamente, nós os compreendamos.[5]

Em resumo, há três hipóteses: 1 – São os mortos, cujas consciências, em vez de desaparecer, continuaram a existir (sem substrato material): é a teoria espírita, a que me parece menos provável; 2 – há anjos, espíritos (δαίμονες) que, poderosos mecânica e psicologicamente, intervêm nos assuntos humanos; 3 – a inteligência humana (alma e corpo), é suficientemente poderosa para produzir tanto as manifestações materiais (ectoplasmias) quanto as manifestações subjetivas (criptestesias), que nos deixam estupefatos.

Se eu admitir, como manifestamente preferível às outras duas, essa terceira hipótese, não é por nela acreditar muito. Longe disso. Eu sinto como ela é frágil, e ridícula, e quase tão ridícula quanto as outras duas. Mas o quê! Temos algo melhor?

Talvez. E de minha parte, eu adoto sem restrições uma

5 A fim de tornar aceitável, até certo ponto, esta hipótese que parece monstruosa, imaginemos que o homem não saiba muito mais sobre o seu universo do que uma república de formigas saiba sobre o planeta Terra que elas habitam. Elas não sabem que existem seres que lhes são muito superiores em força e inteligência; elas ignoram que há mares, navios, bibliotecas, telefones, teatros, exércitos, tribunais e estrelas. Elas vivem como se tudo no universo se limitasse a alguns raminhos de madeira, musgos, velhos troncos de árvores, pulgões que as alimentam, e riachos de água que inundam seu formigueiro. Se uma formiga mais sagaz do que as outras vem dizer-lhes que existem outros mundos, esta formiga, apesar de sua sagacidade, provavelmente seria taxada de louca, e não teriam dificuldade, na república das formigas, em demonstrar sua inconsistência intelectual.
E, então, depois de ser convencido de que, no cômputo geral, estamos no Cosmo, muito menos ainda do que uma tropa de formigas no planeta terrestre, eu me inclino, aliás, sem provas sólidas, a acreditar que existem outros universos além do nosso pequeno universo físico-químico. É uma suposição que é surpreendente, embora não implausível.

quarta proposição, a que tem todas as chances de ser a verdadeira: *ainda não temos nenhuma hipótese séria a apresentar.*

Em última análise, acredito na hipótese desconhecida que será a do futuro, hipótese que não posso formular, pois não a conheço.

XVII

Fatos aterrorizantes vibram em torno de nós, parecem à primeira vista em estranha desarmonia com as verdades adquiridas. Pois bem! Uma vez que os fatos estão aí, a desarmonia não pode ser senão aparente, consequência inevitável da nossa ignorância. Ora, essa ignorância não será perpétua. Um dia virá, não muito distante, talvez, em que uma descoberta inesperada abrirá novos horizontes. Um cientista genial, um médium poderoso, um feliz acaso, eis o bastante para que logo surja toda uma série de verdades novas, das quais sairão não somente novas soluções, como também novos problemas, problemas dos quais não temos a menor ideia no momento.

XVIII

Tudo vai ser muito mais surpreendente, muito mais inesperado do que nossas medíocres imaginações podem sonhar. Devemos nos dizer que a ciência vai ser transformada inteiramente, além de tudo o que os mais temerários podem conceber.

Será preciso proceder intrepidamente, por métodos científicos exatos, com tão pouca timidez quanto credulidade. Tenhamos fé no poder mágico da ciência. Tentemos imaginar a mentalidade humana nas épocas de Paracelso e de Gutenberg, ou seja, há quatrocentos anos. Doze gerações humanas: é bem pouco para poder ter transformado o mundo!

A química é uma ciência admirável que conhece as evoluções mais secretas dos átomos, que pode indicar o lugar que esses imponderáveis, unindo-se, ocupam no espaço para criar novas substâncias. No entanto, a química teve início com a Alquimia, irmã da Astrologia.

Se eu tivesse vivido no século XV, talvez eu pudesse ter tido confiança na Alquimia e na Astrologia. Eu teria bem feito, já que a Alquimia se tornou a Química e a Astrologia se tornou a Astronomia. Hoje, minha confiança é absoluta na Metapsíquica, e bem creio que não lhe seriam necessários quatrocentos anos para que se tornasse uma ciência tão precisa quanto a Química atual.

No entanto, surge uma dificuldade, que as outras ciências não tiveram que superar, que é particular à metapsíquica, e muito grave. Na verdade, esta ciência parece aplicar-se não mais às forças cegas, mas às forças inteligentes, ou seja, capazes de fantasias, de intenções (possivelmente hostis). E então, como atacar o problema? Tudo se torna muito aleatório.

Felizmente, é improvável que essas forças inteligentes não estejam sujeitas às leis e, por conseguinte, acessíveis às nossas pesquisas.

São essas leis que deveremos conhecer. Quem sabe se, em vez de sermos, ao que pareceu até agora, impedidos por essas próprias inteligências de chegarmos ao seu conhecimento, não vamos ser ajudados por elas?

Em todo caso, pelos fatos esparsos e numerosos que foram coletados, já podemos perceber que uma nova mentalidade inspirará as sociedades humanas à medida que a metapsíquica progredir. Estivemos, às vezes, dispostos a acreditar que os fatos materiais constatados e estudados pelos pesquisadores eram tudo, e já estivemos tentados a atribuir algum limite, não muito remoto, a toda nossa ciência atual. Microscópios, termômetros, telescópios, galvanômetros mais sensíveis e precisos: era esse, aproximadamente, nosso muito medíocre horizonte. Mas agora a nossa esperança é muito mais ampla. Eis que entrevemos todo um mundo inexplorado, ainda cheio de mistério, diante do qual ficamos mudos e estúpidos, assim como um hotentote diante dos turbilhões de Poincaré, as ondas de Hertz, os micróbios de Pasteur ou a relatividade de Einstein.

Este novo mundo é o desconhecido, o futuro é a esperança.[6]

6 Pascal disse em termos profundos. "Os segredos da natureza estão ocultos; embora ela atue sempre, nem sempre descobrimos seus efeitos; o tempo os revela de era em era... Sem contradizer os antigos, podemos afirmar o contrário do que eles diziam, e independentemente da força que tenha essa antiguidade, a verdade deve

Como Fr. Myers e Oliver Lodge admiravelmente descreveram, talvez uma nova concepção do dever humano emerja desses estudos apenas esboçados. Nada pode fazer-nos prever que a revolução que a metapsíquica irá provocar em nossas ideias sobre os fins últimos do homem. Certamente, a ciência dos átomos e das forças materiais, atração, calor, eletricidade, afinidades químicas, não será abalada, pois seus fundamentos são inabaláveis. Mas a elas, talvez, poderão ter sido acrescentadas grandes novidades.

E depois, a finalidade do homem será, talvez, mais bem compreendida. Ela não permanecerá tanto quanto antigamente enterrada nas nuvens do impenetrável, se tivermos sido capazes de introduzir na ciência positiva alguns dos fatos mais coerentes desta nova ciência.

Ora, atualmente, quando tudo é ainda treva, nosso dever está totalmente traçado. Sejamos sóbrios de qualquer especulação infrutífera: aprofundemos e analisemos os fatos: ***empreguemos tanto rigor na experimentação quanto ousadia na hipótese.***

Então, a Metapsíquica sairá do Ocultismo, como a Química separou-se da Alquimia. E ninguém pode prever qual será seu surpreendente destino.

Mesmo assim, não devemos ter ilusões em demasia. Os fragmentos de verdades incompreendidas que nos apresenta a ciência oculta mostram-nos a miséria de nossa inteligência humana. O astrônomo, estudando os astros, é logo convencido de que o homem é um ser prodigiosamente ínfimo. Da mesma forma, na metapsíquica, quando pálidas e fugazes luzes nos revelam mundos intelectuais agitando-se em torno de nós e em nós, sentimos que esses mundos nos permanecerão, para sempre, talvez, tão distantes e incompreensíveis como as estrelas incompreensíveis e distantes que povoam a abóbada celeste.

Mas isso não é uma razão para não redobrarmos nossos esforços e nossos labores. Há aí grandes mistérios a aprofundar. A tarefa é tão bela que, mesmo que ela deva fracassar, a honra de tê-la empreendido dá algum valor à vida.

---

sempre prevalecer, mesmo que recentemente descoberta, uma vez que ela é sempre mais antiga que todas as opiniões que se tenha sobre ela". (***Fragment d'un traité sur le vide***, Ed. Havet, II, 273).

Legenda das figuras

DO ÁTOMO AO ARCANJO
Ramatís / Hercílio Maes
132 páginas – ISBN 978-65-5727-014-1

A mecânica evolutiva da Criação foi desvendada a Kardec – dois anos antes de Darwin! – pelos espíritos, com a genial declaração: "do átomo ao arcanjo, que começou sendo átomo". Mas... e entre o átomo e o arcanjo? Onde se encontram os degraus intermediários dessa escalada do zero ao infinito?

Com Ramatís, os degraus dessa simbólica "escada de Jacó" da imagem bíblica se povoaram, nos textos recebidos por vários médiuns e em diversas obras. Dos arcanjos (ou logos galácticos, solares e planetários) aos anjos e devas, dos espíritos da natureza aos animais – sem deixar de definir a posição de Jesus de Nazaré, anjo planetário da Terra, devidamente distinguida daquela do Cristo, nosso Logos.

Para que a humanidade possa ingressar de fato no patamar de consciência da Nova Era, esse conhecimento mais amplo da hierarquia e funcionamento do Cosmo se faz imprescindível, a fim de nos situar com maior amplitude no panorama do Universo e para o contato com nossos irmãos siderais, que se aproxima.

Este volume representa a condensação de conhecimentos iniciáticos milenares com que Ramatís abriu, para a mente ocidental, uma janela panorâmica sobre a estrutura e funcionamento do Cosmo, complementando a imorredoura revelação da Espiritualidade datada de um século e meio atrás.

TRATADO DE METAPSÍQUICA (VOL. 2)
foi confeccionado em impressão digital, em janeiro de 2022
CONHECIMENTO EDITORIAL LTDA
(19) 3451-5440 — conhecimento@edconhecimento.com.br
Impresso em Super Snowbright 70g, Hellefoss AG